全国财经专业(新课标准)精品教材

管理信息系统

GUANLI XINXI XITONG

主　编　邬锦雯

副主编　潘　婧　喻刚刚　彭　晔

图书在版编目(CIP)数据

管理信息系统 / 邬锦雯主编. — 杭州：浙江工商大学出版社，2016.6

ISBN 978-7-5178-1633-1

Ⅰ. ①管… Ⅱ. ①邬… Ⅲ. ①管理信息系统 Ⅳ. ①C931.6

中国版本图书馆 CIP 数据核字(2016)第 096837 号

管理信息系统

主　编　邬锦雯

责任编辑　王　英　李相玲

封面设计　宣是设计

出版发行　浙江工商大学出版社

(杭州市教工路 198 号　邮政编码 310012)

(E-mail:zjgsupress@163.com)

(网址:http://www.zjgsupress.com)

电话:0571-88904980,88831806(传真)

排　　版　奥创工作室

印　　刷　河北滦县鑫华书刊印刷厂

开　　本　787mm×1092mm　1/16

印　　张　16.75

字　　数　429 千

版 印 次　2016 年 6 月第 1 版　2016 年 6 月第 1 次印刷

书　　号　ISBN 978-7-5178-1633-1

定　　价　39.00 元

前　言

“管理信息系统”是信息管理与信息系统类专业、电子商务类专业、工商管理类专业及计算机科学与工程类专业的核心课程，是近年来随着管理科学、信息科学、计算机与通信技术的不断发展和相互联系，逐步形成的一门综合性的基础学科。当今社会正处于信息时代，信息在社会中发挥着越来越重要的作用，协调处理、综合统筹并充分利用各种信息，需要将各种有关的信息通过计算机网络整合起来，综合分析、处理、应用，即建立管理信息系统。

本书从应用者的角度出发，系统地阐述了管理信息系统的原理、方法及应用，使学生能够系统地掌握信息系统开发的基本理论知识和方法，熟悉常用的开发工具，建立管理信息系统开发的总体思想，培养学生开发管理信息系统的初步能力，为学生从事信息管理和信息系统的开发打下坚实的理论基础。

全书由十二章组成，内容包括管理信息系统概述、管理信息系统的技术基础、管理信息系统的战略规划和开发方法、管理信息系统的系统分析、管理信息系统的系统设计、管理信息系统的系统实施、面向对象的系统开发、项目管理、决策支持系统、电子商务系统、电子政务系统、现代企业信息系统。

本书在组织材料上强调其社会性、技术性及实用性，注重理论指导下的实际可操作性，注重解决实际问题的安全分析和理论技术引导，力求做到系统性、准确性、完整性、先进性及实用性。每章配备了与基础知识相关的问题和与提高相关应用能力的应用实践，有助于读者知识的掌握和实践能力的提高。

由于作者水平有限，书中错误在所难免，恳请各位同行和读者赐教。

编　者

目 录

contents

第一章　管理信息系统概述 …… 1

第一节　信息概述 …… 1

第二节　系统概述 …… 6

第三节　管理概述 …… 8

第四节　信息系统与管理信息系统 …… 10

第五节　管理信息系统基础 …… 18

第二章　管理信息系统的技术基础 …… 28

第一节　数据处理 …… 28

第二节　数据组织 …… 30

第三节　数据库技术 …… 35

第四节　计算机网络 …… 38

第三章　管理信息系统的战略规划和开发方法 …… 48

第一节　管理信息系统战略规划概述 …… 48

第二节　制订管理信息系统战略规划的主要方法 …… 54

第三节　企业流程重组 …… 57

第四节　管理信息系统的开发方法 …… 59

第四章　管理信息系统的系统分析 …… 68

第一节　可行性研究与系统调查 …… 68

第二节　组织结构与功能分析 …… 75

第三节　业务流程分析 …… 77

第四节　数据流程分析 …… 79

第五节　处理功能的识别 …… 84

第六节　新系统逻辑方案的建立 …… 86

第五章　管理信息系统的系统设计 …… 93

第一节　系统设计概述 …… 93

第二节　系统总体结构设计 …… 96

第三节　代码设计 …… 100

第四节　数据存储设计 …… 106

第五节　处理过程设计 …… 115
第六节　输入、输出与用户界面设计 …… 118
第七节　编写程序设计说明书和系统设计报告 …… 123

第六章　管理信息系统的系统实施 …… 125
第一节　系统实施的任务与方法 …… 125
第二节　物理系统的实施 …… 129
第三节　软件测试 …… 130
第四节　管理信息系统的运行管理 …… 136

第七章　面向对象的系统开发 …… 143
第一节　面向对象的基础理论 …… 143
第二节　面向对象方法的建模工具 …… 146
第三节　面向对象的系统开发实例 …… 150

第八章　项目管理 …… 181
第一节　管理信息系统项目概述 …… 181
第二节　项目启动 …… 182
第三节　项目计划管理 …… 185
第四节　项目管理的实施与控制 …… 188

第九章　决策支持系统 …… 192
第一节　决策支持系统的概念与组成 …… 192
第二节　群体决策支持系统 …… 198
第三节　智能决策支持系统 …… 200
第四节　智能决策支持系统的应用 …… 206

第十章　电子商务系统 …… 212
第一节　电子商务的概述 …… 212
第二节　电子商务系统概述 …… 215
第三节　电子商务的安全问题 …… 220
第四节　电子商务与物流系统 …… 222
第五节　电子商务网站 …… 224

第十一章　电子政务系统 …… 231
第一节　电子政务的概述 …… 231
第二节　电子政务模式类型与应用 …… 234
第三节　电子政务系统的结构 …… 237
第四节　电子政务系统的建设 …… 240
第十二章　现代企业信息系统 …… 242
第一节　制造资源计划 …… 242
第二节　企业资源计划 …… 245
第三节　客户关系管理 …… 248
第四节　供应链管理 …… 252
参考文献 …… 260

第一章 管理信息系统概述

管理信息系统的概念由三个部分组成，即管理、信息和系统。管理、信息和系统已是发展十分成熟的独立学科。管理信息系统是基于这三个学科之上的系统性、边缘性、交叉性学科。理解管理信息系统的概念，首先要了解管理、信息和系统的概念。管理信息系统的三个理论来源就是管理、信息和系统理论。

第一节 信息概述

信息是管理信息系统处理的对象和目标，是管理信息系统中最基本的概念。信息普遍存在于自然界和人类社会活动中，它的表现形式远远比物质和能量复杂。信息是一个发展中的动态范畴，可以断定，随着人类社会的发展，信息的范畴将进一步扩大。

随着人类社会向信息时代迈进，人们越来越清楚地认识到，知识就是力量，信息就是财富，信息资源在社会生产和人类生活中发挥着日益重要的作用。但是，信息成为一种资源的必要条件是对其进行有效的管理。如果没有信息管理，信息也可能带来意想不到的麻烦。因此，对信息及其相关活动因素进行科学的计划、组织、控制和协调，实现信息资源的充分开发、合理配置和有效利用，既是信息科学的重大应用课题，也是管理科学的新兴研究领域。

一、信息的定义

宇宙间一切事物都处于相互联系、相互作用之中。在这种联系和相互作用中，存在着物质的运动和能量的转换。但是，许多事物之间的关系却难以简单地从物质运动与能量的转换去解释。决定事物之间的相互联系、相互作用效果的往往不是事物之间物质和能量直接的量的交换和积累，而是借以传输相互联系与作用的媒介的各种运动与变化形式所表示的意义。由此可以给出信息的一般定义：事物之间相互联系、相互作用的状态的描述，称为信息。

由此定义可知，只有当事物之间相互联系、相互作用时，才有信息。换言之，只在考察两个或两个以上事物之间的相互联系、相互作用时，才使用信息这一概念。一个事物由于另一事物的影响而使前者的某种属性起了变化，从信息的观点来看，是因为前者得到了后者的某种信息。由此可见，人类的活动离不开信息，自然界也充满着信息的运动。

从本质上讲，信息存在于物质运动和事物运动的过程中，是一种非物质的资源。信息的作用就在于把物质、能源构成的混浊、杂乱的世界，变成有序的世界，减少人的认识的不确定性。信息量的大小取决于信息内容消除人们认识的不确定程度。消除的不确定程度大，则信息量就大；消除的不确定程度小，则信息量就小。如果事先就确切地知道信息内容，那么信息量就等于零。

二、信息的分类

对信息进行分类是为了有针对性地开发和利用信息。就企业信息而言，从不同的角度来看待和区分，就有不同的分类方法。一般较常见的信息可以按信息来源、管理部门、管理层次、作用的信息等多种方法划分。

1. 按信息来源划分

按信息来源划分，信息可以划分为内部信息和外部信息两类。内部信息是内部产生的反映企业经营活动细节和总体状态的信息；外部信息是来源于外部的有关政策法规、国家和行业经济统计数据、市场信息、客户信息、同行信息、供货商信息与科技情报等信息。内部信息一般有预先设计的结构，体系完整、规范、统一，易于管理和应用；外部信息则源于外界，结构性差而形式多样，处理难度很大，但对企业的生存与发展，对于企业高层的战略决策是必不可少的。

2. 按管理部门的信息划分

企业按管理职能划分有若干职能部门，或按产品、按地区划分有若干事业部门或分支机构。企业中各个部门所处理和应用的信息与所负责的工作内容有关，如财务部门主要有财务信息，营销部门主要有市场信息和客户信息，等等。按管理部门划分出的信息有专门的企业部门负责收集、处理、管理和利用，与部门的利益和职责密切相关。这种划分比较明确，在管理信息系统中大都采用此方法对信息进行区分和管理。

按管理部门划分的信息重在部门之间的信息交流与共享，一个部门的信息输出，就是另一部门的信息输入，以业务流程或管理规程为主线，使信息在各部门之间流动，通过信息的交流与共享，各部门协作开展管理工作，实现企业的战略目标。哪些信息出现问题或流动不畅，能及时地被发现和找到责任部门并及时解决。

3. 按管理层次划分

通常，企业划分为战略层、战术层和作业层等管理层次，不同管理层次具有不同的管理任务，使用和处理不同的信息，由此可以划分出战略信息、战术信息和作业信息等信息类别。

(1)战略信息包括有关企业战略目标及其制订和实施的信息，有关为达到目标而拥有的资源水平以及针对资源获得和分配的决策信息。例如，整体经济或行业经济的统计数据和发展预测数据，人、财、物可用资源状况，历年经营状况，中长期发展规划，等等，都是企业的战略信息。战略信息更多是来自企业外部的信息，在精度上比较粗略，有效时间比较长久，结构性则较差,管理和处理难度也较大。

(2)战术信息是管理控制信息,是关于计划执行情况和资源利用情况,如何采取措施更有效地分配资源的信息,例如,销售计划、生产计划及落实情况等。战术层次的信息主要是企业内部信息,也是名副其实的管理信息。

(3)作业信息是与组织日常活动相关,保证切实完成任务的相关信息,例如,库存进出明细账、生产台账、会计日记账等。作业层次的信息主要是内部信息,但随着以生产和产品为中心转向以服务和客户为中心,作业信息中有关销售和采购的客户信息和供应商信息越来越多。作业信息大都非常精确,可以反映具体事务,结构化程度很高,管理也相对容易。

按管理层次划分的信息一般具有自下向上归集的关系,上层的信息由下层统计汇总产生,例如,生产日报的月度汇总产生的月度生产统计表、会计日记账的月度汇集产生的会计报表成为战术层的控制信息,进一步归集产生的历年生产统计和资金运作情况等成为企业的战略信息。

4. 按作用的信息划分

按所起的正面和负面作用划分,信息可分为有用信息和不良信息等。特别应当注意各种不良信息,防止这些信息混入正常信息活动,造成错误的判断与决策。不良信息包括虚构信息、添加信息、拼凑信息、变形信息、偏颇信息、残缺信息、模糊信息和走样信息等。

(1)虚构信息。虚构信息是完全虚构或杜撰的信息,没有一点事实根据,这主要是出自信息采集者的某些不良动机。处理虚构信息时一定要给予清除。

(2)添加信息。添加信息是有一定根据的信息,但是其中某些情节和内容是信息采集者、传递者通过想象添加进去的,因此,处理这类信息时要认真分析,区别对待。

(3)拼凑信息。拼凑信息是将不同时空、不同条件、不同性质的信息人为地组合为同一时空、同一条件、同一性质的信息。这类信息没有事实依据,无异于虚构,应给予以清除。

(4)变形信息。变形信息就是把事实夸大或缩小,或把个别说成普遍,把偶然说成必然,或反之。这类信息会严重影响信息的真实度和可信度。处理时应恢复事实的信息原貌。

(5)偏颇信息。为突出或抹杀某一个因素,而片面强调某一起作用的原因或者扼杀某一作用的要素。如果不对这类信息进行校验和纠偏,不仅会影响信息的使用价值,而且会给信息使用者造成重大经济损失。

(6)残缺信息。在采集信息过程中,如果不对相关要素进行综合分析,仅看到个别现象就妄加推断,就会导致信息的残缺,甚至会出现信息的失真。对这类信息要据实际情况补充完善。

(7)模糊信息。模糊信息由信息采集者道听途说、捕风捉影而来,可信度较差。遇到这类信息时应重新采集和验证。

(8)走样信息。信息采集者已经准确地反映客观事实,但在信息传递过程中出现谬误,产生了走样信息。处理这类信息时应根据原始信息来更正。

三、信息的性质

信息的性质是指信息区别于其他事物的本质属性，具体包括：

1. 普遍性

信息是事物运动的状态和方式，只要有事物存在，只要有事物的运动，就会有其运动的状态和方式，也就存在着信息。无论在自然界、人类社会，还是在人类思维领域，绝对的“真空”是不存在的，绝对不运动的事物也是没有的。因此，信息是普遍存在着的。信息与物质、能量一起构成了客观世界的三大要素。

2. 事实性

事实性是信息最基本的属性。不符合事实的信息不仅不能使人们增加知识，而且有害。保证信息的事实性也就是保证信息的真实性、准确性和客观性等，从而达到信息的可信性。如果给决策者提供失真的信息，那么决策就会失误。

3. 传递性

信息可通过各种手段传递至人们希望其到达的地方。目前，人们主要是利用各种通信工具（如电话、电报、微波、卫星）和技术（如网络）等进行信息的传递。随着计算机技术和通信技术的不断发展，信息传递的形式越来越多样化，不仅可传输文字、数字，而且可传输声音、图像等，且传输的可靠性越来越高，误码率越来越低。信息的传播具有两面性：一方面可加快信息的扩散；另一方面可能造成信息贬值、泄密等。

4. 存储性

信息可借助于各种载体（如纸、磁带、磁盘等）在一定条件下存储起来，也可依据需要压缩存储。存储的信息既可用于加工处理，又可进行信息传输。随着大容量存储介质的产生和存储技术的运用，可存储的信息容量越来越大，可靠性越来越高，存取速度越来越快，而存储介质越来越小。

5. 共享性

信息的共享性是其最优良的一个属性。信息的拥有者可以把信息发送给多个接收者共享，而拥有者并未失去该信息。例如，股票信息可供股民共享，不会因某人获得信息而使他人减少信息。但共享是有条件的、有权限的、有控制的。信息的共享与保护是一对矛盾。这就涉及各种信息的安全和保护措施。

6. 可加工性

信息可通过一定的手段进行加工，如压缩、分类、排序、统计、综合等。加工是有目的性的，往往是为了某种需要而对信息进行加工。加工后的信息反映信息源与接收者之间相互联系、相互作用的更为重要和更加规律化的因素。需要注意的是，信息加工过程要保证语法、语义和语调三者的统一，以免造成信息失真。信息加工是人们利用信息为社会服务的重要途径。

7. 时效性

信息的时效是指从信息源发送信息，经过接收、加工、传递、利用所经历的时间间隔及其效率，时间间隔越短，使用信息越及时，使用程度越高，则时效性越强。

8. 层次性

信息是可分层的，一般分为战略层、战术层和作业层。不同层级的信息，其应用对象、内容、来源、精度、寿命和使用频率都不相同。作业层信息大部分来自内部，其内容具体，精度要求高，使用频率也高，但使用寿命短；战略层信息大部分来自外部，其内容抽象，精度要求低，使用频率也低，但使用寿命长；战术层信息介于上述两者之间。

(1)战略层

战略层信息是关系到上层管理部门对本部门要达到的目标，关系到为达到这一目标所必需的资源水平和种类以及确定获得资源、使用资源和处理资源的指导方针进行决策的信息。如产品投产、停产，选择新厂的厂址，开拓新市场等。

制订战略要大量地获取来自外部的信息。管理部门往往把外部信息和内部信息结合起来，进行预测。

(2)战术层

战术层信息是管理控制信息，是使管理人员能掌握资源利用情况，并将实际结果与计划相比较，从而了解是否达到预定目的，并指导其采取必要措施更有效地利用资源的信息。例如，月计划与完成情况的比较、库存控制等。管理控制信息一般来自所属各部门，并跨越于各部门之间。战术层也称为管理层。

(3)作业层

作业层信息用来解决经常性的问题，它与组织日常活动有关，并用以保证切实地完成具体任务。例如，每天统计的产量、质量数据，打印的工资单等。

9. 相对性

信息是无限的，但相对于认知主体来说，人们实际获得的信息(实得信息)总是有限的。信息的不完全是绝对的。信息往往是局部的、不全面的，这与其应用目的有关。信息有主次之分，对于所收集的信息要经过加工得到有用的信息，舍弃无用的和次要的信息。

10. 价值性

信息是有价值的。对于信息的价值有两种衡量方法：一种是按所花的社会必要劳动量来计算；另一种是按使用效果来衡量。信息的使用价值必须经过转换方能得到。用于某种目的的信息随着时间的推移而价值耗尽，但对另一目的其可能又显示价值。例如，天气预报的信息，预报期一过，对指导当前的生产不再有用，但天气预报的研究者可用其预测未来的天气。

第二节　系统概述

一、系统的定义

系统的概念频繁地出现在我们的社会生活和工作中，不同的人在不同的场合赋予其不同的含义，如人的生理系统、计算机系统、社会系统和教育系统等。

所谓系统，是指由相互联系和相互制约的一些部件组成的，为达到某种目的，具有特定功能的有机整体。按照数学的观点来看，系统是若干元素的集合。

对于系统可以从以下三个方面来理解：

第一，系统是由一些部件组成的。这些部件可能是个体、元素等，也可能本身就是一个系统(或称子系统)。例如，CPU，输入、输出设备，存储器等构成计算机硬件系统，而硬件系统又是计算机系统的一个子系统。

第二，系统的构成有一定的结构。系统内的部件相互联系、相互制约，构成一个有机的整体。例如，计算机硬件系统的组成是有结构的，是由各部件按照一定的体系结构装配而成的。

第三，系统是具有一定功能的。无论什么样的系统，都表现出本身的性质、能力和功效。例如，计算机硬件系统要完成输入、处理(包括计算、分类、排序等)、存储、输出等功能。

需要指出的是，"系统"一词几乎不单独使用，其往往与一些修饰词构成复合词，如前面讲到的"计算机硬件系统""教育系统"中的"计算机硬件""教育"等。前者描述研究对象的物质特征，即"物性"；而"系统"则表示所述对象的整体特征，即"系统性"。因此，对某一具体对象的研究，既离不开对其物性的讨论，也离不开对其系统性的阐述。例如，教育系统由教师、学生、课本、设备组成，所有成分相互影响以达成学习目标。

二、系统的特征

根据系统的含义可以得到以下的系统特性。

1. 整体性

从系统的含义可以看出，系统内的各个组成部分都是为了某一特定目标而联系在一起的。因此，在评价一个系统时不能只从系统的单独部分，即系统的要素或子系统来评价，而要从整个系统出发，从总目标、总要求出发。只有当系统的各个组成部分和它们之间的联系服从系统的整体目标和要求、服从系统的整体功能并协调活动时，这些活动的总和才能形成系统的有机整体。即以整体最优为原则，而不是局部最优。

系统整体联系是统一的，系统要素的性质和行动并非独立地影响整体的性能，而是相互影响、相互协调地来适应整体系统的需要，完成整体功能。

系统功能具有非加和性，系统整体功能通常不等于各局部功能之和，即形成一个系统的诸要素集合永远具有一定特性，而这些特性是它的任何一个局部所不具备的。相对来说，一个系统是一个不可分割的整体。如果把系统拆开，那么原有系统将失去其本来的性质。

构成系统的要素不一定很完善，但可构成性能良好的整体；反之，即使每个要素是良好的，但组成整体并不一定有良好的整体功能，也不能称为完善系统。

2. 层次性

系统可以分解成一系列的子系统，子系统也具有若干组成部分，每个组成部分又可看作下属的子系统，这样可持续分下去。这种分解实质上是系统目标、系统功能或任务的分解。一个系统可以由许多层组成，这样就构成一个层次结构。例如，某高校可以被看成是一个系统，它可以分解为经济管理学院、建筑工程学院、应用技术学院、人事处、后勤处等，人事处又可分为人事调配科、师培科、劳资科等。层次的划分或子系统的划分根据各子系统的功能而定，目的是有助于分析系统各组成部分之间的相互关系和相互影响，盲目地划分系统的层次或子系统是没有意义的。

3. 关联性

由于系统是由内部各个元素彼此相互依存又相互制约形成的，因此，构成系统的要素之间、要素与系统之间、系统与环境之间存在着相互联系、相互依存、相互制约的关系。各个组成部分在功能上相对独立，又彼此联系，即具有关联性。这种关联性决定了整个系统的特定性能和系统的机制。在实际应用中，不仅要指出系统中有哪些元素，还必须指出这些元素是怎样联系的。因此，在划分子系统时，既要有适当的相对独立性，降低相关性，又不要分得过细。

4. 目的性

建立一个系统，就是为某一特定目标服务的，每个系统都有其要达到的目的和应完成的任务或功能。例如，企业经营管理系统的目的可能是，在市场需求的基础上，根据生产的特点，在限定的资源和组织结构的相互协调下，完成生产任务，达到规定的质量、成本和利润等各项目标。系统是为完成某一特定目标而构造的，系统的目的决定着系统的基本作用和功能，而系统的功能通过一系列子系统的功能来体现，这些子系统的目标之间往往互相有矛盾，其解决的方法是在矛盾的子目标之间寻求平衡和折中，以求达到总目标最优。开发一个新系统的第一步就是确定系统的目标，这个目标必须是明确的、切合实际的，切忌提出含糊、空洞、脱离实际的目标。

5. 环境适应性

任何一个系统的存在必然被包含在一个更大的系统内，这个更大的系统被称为“环境”。任何一个系统都是更大系统的子系统，任何系统都存在于一定的环境之中。系统与系统的环境之间通常有物质、能量和信息的交换，任何系统都与环境相互作用、相互影响。在很多情况下，系统要受到来自外部环境的不可预料的干扰。系统要达到自己的目的，就要适应外部环境的变化和排除外界的干扰,这就是系统的环境适应性。

环境特性的变化往往引起系统特性的变化,而由于系统的作用不同也会引起环境的变化。两者互相作用的结果,就有可能导致系统改变或失去原有的功能。因此,系统要发挥它应有的作用,达到应有的目标,其自身必须适应外部环境的变化。例如,企业要达到其确定的目标,必须了解同类型企业的动向、产业的动向、国家及外贸要求、技术发展趋势、市场需求等一系列环境因素,然后及时、准确地采取措施。

第三节　管理概述

一、管理的定义

自有人类以来就有了管理,如中国古代就有《孙子兵法》《资治通鉴》等。但真正把管理作为概念和理论进行大量研究还是在 20 世纪初工业革命时代开始的,因而可以说它还是个很年轻的学科。近来关于管理的一些较精确的定义和概念已经出现。

美国著名学者罗宾斯(Robbins S. P.)给管理下了一个定义:管理是通过他人既有效率又有效益地完成活动的过程。效率是指又好又省地完成工作,可以通俗地想象成单位产品的资源消耗最少,单位时间的产出最大。而效益是指很好地达到目标,其产出是有效的、有用的。效益要求我们做正确的事情,而效率则要求我们正确地做事情。

以上定义是由管理的目标来说明的。如果换另外的角度,可以得到另外的说法。例如,可以从功能、角色和技能出发来得出不同的定义。

由功能出发的定义是由著名的法国实业家亨利·法约尔(Henri Fayol)给出的,他在 20 世纪 20 年代所著的《一般工业管理》一书中,把管理的职能定义为计划、组织、指挥、协调和控制。计划包括定义目标、建立战略、制订计划。组织包括确定由谁来进行何种工作、应用什么样的组织结构、谁来决策、向谁汇报等。指挥包括向下属发令、激励下属、选择最有效的沟通手段、解决矛盾冲突等。协调包括与外单位的沟通,签订协议和合同,保证各自按时按质完成相关工作,以确保总体任务的完成。控制包括监控工作的进行,不断和已定目标相比,保证实现的工作和计划相符。

由角色出发的定义是由亨利·明茨伯格(Henry Mintzberg)给出的,他在 20 世纪 60 年代末经过大量仔细的研究发现,大多数经理经常是处于变化的、无模式的、短期的活动中,其决策不可能是系统的。亨利以管理角色来表示某种管理行为。他把角色分为三类共十种。三类是人际关系角色、信息角色和决策角色。人际关系角色包括三种:一是形象代表者,二是领导者,三是联络者。信息角色包括三种:一是监视者,二是传输者,三是发布者。决策角色包括四种:一是创业者,二是麻烦处理者,三是资源分配者,四是谈判者。

技能论的代表是罗伯特(Robert L. Katz),他在 20 世纪 70 年代初把管理技能分为三种：一是概念技能，二是技术技能，三是人际技能。概念技能是对事物从总体上进行抽象思考的能力，使之能全面长远地掌握事物的发展。技术技能是指一些科学的管理技术和把IT用于管理的能力。人际技能是指善于做人的工作，具有沟通、激励、领导等能力，善于动员、组织、带领和控制群众去完成既定目标的工作。

综上所述，我们可以知道由不同的角度来看管理，可以给出管理不同的定义和不同的分类。现在给管理下一个综合的定义：管理是为了某种目标，应用一切思想、理论和方法去合理地计划、组织、指挥、协调和控制他人，调度各种资源，如人、财、物、设备、技术和信息等，以求以最小的投入去获得最好或最大的产出目标。

最近有一些人非常同意对管理的一种说法，该说法是“管理是通过他人完成工作(getting things done through other people)”。这个定义强调了管理的一个很重要的方面，就是管理是要通过管理人去完成工作，而不是事事都亲自去做。强调了管理者就是要管理人，要更加重视人的工作。

二、当代管理环境的变化

20世纪80年代以来，信息越来越被人们重视，成为企业的重要财富和战略性资源。这与当代管理环境的重大变化紧密相关。

(一)经济全球化的出现

“信息使空间变小，距离对经济活动的约束日益弱化。经济活动的国内和国外的界限变得模糊起来。知识无国界，作为主要经济资源的知识，必然导致经济活动突破国界而成为全球活动。”现在世界上一些经济发达国家的经济已在很大程度上依赖于国际贸易，例如美国对外贸易的进出口份额已占其商品和服务产品的25%以上。日本和德国的这个数字更大。今天成功的企业都依赖于其全球运作的能力，世界性销售网点的建立，需要依靠信息系统来跟踪订货、货运和结算，进行世界范围内的协调和管理，实现各子公司、销售网点与总公司以至供应商之间全天24小时的通信联系。以海尔集团为例，它的10 800多种产品的市场涉及上百个国家和地区，几万个经销商，每天有5万台产品出库，每天平均结算资金达2.76亿元之多。这样复杂的管理，如果离开现代化的管理信息系统，必将寸步难行，更谈不上角逐世界市场了。

由于出现了全球性的商业系统，顾客可以查到世界市场上商品的价格信息和质量信息，因此企业间的竞争进一步加剧。这种管理环境的变化使那些得不到信息系统支持的企业愈来愈难以生存。

(二)知识经济时代的来临

当今世界，许多国家的经济从工业经济转向基于知识和信息的服务经济(Knowledge and Information-based Service Economy)，即一个以知识为基础的经济时代已经来临。知识经济直接依赖于知识和信息的生产、扩散和应用。明显的例子是现在以软件为产品的微软公司的产值已超过美国三大汽车公司产值的总和。软件的发展、网络的产生、虚拟技术的应用，正在使企业资产中无形资产的比例不断增加。知识经济的来临将对我们的生产方式、生活方式、思维方式、管理决策产生重大影响，企业管理将从生产向创新转变，其经济效益将越来越依赖于知识和创新。一个企业要生存和发展，就必须依靠信息系统的支持，用动态的观点来研究面临的新问题。这就是为什么，在经济发达国家的许多服务行业（如金融、保险和房地产等）甚至将70%以上的投资都用于发展信息技术的原因。

（三）大数据

随着以互联网（固定和移动）为代表的信息技术在企业、政府及社会生活各个领域的广泛应用，人们已经积累了越来越多的对管理决策具有重要价值的数据（包括文本、图片、视频等）。近年来，“大数据”（Big Data）已成为一个被广泛提及的概念。数量巨大、类型繁多，具有很高价值，并对处理速度提出很高要求的“大数据”，为企业竞争提供了全新的管理环境。麦肯锡全球研究院的报告指出，如果能有效地利用大数据，将会大大提高管理的效率与质量。基于丰富数据的深入量化分析，将使管理决策更加量化与科学。“大数据”背景下的企业管理对管理信息系统提出了更高的要求，也为管理信息系统的发展带来了新的机遇。

第四节　信息系统与管理信息系统

一、信息系统

（一）信息系统的概念

信息系统（Information Systems，IS），顾名思义即是一类有关信息的系统。一般的定义认为，信息系统是由人、规程、数据、输入、输出和处理等要素组成的，由人按规程收集数据、加工数据和产生信息的系统。这里特别强调人的参与和人在系统中的地位（包括信息系统的管理维护人员和使用人员），由此信息系统也被称为社会技术系统，是一类有需求、有目的、有代价、有收获的人机系统。

信息系统是复杂的系统，抽象出一般的特征，可用图1-1表示。对数据加以分类、计算、更正和精减等具有价值意义的处理后，数据就转变为信息。信息系统与环境有数据和信息的交互，在人的操作或控制下，按照预定的规程（规则和程序），从外部有选择地输入数据或原始信息，对数据做一定的处理，产生信息，然后有选择地向外部输出信息，输出的信息有反馈。如果输出不符合外部的要求，就要对输入和处理环节甚至对规程做调整，如此构成一个开放的闭环系统。图1-1所示的信息系统只是一个笼统的概念，显示的是系统的主要构件及其一般的关系，没有表示系统的全部要素，如人和存储设备等。

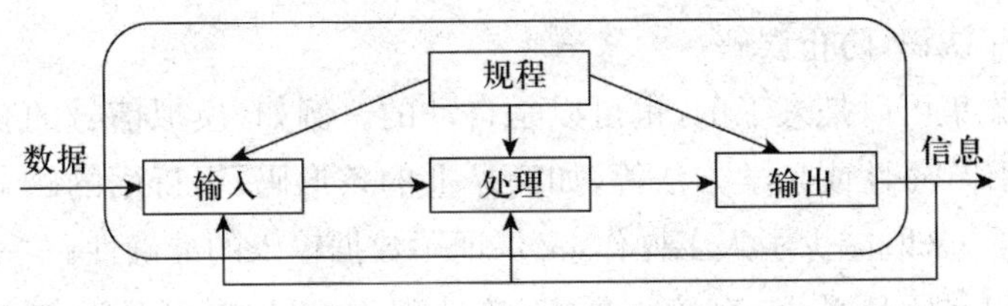

图1-1　信息系统概念结构

从信息系统的基本原理可知，信息系统与计算机没有必然的联系。并不是出现了电子计算机之后才有信息系统。只要有数据或信息的输入，经过一定的处理，有信息的输出，并能为人们所用，就是一个信息系统。古代的烽火台就是一个典型的信息系统，烽火台系统的前端由人观察敌方的动向，发现有入侵的迹象时就在山头等高处点燃烽火。表达危急信息，接下去相邻的其他烽火台逐一通过点燃各自的烽火传递这一信息，直至信息传送到后方总部。烽火台系统将敌方入侵信息以烽火的形式从前方传递到后方，符合信息系统的基本原理，虽比较简单和原始，但作用和意义非常重要。

现在所说的信息系统是指以计算机为工具的或以信息技术为基础的信息系统。过去许多想做而无法实现的功能在具有强大的处理能力的计算机的支持下得到了实现，甚至一些过去难以想象的功能也得到实现并得到实际应用。以计算机为工具的信息系统在构成要素和要素关系上比以往的信息系统复杂得多，功能强大得多，种类也丰富多彩。

数据、信息、计算机、程序、信息人员和用户都是信息系统的要素，但其中任何一个都不能单独发挥超过本身职能的作用，只有将其按一定的结构配置组成一个有机的整体信息系统，才能真正显示出整体作用大于它们能力之和的效应，才能更有效地利用信息资源的价值。信息系统是人们开发利用信息资源的系统化手段，也是目前普遍采用的形式。实际应用中的信息系统大多具有层次结构，一个信息系统往往由计算机系统、数据库系统和事务处理系统等若干子系统构成。多层次的、分布式的、动态的、智能的信息系统越来越多见。

（二）信息系统的功能

1. 信息的收集

信息系统的首要任务是把分散在组织内外的数据或信息收集并记录下来，整理成信息系统要求的格式和形式，作为信息系统的输入。

根据数据和信息来源的不同，可以把信息收集工作分为原始信息收集和二次信息收集两种。原始信息收集是指在信息或数据发生的当时、当地，从信息或数据所描述的对象上直接把信息或数据抽取出来，并用某种技术手段在某种介质上记录下来。原始信息收集的关键是完整、准确、及时地把所需要的信息收集起来，记录下来，做到不漏、不错、不误时。因此，它要求时间性强、检验功能强、系统稳定可靠。二次信息收集则是指收集已记录在某种介质上，与所描述的对象在时间与空间上已分离的数据或信息。它往往是在不同的信息系统之间进行的，其实质是从别的信息系统得到本信息系统所需的信息。其关键问题在于有目的地选取所需信息和正确解释所得到的信息。所谓正确解释，是指不同的信息系统之间在指标含义上统一认识，防止误解。

数据或信息收集可以是人工的，也可以是自动的。例如，模拟信号的获取，其收集方法有多种，包括利用码、磁性或光学方法等，如商品上的条形码、银行用的磁卡等，可通过扫描输入计算机，这样一来既减少了人工操作，又保证了数据输入的准确性。

收集信息可以是闭环系统，直接收集，直接处理；也可以是开环系统，收集后先存储起来，需要时再处理。

2. 信息的存储

信息的存储要考虑到存储量、存储介质、存储格式、存储方式、存储结构、存储时间和安全保密等问题。

存储量通常根据信息系统中的信息量来估算，一般以一天多少 KB、一个月多少 KB、一年多少 KB 表示，也可用 MB 作为单位。存储介质主要是指计算机的存储设备，如磁带、磁盘、光盘等。磁带只能顺序存取，磁盘和光盘可直接存取。存储格式是指以什么形式进行存储，包括代码、数字、文字、声音、图像等。存储方式是指采用集中存储还是分散存储。集中存储可减少冗余，有利于共享；分散存储虽有冗余，但可方便用户，保证数据的一致性。存储结构主要考虑逻辑结构和物理结构。逻辑结构是按照信息的内在联系及使用方式把大批信息组织成合理结构，如文件有顺序文件和随机文件等组织结构。物理结构是指信息在物理介质上的存储结构和组织，如文件有连续文件、链接文件和索引文件等。存储时间要根据信息的重要程度及系统对信息保存时间的长短来确定。若把信息以文件形式组织，则有临时文件、档案文件等。安全保密是要求采取措施防止信息遭受意外情况和人为破坏，通常使用的方式有备份和采取一定的保密措施，如加密、口令等。

3. 信息的传输

为了收集和使用信息，需要把信息从一个子系统传送到另一个子系统，或者从一个部门传送到另一个部门，其实质是数据通信，其一般模式如图 1-2 所示。

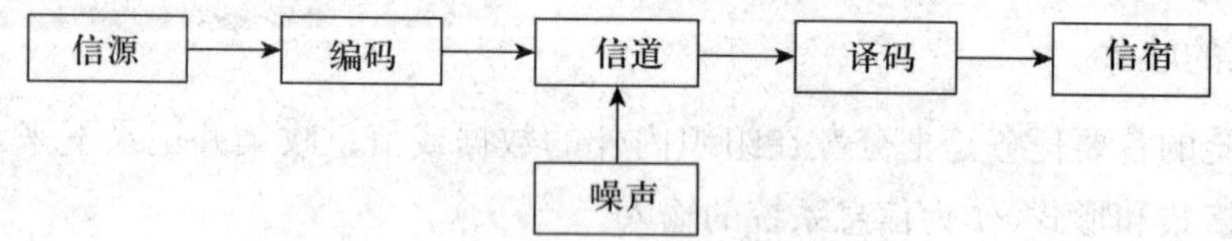

图 1-2　信息传输的一般模式

信源是信息的来源，可以是人、机器等。信源发出信息，一般以某种符号（文字、图像等）或某种信号（语言、电磁波等）表现出来。

编码是指把信息变成信号。其中，码是指按照一定规则排列起来的，适合在信道中传输的符号序列。信号有多种，如声音信号、电信号、光信号等。

信道是信息传输的通道，可采用明线、电缆、无线、微波、卫星等传输介质传送。

噪声是指外界环境的干扰，如杂音，可能由于雷电形成，或者同一信道中由其他信息引起。

译码是编码的逆过程。信号序列通过输出端输出后，需要翻译成文字、图像等，成为接收者需要得到的信息。

信宿是信息的接收者，可以是人、机器或另一个信息系统。

信息传输的指标是传输速度和误码率。要尽可能提高传输速度并降低误码率。计算机网络技术的发展使信息传输更方便，传输的信息量更大，其形式更多样化，不仅是数字、文字，还有声音、图像等。

4. 信息的加工

一般来说，数据经过加工以后才能成为信息。信息系统中对信息加工的范围很广，从简单的查询、排序、合并、计算到复杂经济模型的仿真、预测、优化计算等。这种功能的强弱是反映信息系统能力的重要方面。现代信息系统在这方面的能力越来越强，特别是面向高层管理的信息系统，在加工中使用了许多数学方法及运筹学、数理统计的工具，具有较强的能力。许多信息系统不但有数据库，还有方法库、规则库、模型库等，并用到了人工智能。近几年发展的数据挖掘(Data Mining)技术是最新的动态。

数据挖掘是在庞大的数据库中寻找有价值的隐藏事件加以分析，并将这些有意义的信息归纳成结构模式，作为管理者进行决策的参考依据。

5. 信息的输出

建立信息系统的目的是为管理人员提供信息。信息系统的输出结果应易读易懂、直观醒目，其格式应尽量符合使用者的习惯。有时，可以把信息输出到某种存储介质(如磁带、磁盘、光盘)上，这些信息既可以进一步处理，又可以传输到其他系统和人。

(三)信息系统的发展

虽然，信息系统和信息处理在人类文明开始时就已存在，但直到电子计算机问世后，随着信息技术的进步和现代社会对信息需求的增长，它们才迅速发展起来。第一台电子计算机于 1946 年问世，70 年来，信息系统经历了由单机到网络，由低级到高级；由电子数据处理系统到管理信息系统(Management Information Systems，MIS)，再到决策支持系统(Decision Support Systems，DSS)；由数据处理到智能处理，由决策支持系统到智能决策支持系统；由企业内部管理向外部拓展的过程。

电子数据处理系统、管理信息系统、决策支持系统和智能决策支持系统各自代表了信息系统发展过程中的某一阶段，但至今它们仍各自不断地发展着，而且是相互交叉的关系。电子数据处理系统是面向业务的信息系统，管理信息系统是面向管理的信息系统，决策支持系统和智能决策支持系统则是面向决策的信息系统。决策支持系统在组织中可能是一个独立的系统，也可能是作为管理信息系统的一个高层子系统而存在。

管理信息系统是一个不断发展的概念。20 世纪 90 年代以来，决策支持系统一方面与人工智能结合形成了智能决策支持系统；另一方面，又和计算机网络技术结合形成了群体决策支持系统。

群体决策支持系统(Group Decision Support Systems,GDSS)是一种在 DSS 基础上利用计算机网络与通信技术,供多个决策者为了一个共同的目标,通过某种规程相互协作地探寻半结构化或非结构化决策问题解决方案的信息系统。GDSS 的结构比个人 DSS 要复杂,功能也将更强,GDSS 可以支持群体决策,也可以支持个人决策,DSS 可以看作是 GDSS 的一个特例。传统意义上的群体决策是指多个决策者为共同目标相互协作,寻求问题解决方案,进一步展开此概念,可以将群体决策引申为多个冲突目标的多方决策,例如,在双方或多方的谈判中,提出使多方在利益冲突过程中都能接受的解决方案。在博弈论、运筹学、行为科学、信息技术和群体决策技术等理论方法与技术的基础上,20 世纪 80 年代后期出现了谈判支持系统(Negotiation Support Systems,NSS)。之后国内外许多学者就此领域进行了不同角度的研究,取得了一定的进展,也开发出了一些初级的谈判支持系统。如供仲裁方使用的能优化决策方案求得稳定解的 DECISIONMAKER;用于谈判各方的,以效用函数评判谈判方案优劣的 INSPIRE。

20 世纪 90 年代以来,出现了不少信息系统方面的新的概念,诸如经理信息系统、战略信息系统、计算机集成制造系统、企业资源计划系统及电子商务系统等,其中:

(1)经理信息系统(Executive Information Systems,EIS)。这是专供高层决策者使用的系统,它是综合了信息报告系统和决策支持系统的许多特征而形成的一种信息系统,其特点是:①数据调用方便,只要按少量键,便可控制整个系统的运行;②大量使用图表形式来显示整个企业或直到基层的运营情况,并对存在问题和异常情况及时报警。

(2)战略信息系统(Strategic Information System,SIS)。这是一种把信息技术作为实现企业战略目标的竞争武器和主要手段的信息系统。例如,早期美国的美林证券公司运用相当复杂的信息技术,把贷款、信用卡和支票付款以及证券投资三项金融服务综合成一体,称之为“现金管理账户”(Cash Management Account,CMA)。它突破了银行和证券经营部门的界限,使储户数量大增。

(3)计算机集成制造系统(Computer Integrated Manufacturing System,CIMS)。它是将互相独立发展起来的计算机辅助设计系统(CAD)、计算机辅助制造系统(CAM)与管理信息系统(MIS)综合为一个有机整体,从而达到设计、制造和管理过程自动化的系统。

(4)企业资源计划系统(Enterprise Resource Plan,ERP)。它是在 MRPⅡ的基础上发展起来的一类企业级全局信息系统,同时也代表着一种重要的企业管理思想。其基本理念是把企业的业务流程看作是一个紧密连接的供应链,并将企业内部外部过程划分成几个相互协同作业的支持子系统,从而有效地进行管理,在管理范围和深度上为企业提供了更丰富的功能和工具。

(5)电子商务系统(E-Commerce/E-Business)。在英文中与中文的电子商务一词对应的有两个概念,分别是 E-Commerce 和 E-Business。其中,E-Commerce 指狭义的电子商务,即通过以互联网(Internet)为主的计算机互联网络系统所进行的商品与服务的所有权或使用权的转移;E-Business 则指广义的电子商务(或称电子业务),即企业、非营利组织、政府部门等通过计算机系统或计算机网络所进行的管理决策活动,支持上述活动的系统则被称为电子商务系统。

信息系统发展的一个重要趋势是网络化。网络化是管理系统发展要求实现信息的有机集成的结果，也是计算机和通信技术发展的结果。1993 年，万维网（www）在互联网上的出现为信息系统的网络化创造了前所未有的条件。近年来，管理信息系统依托互联网正从企业内部向外部发展，随之出现了电子商务、电子健康、电子政务、供应链管理信息系统、虚拟企业等许多新的概念。

二、信息系统与管理的关系

管理的任务在于通过有效地管理好人、财、物等资源来实现企业的目标，而要管理这些资源，需要通过反映这些资源的信息来管理。每个管理系统都首先要收集反映各种资源的有效数据，然后将这些数据加工成各种统计报表、图形或曲线，以便管理人员有效地利用企业的各种资源来完成企业的使命。所以，信息是管理上的一项极为重要的资源。信息对于管理的重要性在于“管理就是决策”。管理工作的成败取决于能否作出有效的决策，而决策的正确程度则取决于信息的质和量。一定的管理方法和管理手段是一定社会生产力发展水平的产物。现代社会的特点是分工越来越细，对各种问题的影响因素越来越错综复杂，对情况的反映和决定越来越要求迅速。管理效能和生产、经营效能越来越取决于信息系统的完善程度。因此，对信息的需要不仅在数量上大幅度增加，而且在质量方面也要求其正确性、精确性和时效性等不断提高。传统的手工系统越来越无法应付现代管理对信息的需要。生产社会化的发展必然会在越来越大的生产、经营活动范围内把碰运气、照传统办事及靠猜测等现象从决策过程中排除出去。基于计算机的信息系统能把生产和流通过程中的巨大数据流收集、组织和控制起来，经过处理，转换为对各部门有用的数据，经过分析，使其变成对各级管理人员做决定具有重要意义的信息。特别是运筹学和现代控制论的发展，使许多先进的管理理论和方法应运而生，而这些理论和方法又都因为计算工作量太大，用手工方式根本不可能及时完成，只有现代电子计算机高速、准确的计算能力和海量存储能力才能为这些理论从定性到定量方面指导决策活动开辟新局面。

任何组织都需要管理。所谓组织，是指人们为了实现共同目标而组成的群体，如企业、部门、公司等，它们都具有一定的形式和结构，并完成其特定的功能。一个组织的管理职能主要包括计划、组织、领导和控制四个方面，其中任何一个方面都离不开信息系统的支持。下面分别讨论信息系统对计划职能、组织职能、领导职能和控制职能的支持。

（一）信息系统对计划职能的支持

计划是对未来作出的安排和部署。任何组织的活动实际上都有计划，区别在于这种计划是否正式。非正式计划容易造成不协调和不完整，正式计划不仅可以作为行动的纲领，而且是对执行结果进行评价的依据。管理的计划职能是为组织及其下属机构确定目标，拟订为达到目标的行动方案，并制订各种计划，使各项工作和活动都能围绕预定目标进行，从而达到预期的效果。高层的计划管理还包括制订总的战略和总的政策。计划还应该为组织提供适应环境变化的措施，因为急剧变化着的政治、经济、技术和其他因素要求及时修订计划和策略。信息系统对计划的支持包括如下几个方面：

1. 支持计划编制中的反复试算

信息是制订计划和实施计划的基本依据。为了使计划切合实际，必须收集历史的和当前的数据，通过分析、研究变化的趋势和预测未来，还要围绕计划目标进行大量、反复的计算，拟订多种方案。在这个过程中，多方案的比较及每个方案中个别数据的变动都可能引起其他许多相关数据的变动。虽然计算方法不一定很复杂，大多是一些简单的表达式，但表达式之间的关系却可能错综复杂，所以，计算的工作量特别大，通常需要事先设计一些计划模型，然后用不同的变量值反复试算。这是一项十分烦琐的计算工作，如果没有计算机的支持，不仅工作量大，而且会影响计划编制人员的工作积极性。

2. 支持对计划数据的快速、准确存取

为了实现计划管理职能，重要的是建立与计划有关的各种数据库，其中主要有：

(1)各类定额数据库，如劳动定额数据库、设备利用定额数据库、物资消耗定额数据库、资金利用定额数据库、管理费用定额数据库和生产能力定额数据库等；

(2)各类计划指标数据库；

(3)各种计划表格数据库等。

完善和充分利用上述各种数据库系统，可以实现对企业计划数据的快速、准确存取，从而使企业的生产经营指挥系统得到加强。

3. 支持预测

预测是对未来状况作出估计的专门技术，而计划则是对未来作出安排和部署以达到预期的目的。所以，计划与预测虽是两个不同的概念，但计划必须在预测的基础上进行。预测支持决策者作出正确的决策，制订可靠的计划。随着我国经济体制改革的推进，预测作为计划的基础已日显重要。

预测的范围很广，方法也很多，如主观概率法、调查预测法、类推法、德尔菲法、因果关系分析法等。这些预测方法的计算量大，常常要用计算机来求解。

4. 支持计划的优化

在企业编制计划时，经常会遇到对有限资源的最佳分配问题。例如，某印染厂从技术上看，有可能生产几种产品，每种产品的单位利润差别很大。一般来讲，各产品的加工过程不同，即生产中分别经过不同的加工设备。现在有若干种加工设备，每种加工设备每年可提供的设备生产能力是一个有限的值。编制计划时就可能提出：生产哪几种产品可以在设备生产能力允许的条件下获得最大的利润？对于这样一个问题，可以建立数学模型，然后在计算机上通过人机交互方式进行求解。

(二)信息系统对组织职能的支持

组织职能包括人的组织和工作的组织，具体包括确定管理层次、建立各级组织机构、配备人员、规定职责和权限，并明确组织机构中各部门之间的相互关系、协调原则和方法。信息技术是现阶段对企业组织进行改革的有效技术基础。信息技术的发展促使企业组织重新设计、企业工作重新分工和企业职权重新划分，从而进一步提高企业的管理水平。

传统的企业组织结构采用“金字塔”式的纵向多层次的集中管理，其运作过程按照一种基本不变的标准模式进行。由于其各项职能(生产、销售、财务、市场调研等)分工严格，加之信息传递和反馈手段落后，导致应变能力差，管理效率低且成本高昂。随着信息技术的飞速发展，上述传统的企业组织结构正在向扁平式结构的非集中管理转变，其特点是：

(1)通信系统的完善使上下级指令传输系统中的中间管理层显得不再那么重要，甚至也没有必要再设立那么多的管理层。

(2)部门分工出现非专业化分工的趋向，企业各部门的功能互相融合、交叉，如制造部门可能兼有销售、财务等功能。

(3)计算机的广泛应用使得企业上下级之间、各部门之间及其与外界环境之间的信息交流变得十分便捷，从而有利于上下级和成员之间的沟通，可以随时根据环境的变化做出统一的、迅速的整体行动和应变策略。

(三)信息系统对领导职能的支持

领导职能的作用在于指引、影响个人和组织按照计划去实现目标。这是一种行为过程。领导者在人际关系方面的职责是领导、组织和协调；在决策方面的职责是对组织的战略、计划、预算、选拔人才等重大问题做出决定；在信息方面的职责是作为信息会合点和“神经中枢”，对内、对外建立并维持信息网络以沟通信息，及时处理矛盾和解决问题。由此可见信息系统在支持领导职能方面的重要作用。

(四)信息系统对控制职能的支持

一切管理内容都有控制问题。控制职能是对管理业务进行计量和纠正，确保计划得以实现。计划是为了控制，是控制的开始。执行过程中需要不断检测，通常是把实际的执行结果与计划的阶段目标相比较，发现实施过程中偏离计划的缺陷和错误。所以，为了实现管理的控制职能，就应随时掌握反映管理运行动态的系统监测信息和调控所必需的反馈信息。在企业管理方面，最主要的控制内容包括：

(1)行为控制，是指对人的管理，为了真正调动人的积极性和创造性，不能简单地用行政命令、强制手段来管理，除了加强思想工作，还要借助于行为科学，要通过收集、加工、传递、利用人的行为信息来对人的行为进行协调和控制。

(2)人员素质控制，特别是关键岗位上人员素质的控制。

(3)质量控制，特别是重要产品的关键工序的质量控制和成品的质量控制。

此外，还有库存控制，生产进度控制，成本控制，财务预算控制，产量、成本和利润的综合控制，资金运用控制和收支平衡控制等。这些控制大多由信息系统支持和辅助。

随着科学技术的发展，自动化、智能化的控制将是一种更高级的形式。就如对生产过程的控制来说，信息系统将有能力自动监控并调整生产的物理过程。例如，炼油厂和自动厂装配线可利用敏感元件收集数据，经过计算机处理后对生产过程加以控制。

还有一种趋势是一些企业的生产过程控制正由过去的集中控制、集中管理向分散控制、集中操作、集中处理信息、集中管理的集散式方向发展。在这种控制系统中引入了管理机制，与MIS沟通，并分别与MIS的各个子系统交换信息，从而形成一种更为综合的信息系统。

综上可见，信息系统对管理具有重要的辅助和支持作用，现代管理要依靠信息系统来实现其管理职能、管理思想和管理方法。

第五节　管理信息系统基础

管理信息系统是一个不断发展和不断完善的概念。20世纪80年代以后，随着现代管理思想和信息技术的迅速发展，管理信息系统有了快速的发展，管理信息系统的概念逐步充实和完善起来。

一、管理信息系统的定义

不同时期的研究者从各自不同的角度对管理信息系统进行研究，从计算机系统实现、支持决策和人机系统的角度出发，分别给出了不同的定义，其中最具代表性的定义有：

(1)管理信息系统是一个由人、计算机等组成的能进行管理信息收集、传递、储存、加工、维护和使用的系统。管理信息系统能实测企业的各种运行情况，利用过去的数据预测未来，从全局出发辅助企业进行决策，利用信息控制企业的行为，帮助企业实现其规划目标。

(2)管理信息系统不仅是一个能向管理者提供帮助的基于计算机的人机系统，而且也是一个社会技术系统。因此，应将管理信息系统放在组织与社会这个大背景中去考察，并把考察的重点，从科学理论转向社会实践，从技术方法转向使用这些技术的组织与人，从系统本身转向系统与组织、环境的交互作用。

(3)管理信息系统通过对整个供应链上组织内和多个组织间的信息流管理，实现业务的整体优化，提高企业运行控制和外部交易过程的效率。

前述第二个定义是人们在不断的实践中总结出来的，说明管理信息系统的应用不仅有赖于信息技术本身，而且更多地依赖于组织的内外部环境。这是对信息系统的社会技术系统属性的充分认识。

第三个定义则是互联网技术的发展和电子商务深入应用的结果。管理信息系统已突破原有的界限，成为企业内部业务流程和外部商务流程集成的平台，即跨组织的信息交流平台。管理信息系统的应用范围也已经超出了一个组织或企业的边界。

由此可见，人们对管理信息系统的认识是一个不断提高和完善的过程，随着企业信息化的深入，其概念也在不断拓展和深化。

二、管理信息系统的特点

(一)面向管理决策

管理信息系统是继管理学的思想方法、管理与决策的行为理论之后的一个重要发展，它是一个为管理决策服务的信息系统，它必须能够根据管理的需要，及时提供所需要的信息，帮助决策者做出决策。

(二)综合性

从广义上说，管理信息系统是一个对组织进行全面管理的综合系统。一个组织在建设管理信息系统时，可根据需要逐步应用个别领域的子系统，然后进行综合，最终达到应用管理信息系统进行综合管理的目标。管理信息系统综合的意义在于产生更高层次的管理信息，为管理决策服务。

(三)人机系统

管理信息系统的目的在于辅助决策，而决策只能由人来做，因而管理信息系统必然是一个人机结合的系统。在管理信息系统中，各级管理人员既是系统的使用者，又是系统的组成部分，因而，在管理信息系统的开发过程中，要根据这一特点正确界定人和计算机在系统中的地位和作用，充分发挥人和计算机各自的长处，使系统的整体性能达到最优。

(四)现代管理方法和手段相结合的系统

人们在管理信息系统应用的实践中发现，只简单地采用计算机技术提高处理速度，而不采用先进的管理方法，管理信息系统的应用仅仅是用计算机系统仿真原手工管理系统，充其量只是减轻了管理人员的劳动，其作用的发挥十分有限。管理信息系统要发挥其在管理中的作用，就必须与先进的管理方法结合起来，在开发管理信息系统时，要融入现代化的管理思想。

(五)多学科交叉的边缘学科

管理信息系统作为一门新的学科，产生较晚，其理论体系尚处于发展和完善的过程中。早期的研究者从计算机科学与技术、应用数学、管理理论、决策理论、运筹学等相关学科中抽取相应的理论，构成管理信息系统的理论基础，从而形成一门有着鲜明特色的边缘学科。

三、管理信息系统的结构

管理信息系统的结构是指管理信息系统各个组成部分(部件)所构成的框架结构。从不同角度分析得到的结构形式是不一样的，可以从信息处理、决策层次、管理职能、综合应用等方面对管理信息系统的功能结构进行分析。

1. 信息处理结构

从信息处理过程和处理技术来看管理信息系统，其组成符合信息运动的一般规律。管理信息系统的信息处理结构的一般形式如图 1-3 所示。其内部由信息收集系统、信息存储系统、问题处理系统、会话和信息输出系统、信息管理机构等部分构成，由正式信息渠道进行信息交流。与外部系统交互基本由非正式信息渠道完成，由企业外部环境支持信息收集系统的工作，会话和信息输出系统与管理决策系统交互，并通过企业作业系统对输出进行校验与反馈。

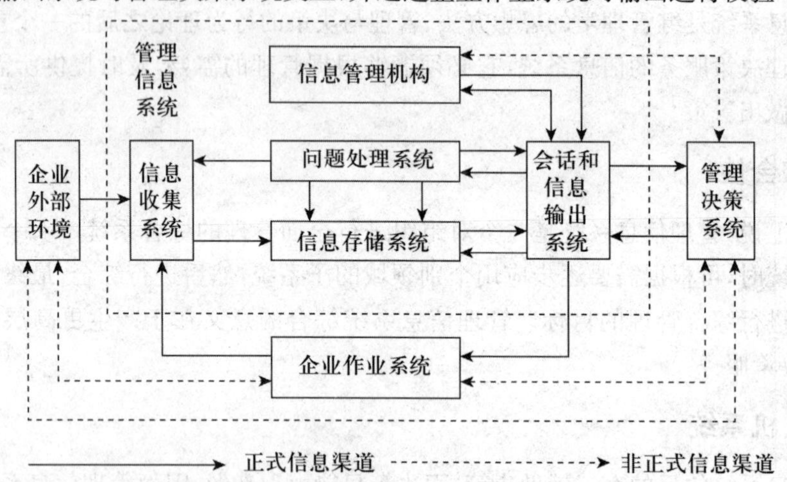

图 1-3　管理信息系统的信息处理结构

(1)信息收集系统

信息的收集包括原始数据的收集、信息的分类、编码及向信息存储系统与问题处理系统传送信息等过程。在管理信息系统中，所收集的信息的准确性、完整性和及时性直接关系到系统输出信息的质量和管理决策水平。

在信息收集工作中，必须按照统一的规范对各种原始数据进行科学合理的分类和编码，以保证信息处理和传输的准确性与效率，便于管理信息系统与其他系统之间实现资源共享。

信息收集特别是原始数据的采集，目前自动化程度还不高，许多工作主要靠人工。在信息收集中，重视人的作用和人机的密切配合，重视非正式信息渠道的作用，具有重要的意义。

(2)信息存储系统

从逻辑上看，管理信息系统的信息存储系统可以分成三大部分，即数据库系统、模型库系统和知识库系统。传统的管理信息系统是以数据库系统为基础来实现管理信息处理的系统。当时管理信息系统的决策支持能力不强，信息处理逻辑大都不太复杂，而数据库系统则能反映复杂事物之间的信息联系，因此，数据库系统成为管理信息系统的主要支柱。由于管理学科的发展和信息技术的进步，各种经济管理数学模型和方法逐步纳入管理信息系统。为了使决策者可以灵活地调用、补充、修改和建立支持管理决策的各种模型与方法，有必要建立模型库及其管理系统，实现应用程序与模型的相对独立和模型资源共享。支持决策工作的现代管理方法，如运筹学方法，往往包括模型和问题求解方法两个方面。因此，模型库系统中对于每一类模型，都应同时存有相应的建模方法与求解方法。人工智能技术的发展为科学合理地析取、总结与利用人们的知识与经验以支持管理决策提供了方法与手段。知识库系统就是对这些知识进行收集、存储、管理的系统。

(3)问题处理系统

问题处理是针对各级各类管理问题的需要所进行的信息查询、检索、分析、计算、综合、提炼、优化、预测、评价等工作。因此,问题处理系统是管理信息系统的核心,是管理信息系统支持管理决策成败的关键所在。管理信息系统的开发,从技术角度来说,是围绕问题处理展开的。除了如统计报表等日常事务处理可以完全实现自动化以外,为了支持决策者在决策过程各阶段的工作,必须根据决策者的需要,及时地综合利用所收集的数据、模型和方法以及有关知识、经验,为决策者提供与决策问题有关的内外环境信息和背景材料,协助决策者明确问题,探索方案,进行分析、推理,对各种可能方案进行评价,并对所制订的决策的实施效果进行实施前的预测和实施后的分析。

(4)会话和信息输出系统

信息输出是管理信息系统的基本功能。管理信息的输出是管理者实施决策、驾驭整个企业业务活动的主要手段之一。因此,输出的信息必须及时、准确、实用。特别是这些信息是面向广大管理人员和第一线的技术人员与工人的,因此,输出信息的形式清晰、内容简练、明确、具体、易懂、便于执行、便于检查、安全保密性好,对于实施决策至关重要。管理信息系统是一个人机系统,在信息处理上,人、机必须合理分工与密切配合,才能完成管理信息处理,有效地支持决策。因此,一个性能良好的会话系统对于管理信息系统的正常、有效、高效率的工作具有十分重要的意义。现代管理信息系统必须具备功能强、非过程化程度高、接近人们的自然语言的语言系统,使用户方便地进行数据操作和问题处理以及开发应用程序,同时必须具备灵活、多样、可靠的信息输入与输出手段,能方便、准确地输入输出文字、图表、图形,甚至声音、影像。各类应用软件在运行时还须具有对用户友好的界面,为用户提供良好的工作环境。

(5)信息管理机构

信息管理机构是管理信息系统的管理者的组织机构,负责制订和实施管理信息系统工作的各项规章、制度、标准、规范,对整个系统的运行进行检查、监督,对各部分的工作进行协调,对管理信息系统的开发、扩充进行规划、设计并组织实施,对信息处理的软、硬件系统组织日常维护、修理与更新。

现代企业中,为了实现企业的整体目标,信息管理已成为企业管理的重要职能之一。它和财务、生产、供应、销售、人事等管理职能一样,是企业生存、发展的重要支柱。因此,在企业中信息管理机构具有双重身份,它既是管理信息系统的组成部分,又是企业管理系统的一个子系统。

2. 决策层次结构

现代社会组织特别是大中型企业的管理活动均具有层次结构,不同层次管理活动的决策目标、信息需求、决策过程有着不同的特征。一般企业组织的管理活动分为三个层次:事务与业务处理、管理控制、战略计划,对应于业务决策、管理决策、战略决策三个决策层次。

业务决策是指企业为实现经营目标而进行的业务计划安排和控制，如制订短期的生产计划、作业计划、销售计划以及有关降低成本、提高质量、提高劳动生产率的措施等。这类决策主要考虑企业短期的、局部的目标. 主要依靠内部信息的支持，大多数问题的解决具有确定的程序与规则，不确定因素少，风险较小。

在经营目标、经营方针等重大战略问题解决之后，主要问题就是资源的合理配置与利用，以获取企业最好的经济效益。管理决策主要涉及企业的中期目标如生产能力、存储能力、市场资源、财政资源等的分配问题。这类决策需要大量内部信息的支持，也需要相当的外部信息，具有一定的风险性。外部环境不稳定对战略决策有较明显的影响，这类决策主要由企业中层管理人员做出。

战略决策主要涉及企业的经营目标、经营方针、重大投资、新产品研发等。这类决策对于加强企业的实力与竞争力、决定企业的发展方向与速度以至最终决定企业的成败均有着重要的影响。战略决策通常考虑企业的长远目标，主要关心外部环境信息，其影响决策的不确定因素多，风险较大。主要决策者是企业高层管理机构和管理人员。

为了有效地支持各级管理决策，管理信息系统的信息处理可分为以下三个层次：

(1)事务与业务处理

事务处理主要处理各类统计、报表、信息查询和文件档案管理等。业务处理主要协助管理者合理安排各项业务活动的短期计划(如生产日程安排等)，根据计划实施情况进行调度、控制，对日常活动进行分析、总结，提出报告等。这里主要处理反映当前业务活动情况的信息。

(2)管理控制

管理控制协助管理者根据企业的整个目标和长期规划制订中期产、供、销活动计划，应用各种计划、预算、分析、决策模型和有关信息协助管理者分析问题，检查和修改计划与预算，分析、评价当前活动及其发展趋势以及对企业各决策层目标的影响等。管理控制要利用大量的反映业务活动状况的内部信息，也需要相当多反映市场情况、原材料供应者和竞争者状况的外部信息。

(3)战略计划

战略计划协助管理者根据外部环境的信息和有关模型方法确定或调整企业目标，制订或调整长期规划、总体行动方针等。战略计划要利用下面各层次信息处理结果，同时要使用大量内部和外部信息，如用户、竞争者、原材料供应者的情况，国家和地区社会经济状况与发展趋势，国家和行业管理部门的各种方针、政策等。政治、心理因素、民族、文化背景等对战略决策也都有重要影响。

3. 管理职能结构

管理信息系统可以按照管理职能分成相互关联的若干子系统。例如，制造业的管理信息系统可分为生产子系统、后勤(供应)子系统、财务子系统、人事子系统、市场销售子系统、信息管理子系统、高层管理子系统等。

生产子系统协助管理者制订与实施产品开发策略、生产计划和生产作业计划，进行生产过程中的产品质量分析、成本控制与分析等；后勤(供应)子系统协助管理者制订物资采购计划和物资的存放与分配管理；财务子系统协助管理者进行财会账务管理、财务计划、财务分析、资本需求规划、收益的度量等；人事子系统协助管理者进行人员需求预测与规划、绩效分析、工资管理等；市场销售子系统进行销售统计、销售计划等工作，协助管理者进行销售分析与预测，制订销售计划和策略；信息管理子系统协助管理者制订管理信息系统的发展规划，对管理信息系统的运行和维护进行统计、记录、审查、监督和对各部分工作进行协调；高层管理子系统面向企业最高级领导部门和人员。为高层管理人员制订战略计划、进行资源分配等工作提供支持，同时协助管理者进行日常事务处理，对下级工作进行检查、监督和协调。

4. 管理信息系统的综合结构

由于各职能子系统都有不同层次的信息处理结构，再考虑到功能结构中数据、模型、知识及公共应用软件等资源的配置，可将管理信息系统的结构综合地表示成如图 1-4 所示的形式。图中表示了以管理职能为基础划分子系统的管理信息系统的总体逻辑结构。

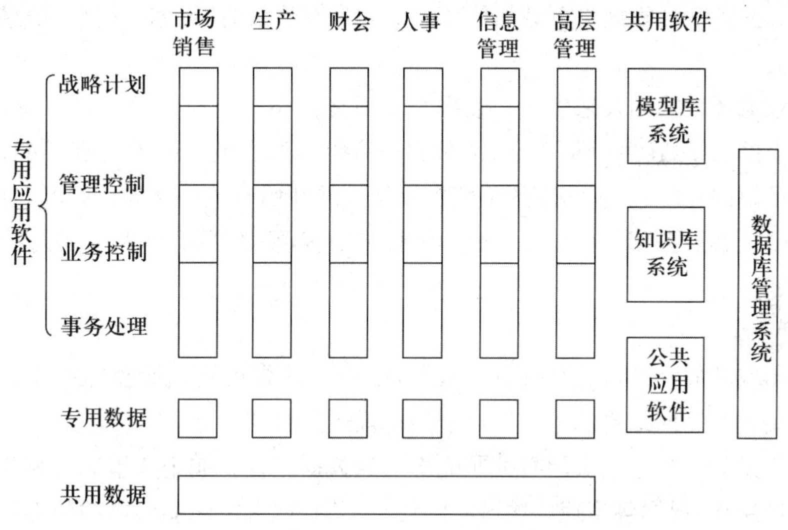

图 1-4　管理信息系统的综合结构

市场销售、生产、财会、人事、信息管理以及高层管理等管理职能，都是一个企业管理工作不可缺少的内容。按上述管理职能划分管理部门，建立管理机构，是传统企业组织设计的基本原则之一，因而管理信息系统也多是按上述管理职能划分子系统。

随着市场竞争日趋激烈、用户需求的多样化和变更频度加快、科学技术发展迅速，工业产品生命周期越来越短，一个产品从概念形成到上市的周期已成为工业企业竞争力的主要标志。然而，管理过程的职能分割可导致产品从开发到上市的流程分割。造成开发过程和生产、供应、销售各环节之间的信息交流与协调困难，对竞争激烈、复杂多变的市场环境的适应能力和应变能力变差。因此，一种新的组织管理模式——多功能项目组，逐渐被越来越多的企业采用。项目组承担一个产品从分析设计到发布实施的全部任务，打破企业内部的职能分割，集市场销售、生产、财会、人事、信息管理以及高层管理等管理职能于一身，按产品形成和推广过程重新设计一体化的企业流程。管理信息系统为流程的一体化和流程中各环节的协调与控制提供了现代化的方法与手段。

四、管理信息系统的要素与环境

管理信息系统是一个复杂的社会系统，从不同的角度分析，其成分与构成要素会有很大不同。总体来讲，对管理信息系统的构成可按照概念要素、企业系统的基本要素等进行分析。

1. 管理信息系统的概念要素

信息、管理和系统构成管理信息系统的三个概念要素。

(1)信息要素

管理信息系统所涉及的信息非常广，有组织内部的，如生产信息、财务信息、销售信息、资源信息等，也有组织外部的，即环境信息，如市场价格信息、消费者信息、竞争对手信息、政策法规信息等。正确的管理决策必须依靠和控制足够数量的、可靠的信息，信息通过决策体现其自身价值。

信息一般通过数据形式来表示。数据是指对客观事物进行记录并可以鉴别的符号，它不仅指狭义上的数字，还可以是文字、图形和声音等。信息的表示不是唯一的，它与人们对客观事物所了解的程度、认识问题的角度以及所处的环境有关。例如，管理信息系统中人力资源信息需要了解财务部门的是员工的薪酬、奖励等，而需要了解人事部门的是员工的岗位、工作成果等。

(2)管理要素

要设计出成功的管理信息系统，必须深入研究不同管理级别活动的性质、内容及联系。一般用横向结构与纵向结构的三级管理模型来描述其管理功能。

横向结构是同一管理层次的有关职能部门的数据综合。如企业组织可分为基层、中层、上层三个管理层次，根据各管理层次所需的信息不同，把有关职能所需的数据进行综合。通过数据的综合，设置公用数据库及各子系统用的数据文件，以满足某一层次管理职能的信息需求。

纵向结构对不同管理层次的数据进行综合。这种结构通过对基层作业管理的数据进行分析、综合及处理，获得中层战术管理所需的信息，再进一步对中层战术管理数据进行综合和处理，获得上层战略管理所需的信息，从而使各级管理层次之间信息畅通。

(3)系统要素

系统为描述和理解管理信息系统特性在内的各种组织现象提供了一个框架。一个系统就是一类为达到某种目的而相互联系着的事物的整体，是由相互联系、相互作用的事物或过程组成的具有整体功能和综合行为的统一体。在这个统一体中，对各事物加以深入的研究，再从整体出发分析各事物的相互联系、相互作用，这就是物质世界普遍联系且具有整体性的思想,即“系统”思想。

一个系统必须置于具体的环境之中。系统的环境是指与系统的资源输入和资源输出有关联的外部世界。系统的概念是相对的,有大有小。一个大系统是由若干个小系统组成的,每个小系统又可以包括若干个更小的系统。从高层分析可以了解一个系统的全貌;从低层分析,则可以深入到一个系统每一部分的细节。合理地、正确地划分系统的层次,在每一层次上,集中力量解决该层次中的问题,而不考虑较低层次的细节,是系统分析的一个重要方法。

2. 企业管理信息系统的基本要素

企业管理信息系统主要包括五个基本要素,即企业的组织结构、流程、数据、商务规则与功能(性能)。其中从用户的角度主要关注流程,是以流程为核心的,通过流程将其他几个要素贯穿起来;从开发者的角度主要关注企业的数据、商务规则与功能,以便于系统的实现;从实施者的角度主要关注企业的组织结构与功能,以便于系统的发布与实施。

(1)企业的组织模型

企业组织模型即企业的组织结构关系,包括部门设置、岗位设置、岗位职责等。树形组织结构图是描述企业的组织模型的一种常用方法,可用来搞清各部门之间的领导关系,每个部门内部的人员配备情况,职责分工等情况。它是划分系统范围,进行系统规划的基础。与组织机构一样,用户环境中的企业岗位或角色也是分析人员理解企业业务的基础。

(2)企业的流程模型

流程模型即企业的业务流程,包含流程及流程间的关系、每个流程中所包括的活动、每个活动所涉及的岗位等。企业的作业流程首先要有一个总的业务流程图,将企业中各种业务之间的关系描述出来,然后对每种业务进行详细的描述,使业务流程与部门职责结合起来。

(3)企业的数据模型

数据模型即企业中的信息载体以及对这些信息载体的详细刻画,包括企业的各种单据、账本、报表的描述。

(4)企业的商务规则模型

商务规则模型,即企业中的商务规则以及这些规则的使用法则等。商务规则从影响的范围可划分为局部的规则(如不允许出现负库存)与整体的规则(如对所有的物料管理到批次)。商务规则一般隐藏在功能模型或者流程模型之中。

(5)企业的功能模型

管理信息系统的功能与性能是用户最关注的系统要素。对系统功能需要进行分类,便于用户理解与使用,如按照用户的部门设置情况,对每个部门的需求进行描述,便于组织用户进行评审。分类可按部门进行,如采购科、销售科、计划科、生产车间等;或按功能类型分类,如单据录入、单据审核、单据查询、记账、统计报表、系统维护等。对功能的分类在不同的层次可以采用不同的方法。对每一项功能的描述,应包括用户的输入、处理方法、系统的输出及对此项功能的其他要求。功能与性能是密不可分的,笼统的性能需求没有任何意义.必须具体到某项功能需求上来体现。

3. 管理信息系统的支持环境

管理信息系统为实现组织的目标，对整个组织的信息资源进行综合管理、合理配置与有效利用。支持管理信息系统运行的环境包括以下几个部分。

(1)计算机系统

支持管理信息系统的计算机系统包括硬件系统与软件系统，其中最重要的包括硬件的存储系统以及专用支撑软件。存储系统不仅用来存储直接反映企业外部环境和产供销活动、人财物状况的数据，而且可存储支持管理决策的各种知识、经验以及模型与方法，以供决策者使用。专用支撑软件如管理数据分析软件、管理模型库软件、各种问题处理软件和人机界面软件等，是管理信息系统运行的基础。

(2)数据采集与通信系统

数据采集与通信系统包括非计算机系统的信息收集、处理设备，如各种电子和机械的管理信息采集装置，摄影、录音等数据采集与记录装置，用于信息发送、接收、转换和传输的设施，如无线、有线、光纤、卫星数据等通信设施以及有关的计算机网络与数据通信的软件。

(3)数据

在管理信息系统中，数据是最重要的信息资源，数据是以一定的结构和组织形式存放在存储介质上的。良好的数据组织不仅是开发系统的需要，而且对提高管理信息系统的效率具有重要的作用。

(4)规章制度

规章制度包括关于各类人员的权力、责任、工作规范、工作程序、相互关系及奖惩办法的各种规定、规则、命令和说明文件，有关信息采集、存储、加工、传输的各种技术标准和工作规范，各种设备的操作、维护规程等有关文件。

(5)工作人员

工作人员包括计算机和非计算机设备的操作与维护人员、程序设计员、数据库管理员、系统分析员、管理信息系统的管理人员及收集、加工、传输信息的相关人员。

五、管理信息系统的分类

管理信息系统是一个广泛的概念，至今尚无明确的分类方法。依据功能、目标、特点和服务对象的不同，从层次上可将信息系统分为业务信息系统、管理信息系统和决策支持系统。按系统的功能和服务对象，可将信息系统分为国家经济信息系统、企业管理信息系统、事务型管理信息系统、办公型管理信息系统和专业型管理信息系统等。根据我国管理信息系统应用的实际情况和管理信息系统服务对象的不同，下面分别进行介绍。

(一)国家经济信息系统

国家经济信息系统是一个包含各综合统计部门在内的国家级信息系统。这个系统纵向联系各省、市、县直至各重点企业的经济信息系统，横向联系外贸、能源、交通等各行业信息系统，形成一个纵横交错、覆盖全国的综合经济信息系统。

国家经济信息系统的主要功能是收集、处理、存储和分析与国民经济有关的各类经济信息，及时、准确地掌握国民经济运行状况，为国家经济部门、各级决策部门及企业提供经济信息。

（二）企业管理信息系统

企业管理信息系统面向企业进行管理信息的加工处理。这是一类最复杂的管理信息系统，一般应具备对企业生产进行监控、预测和决策支持的功能。企业复杂的管理活动给管理信息系统提供了典型的应用环境和广阔的应用舞台。

（三）事务型管理信息系统

事务型管理信息系统面向事业单位，主要用于日常事务的处理，如医院管理信息系统、饭店管理信息系统、学校管理信息系统等。由于不同应用单位处理的事务不同，这些管理信息系统的具体功能也各不相同。

（四）办公型管理信息系统

办公型管理信息系统的特点是办公自动化和无纸化，如应用局域网、打印、传真、印刷、缩微等办公自动化技术，提高办公事务效率。新时期的办公自动化除了正常的公文流转、邮件系统等传统办公自动化所具备的功能外，数据库无缝链接、无线应用等功能也是必不可少的。

（五）专业型管理信息系统

专业型管理信息系统指从事特定行业或领域的管理信息系统，如人口管理信息系统、科技人才管理信息系统、房地产管理信息系统等。这类信息系统专业性很强，技术相对简单，规模一般较大。再如，铁路运输管理信息系统、电力建设管理信息系统、银行信息系统、民航信息系统、邮电信息系统等，其特点是综合性很强，包含了上述各种管理信息系统的特点，也称为综合型信息系统。

关键术语

信息	Information	管理	Management
信息系统	Information System	数据	Data
战略规划	Strategic Plan	管理决策	Management Decision
管理信息系统	Management Information Systems		

思考题

1. 什么是信息？什么是数据？两者有什么区别和联系？
2. 信息有哪些基本属性？
3. 什么是信息系统？其基本功能有哪些？
4. 什么是管理信息系统？其具有哪些特点？
5. 简要描述管理信息系统的结构。

第二章 管理信息系统的技术基础

信息技术是管理信息系统的基础，只有把信息技术与管理结合起来，才能真正发挥管理信息系统的作用。本章介绍的有关管理信息系统技术主要是数据组织技术、数据库技术、计算机网络技术和云计算技术。

第一节 数据处理

数据处理指把来自科学研究、生产实践和社会经济活动等领域中的原始数据，用一定的设备和手段，按一定的使用要求，加工成另一种形式的数据的过程。

一、企业数据处理的方式

一个企业如能预测其产品的销售趋势，或者能准确预测它的客户信誉度，离不开企业掌握的数据资源和这些数据的存取与处理。数据的存取意味着人们要用一种更好的方式组织数据，数据的处理意味着人们要有更恰当的数据处理工具。随着企业的发展，大多数企业在组织数据时将从采用数据库技术向数据仓库技术发展。在处理数据时，应用数据分析和数据挖掘工具，寻找有价值的信息，支持公司的决策活动。

现代企业处理信息的方式有以下几种。

1. 以联机事务处理形式处理信息

随着网络通信技术的发展，企业的内联网(Intranet)支持企业管理信息系统进行联机事务处理(On-Line Transaction Processing，OLTP)。因此企业的业务数据库可以应用 OLTP 技术及功能，即采用联机收集和处理信息，然后再对收集到的经过处理的信息加以利用，并且不断更新已有的信息。

目前大多数企业运用业务数据库(Operational Data Base)和数据库管理系统(DBMS)对 OLTP 提供支持。

2. 以联机分析处理形式处理信息，并利用信息进行决策

企业从事务中获取信息后，需要对信息进行分析，以便从事各项决策任务。联机分析处理(On-Line Analytical Processing，OLAP)是一种为支持决策而进行的信息处理方式，如

图2-1所示。而数据仓库是一种新的数据管理技术，能为联机分析处理提供支持。

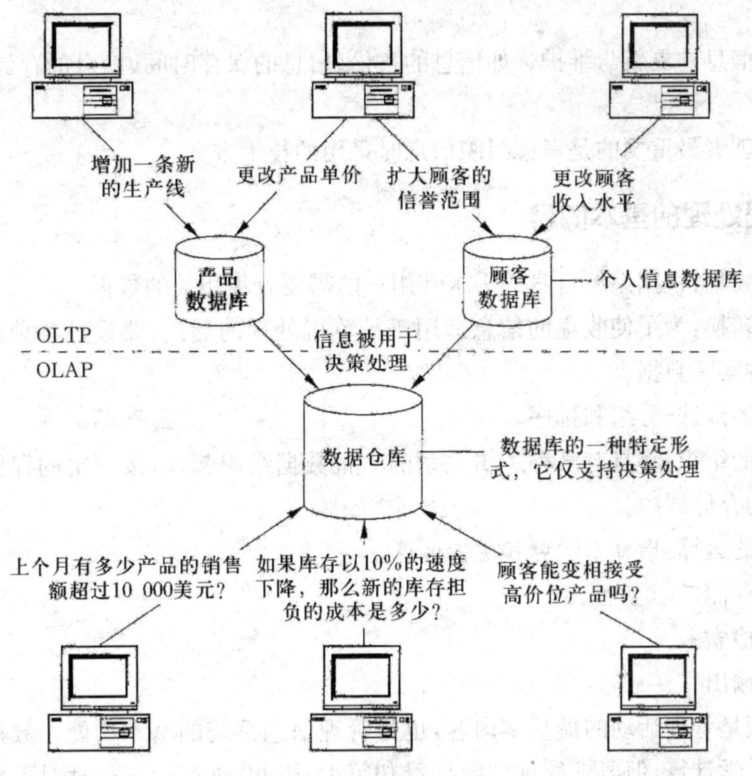

图2-1 联机事务处理与联机分析处理

例如，家乐福、麦德龙等跨国零售业，这些企业的决策依赖于联机分析处理。在这种系统中，企业所有的工作人员（包括管理人员、采购员、会计师、销售分析员）所收集到的数据都汇集在一个庞大的数据仓库之中，而建立在数据仓库之上的各种分析系统，能使每个工作人员十分容易地在计算机上进行各种查询，并经联机分析处理，作出重要决策。

3. 在信息应用过程中管理信息

例如，美国的美洲银行，现在的数据仓库已拥有800GB存储信息。银行副总裁走入工作室可以毫不费力地查询"硅谷地区有多少居民拥有高尔夫球会员资格？多少人拥有家庭游泳池？"由此为美洲银行带来了竞争优势。因为银行通过了解自己客户的生活方式，并根据客户的生活方式来制订银行的服务规范，以满足客户的需求，扩大客户群。

但是要将这些成千上万条信息用同一方法组织存储，并允许用户联机任意查询。对企业来说，这样的信息管理是一种挑战。因此，企业在管理信息时应该：

(1)考虑采用适当的技术去组织信息，以便信息使用者能逻辑地使用信息，而不必了解信息的物理组织形式。目前面向企业管理者的数据逻辑视图是字段→记录→文件→数据库→数据仓库。因此，数据仓库是数据逻辑视图的最新发展，数据仓库从各种各样的数据库中，将各方面信息收集到一起，为企业管理者提供决策所需的信息，并支持企业管理者运用数据挖掘工具以联机分析处理方式进行决策。

(2)考虑使用信息的权限。如确定谁有权利浏览信息、谁有权利使用信息、谁有权利更新信息等。

(3)考虑信息的更新与维护。如信息的备份、信息的保存时间、信息的存储技术、信息的更新技术等。

但是,管理者最重要的是考虑组织信息时采用的技术方案。

二、数据处理的基本内容

(1)数据收集:根据系统自身的需求和用户的需要收集相关的数据。

(2)数据转换:为了使收集的信息适用于计算机处理的形式,要设计各种代码来描述自然界中的各种实际数据。

(3)数据的筛选、分组和排序。

(4)数据的组织:将具有某种逻辑关系的一批数据组织起来,按一定的存储表示方式配置在计算机的存储器中。

(5)数据的运算:指算术运算和逻辑运算。

(6)数据存储。

(7)数据检索。

(8)数据输出。

数据处理是管理活动的最基本内容,也是管理信息系统的基本功能。数据处理一般不涉及复杂的数学计算,但要求处理的数据量却很大,因此,进行数据处理时需要考虑以下几个方面的问题。

(1)数据以何种方式存储在计算机中?

(2)采用何种数据结构能有利于数据的存储和取用?

(3)采用何种方法从已组织好的数据中检索数据?

第二节 数据组织

数据组织是按照一定的方式和规则对数据进行归并、存储、处理的过程。管理中要处理的数据量很大,在应用计算机时,首先遇到的问题就是如何组织这些数据,使它们便于存储、分类、检索、归并和调用。通常可以用数组、文件及数据库来组织数据。

一、数据结构

数据结构是计算机信息处理中的一个重要概念,包括数据的存储结构及结构上的运算或操作。数据结构又分为数据的逻辑结构和物理结构。数据的逻辑结构是指数据间的逻辑关系。逻辑结构包括两大类:线性结构和非线性结构。线性表、堆栈、队列及串为线性结构,而树和图则为非线性结构。物理结构又称存储结构，指数据元素在计算机存储器中的存储方式。存储方式一般有四种：顺序存储、链接存储、索引存储及散列存储，同一种逻辑结构采用不同存储方式可以得到不同的数据结构，如线性表以顺序存储方式存储时得到顺序表数据结构，而以链接存储方式存储时则得到链表数据结构。对于给定的逻辑结构需要寻找一种恰当的与其对应的存储结构，以便在计算机中存储。通常把这种对应关系称为映像。

(一)指针与链

在数据结构中，表征某一数据结构特点及其连接方式的基本单位称为结构的结点(Node)。一个结点可以是一个字符、一个数字，也可以是一个记录、一个集合。一个结点通常有几个域，用来存放与结点有关的信息，存放结点本身信息的域称为数据域，存放结点与其他结点关系信息的域，称为指针域或链域。其中，存放与其他结点有关的结点的地址称为指针，若干带指针的结点组成的集合，称为链。一个典型的结点结构如图 2-2 所示。在一个结点的信息域中，可以放一个或多个信息，指针域也可以有一个或多个，以满足不同的数据应用需要。

通常把指针指向的下一个结点称为后继结点，与本结点邻接的前一结点称为前趋结点，图 2-2 中的左指针指向前趋结点，右指针指向后继结点。

LLINK左指针	INFO信息	RLINK右指针

图 2-2　结点的结构

在表 2-1 所示的职工登记表中，每个职工的登记项有三项：工作证号(No.)、姓名(Name)和年龄(Age)。对应于这样一张表，如果采用链接存储方式，则每个结点有标志职工基本情况的 No.、Name、Age 数据域及指向下一个职工记录的指针域 Next，如图 2-3 所示。这样，表 2-1 的链表结构就如图 2-4 所示。

表 2-1 职工登记表

NO.	Name	Age
0152	王一	22
0256	王二	28
1234	王三	25
2345	李一	31
0001	李二	19

No.	Name	Age	Next

图 2-3　结点示意图

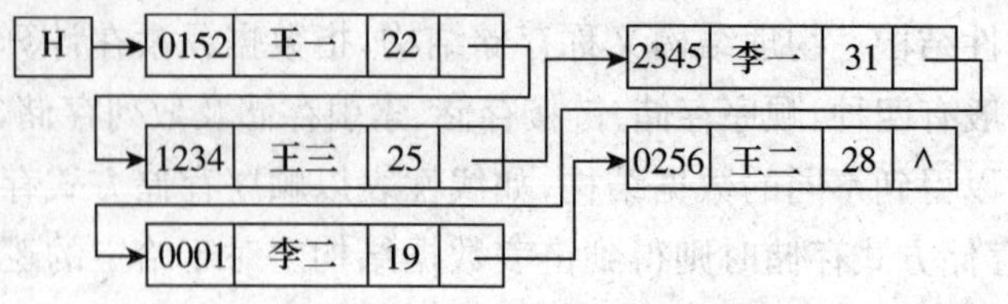

图 2-4　链表的逻辑结构

(二)线性表

线性表是指数据的结构形式本质上是一维的线性关系,其中的每个结点都是同一类型的数据结构。在现实生活中,具有线性表结构的数据比比皆是,如英文字母表、上例中的职工登记表、产品的编号等。线性表中每个结点元素可以是一个数字、一串字符或一项记录。

将一个线性表存储到计算机中,可以采取许多不同的方式,最简单的是顺序存储方式,即把线性表的结点按逻辑次序依次存放在一组连续的存储单元里,结点在计算机内的存放位置完全由结点在线性表中的顺序号决定,用这种方法存储的线性表称为顺序表。对于顺序表,若开始结点的存放位置为 $\mathrm{LOC}(k_1)$,每个结点占用空间大小为 L,则第 i 个结点 K_i 的存放位置可由下式直接计算得到:

$$\mathrm{LOC}(K_i)=\mathrm{LOC}(k_1)+L\times(i-1)$$

因而,对于顺序表,任何一个结点的检索都很方便。

但是,如果要在顺序表中插入或删除一个结点,就没有这么简单了。如图 2-5 所示,线性表中有五个元素,按数值大小顺序排列,依次占据了五个存储单元。现若要插入一个数值 23,由于插入后的线性表仍要求有序,必须将 25 以后的元素依次向后移动一个单元。同样,若要删除第四个元素 23,则需把后面的 25 和 39 依次向前移动一个单元。

序号	结点内容	序号	结点内容
1	9	1	9
2	15	2	15
3	17	3	17
4	25	4	23
5	39	5	25
6		6	39
插入前		插入后	

序号	结点内容	序号	结点内容
1	9	1	9
2	15	2	15
3	17	3	17
4	23	4	25
5	25	5	39
6	39	6	
删除前		删除后	

图 2-5　顺序表的插入与删除操作

当线性表长度为 n 时,做一次插入或删除操作平均要移动 $n/2$ 个元素,当 n 很大时,表中元素移动的工作量是惊人的,因此,线性表仅适用于经常进行检索但数据不经常变动的情况。

为了克服顺序表存在的缺点,可以采用链接存储方式来存储线性表,通常将链接方式存储的线性表称为链表。

链表结构在每个结点设有链指针，用来指示下一个结点的位置，结点本身则可以存放在任意一组存储单元中，这些存储单元可以是连续的，也可以是分散的。结点之间的逻辑关系由指针表示，所以，在插入和删除操作中，只需改变前后结点的指针，而不需要进行大量的数据移动，如图 2－6 所示。

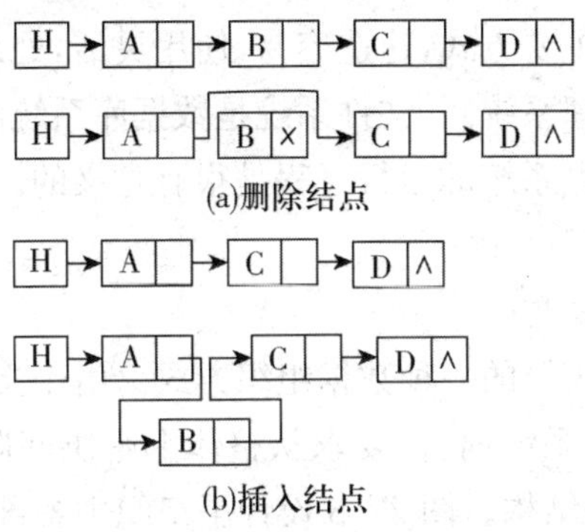

图 2－6 链表的插入与删除

（三）树

树是结点之间有分支和层次关系的结构，类似于自然界中的树。树结构在数据处理中应用最广泛，也是最重要的一类非线性结构。

图 2－7 为一个树结构的实例。它反映了不同规格的钢材的库存情况。这里，我们可以看到树结构的优越性，即采用树形结构，可以把复杂的数据联系表示成固定长度的记录，从而大大方便了数据的处理。

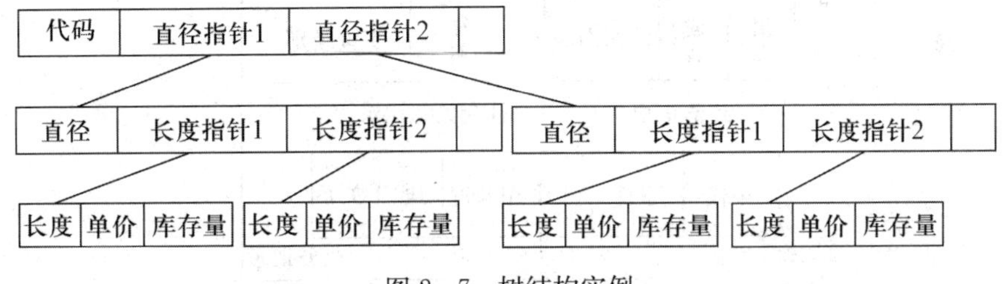

图 2－7　树结构实例

除了上面介绍的线性表和树结构之外，队列、图等也是重要的数据结构。

二、数据文件

在信息系统中，数据组织一般采用文件组织和数据库组织。把数据按某种数据结构组织起来存放在外部设备上，就构成数据文件。一般来说，数据文件是为某一目的而形成的同类记录的集合，记录是文件中数据组织的基本单位，由若干个数据项组成，数据项又是数据处理的最小单位。如果用文件描述某一事物的总体（例如工资单），则每个个体的情况就是其中的一条记录（如每个职工的工资情况），而数据项描述的则是个体的若干属性（如姓名、基本工资、附加工资等）。数据项都有一个代表着事物某一方面属性的名，同时相对于每条记录，还有一个代表这方面属性的值。例如，对于属性名为“姓名”的数据项，具体到一个个体就对应着一个数据项的值，如“张三”。

记录中能唯一标识该记录的数据项称为主键，其他能够鉴别记录的数据项定义为副键。主键和副键统称为鉴别键，其功能是用来鉴别和搜索记录。例如，在工资主文件中，可以把“职工代码”作为主键，而把“姓名”作为副键。

文件系统是数据处理的主要方式，建造容易，使用灵活，处理速度快，特别适合单项业务系统使用（如财务、库存等管理系统）。文件系统是数据库系统的基础，学习文件系统中数据的组织和操作方式对理解信息系统的运行过程是很有意义的。

三、数据库

数据库是比文件系统更高级的一种数据组织方式。由于文件系统的结构只限于记录内部，对于一个组织的管理信息系统而言，要求从整体上解决问题，不仅要考虑某个应用的数据结构，而且要考虑全局数据结构。图 2-8 设计了组织中各部门子系统都要使用的职工记录，人事部门关心的人事记录、政治历史和社会关系记录，财务部门关心的工资记录，业务部门需要的业务记录、学历、科研经历和教学经历等。为了实现整个组织数据的结构化，要求在数据组织结构中不仅能够描述数据本身，而且要能描述数据之间的关系。因而在复杂的应用中，应采用数据库组织数据。

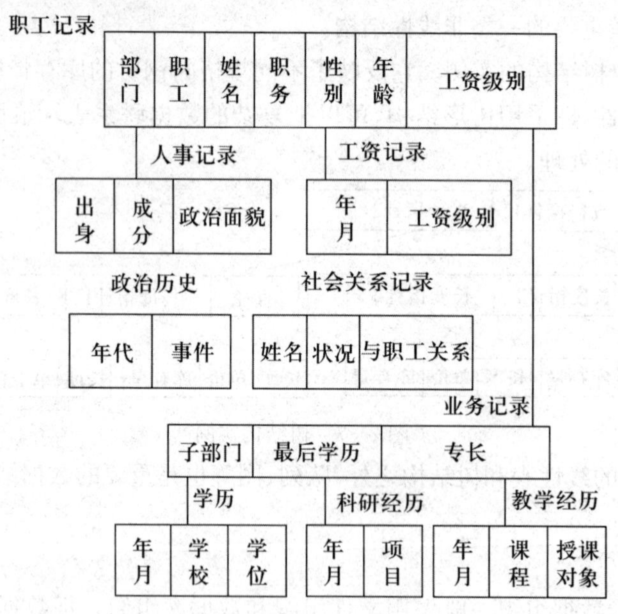

图 2-8 组织的全局数据结构示例

第三节 数据库技术

围绕着数据结构和模型的演变,传统数据库技术相继经历了网状数据库、层次数据库和关系数据库三个阶段。

一、数据库系统的产生和构成

(一)数据库系统的产生

数据库是以一定的组织方式存储在一起的相关数据的集合,它能以最佳的方式、最少的数据冗余为多种应用服务,程序与数据具有较高的独立性。数据库技术的萌芽可以追溯到20世纪60年代中期,60年代末70年代初数据库技术日益成熟,从而具有了坚实的理论基础,其主要标志事件如下:

1969年,IBM公司研制开发了基于层次结构的数据库管理系统(Information Management System,IMS)。

美国数据系统语言协商会的数据库任务组(Data Base Task Group,DBTG)于20世纪60年代末70年代初提出了DBTG报告。DBTG报告确定并建立了数据库系统的许多概念、方法和技术。DBTG基于网状结构,是数据库网状模型的基础和代表。

1970年,IBM公司的研究员埃德加·弗兰克·科德(E. F. Codd)发表了题为《大型共享数据库数据的关系模型》的论文,提出了数据库的关系模型,开创了关系方法和关系数据研究,为关系数据库的发展奠定了理论基础。

20世纪70年代,数据库技术有了很大发展,出现了许多基于层次或网状模型的商品化数据库系统,并广泛运行于企业管理、交通运输、情报检索、军事指挥、政府管理和辅助决策等方面。这一时期,关系模型的理论研究和软件系统研制也取得了很大进展。1981年,IBM公司宣布具有System R全部特性的数据库产品SQL/DS问世。与此同时,加州大学伯克利分校研制成功关系数据库实验系统(Interactive Graphics and Retrieval System,INGRES),接着又实现了INGRES商务系统,使关系方法从实验室走向社会。

自20世纪80年代以来,几乎所有新开发的数据库系统都是关系型的。微型机平台的关系数据库管理系统也越来越多,功能越来越强,其应用已经遍及各个领域。

(二)数据库系统的构成

数据库系统是由计算机系统、数据、数据库管理系统和有关人员组成的具有高度组织性的总体。

1. 计算机系统

计算机系统是指用于数据库管理的计算机硬件和软件系统。数据库需要大容量的主存以存放和运行操作系统、数据库管理系统程序、应用程序以及数据库、目录、系统缓冲区等，辅存方面则需要大容量的直接存取设备；此外，计算机系统应具有较强的网络功能。

2. 数据库

数据库既有存放实际数据的物理数据库，也有存放数据逻辑结构的描述数据库。

3. 数据库管理系统

数据库管理系统（Data Base Management System，DBMS）是一组对数据库进行管理的软件，通常包括数据定义语言及其编译程序、数据操纵语言及其编译程序以及数据管理例行程序。

4. 人员

（1）数据库管理员。为了保证数据库的完整性、明确性和安全性，必须有人来对数据库进行有效的控制。行使这种控制权的人称为数据库管理员，他负责建立和维护模式，提供数据的保护措施和编写数据库文件。所谓模式，是指对数据库总的逻辑描述。

（2）系统程序员。系统程序员是设计数据库管理系统的人员。他们必须关心硬件特性及存储设备的物理细节，实现数据组织与存取的各种功能及从逻辑结构到物理结构的映射等。

（3）应用程序员。应用程序员负责编制和维护应用程序，如库存控制系统、工资核算系统等。

5. 用户

（1）专门用户。专门用户是指通过交互方式进行信息检索和补充信息的用户。

（2）参数用户。参数用户是指那些与数据库的交互作用相固定的、有规则的人，如售货员、订票员等。

二、数据模型

根据模型应用的不同目的，可将模型分为两个层次：概念模型（也称信息模型）和数据模型（如网状、层次及关系模型）。

三、数据库存技术的发展

（一）互联网数据库

所谓互联网数据库，其实质是在传统关系数据库技术的基础上，融合最新网络技术、存储技术和检索技术而发展的新型数据库技术。它在数据库模型、存储机制和检索技术等方面做出革新，以全面面向互联网的功能结构来适用新的以互联网为基础的应用，从而开辟了一个互联网数据库的新时代。

面向互联网的数据挖掘比面向单个数据库的数据挖掘要复杂得多。传统数据库中的数据是结构化的，而互联网上的数据的最大特点是半结构化，这就决定了面向互联网的数据挖掘将是一个颇具挑战性的课题。半结构化是相对于结构化和非结构化而言的。传统数据库中的数据结构性很强，我们称之为完全结构化的数据，同时还存在一些诸如一本书、一张图片等完全无结构的数据。但互联网上存在的数据既不是完全结构化的，也不是完全非结构化的，因为其页面具有一定的描述层次，存在一定的结构，所以我们称其为半结构化的数据。

从数据库研究的角度出发，网站的信息也可以看作一个数据库，一个更大的、复杂性更高的数据库。网络上的每一个站点就是一个数据源，每一个数据源都是异构的，因为任意两个站点之间的信息和组织形式都不一样，这就构成了一个巨大的、异构的数据库环境。如果想要利用这些数据进行数据挖掘，首先必须研究站点之间异构数据的集成问题。因为只有将这些站点上的数据都集成起来，提供给用户一个统一的视图或视角，才有可能从巨大的数据资源中获取所需的信息。其次，还要解决互联网上的数据查询问题。因为如果所需的数据不能有效地得到，对这些数据进行分析、处理就无从谈起。这些基础性的问题都亟待解决。传统的数据库都有一定的数据模型，可以根据这些模型来具体地描述特定的数据，同时可以很好地定义和解释相关的查询语言。而互联网上的数据特点很复杂，没有特定的模型来描述。每一个站点上的数据都是由站点开发人员自行设计和放置的，而且数据本身具有自描述性和动态可变性等一系列复杂特性，其结构也不可捉摸。在这种情况下，如何解决异构数据的集成和数据查询问题呢？这就迫切需要一个模型来清晰地描述互联网上的数据。针对互联网上数据半结构化的特点，寻找一个半结构化的数据模型成为了解决上述问题的关键。此外，除了要定义这样一个半结构化数据模型外，还需要一项技术能够自动地从现有数据中将这个模型抽取出来，这就是模型抽取技术。因为半结构化数据模型和半结构化数据模型抽取技术是面向互联网的数据挖掘技术实施的前提，所以堪称是当今数据库研究领域的最大热点。

（二）可扩展标记语言

近年来涌现了一个标记语言叫可扩展标记语言（Extensive Markup Language，XML），其最大的特点在于其标签是具有语义的，是由用户定义的，能够反映一定的数据含义。XML 的出现给做数据库研究的人带来了很大的惊喜。从某种意义上说，XML 就是一种半结构化的数据模型。XML 文档描述的语义非常清楚，而且很容易就可以将之与关系数据库中的属性一一对应起来，能够支持实施十分精确的查询。XML 为在网络上的数据查询和模式抽取提供了一个重要的契机，以此为基础，基于网络的数据挖掘的实现距离我们也不会太遥远。目前，已经有很多关于 XML 数据存储、XML 数据查询和 XML 系统实现与应用模式等方面的研究工作纷纷开展起来，以 XML 家族为基础的新一代万维网环境是直接面对网络数据的，不仅可以很好地兼容原有的网络应用，而且可以更优地实现万维网这一分布计算环境下的信息共享与交换。因此,它已成为网络信息发展的可喜趋势。

(三)数据仓库

数据仓库也是近年来逐渐兴起的一个概念。随着企业信息化建设的不断深入,企业的数据积累量越来越大,企业信息系统本身的构成也越来越复杂,原有的系统中可能会采用面向对象数据库,也可能会采用关系数据库,还可能采用不同厂家的产品,由此就出现了庞大而异构的数据资源。数据仓库就是要将这些数据资源集成起来,以满足决策支持的需求。

数据仓库的实质也是一个数据库,但它存储的数据与普通数据库中的数据不太一样,它存储的是数据库中经过加工整理后的数据。例如,对于商场应用来说,原有数据库中存储的是每一笔交易的数据,而数据仓库则要根据过往的历史记录进行提炼、整理,存放的可能是某种产品某月在某地区的特定销量等记录。

数据仓库将异构的数据集成起来,经过加工、整理变成可用的数据资源,而数据挖掘和联机分析处理(On-Line Analysis Process,OLAP)则是在数据仓库的基础上进行操作,它们都是基于数据仓库的分析工具。数据挖掘与OLAP最本质的区别在于,数据挖掘是一种挖掘性的分析工具,它主要是利用各种分析方法主动地挖掘大量数据中蕴含的规律;而OLAP则是一种求证性的分析工具,即已有一个假设,通过OLAP来得到验证。OLAP所采用的验证方法多是基于数据立方体法,即通过对数据立方体的切片、切块、旋转、钻取等操作来实现对数据立方体快速的多维存取。所谓多维存取,是指从不同的角度根据数据仓库中的不同主题来得出不同的结论。数据挖掘和OLAP这两种分析工具本身是相辅相成的,因为OLAP可以帮助人们提出假设,也可以验证数据挖掘预测的结果;数据挖掘能够挖掘出一个结论,这个结论正确与否,可以用OLAP去验证。

传统的数据环境基本上是数据操作型的,传统的信息系统只负责数据的增、删及修改操作,而在数据库的基础上可实现的工作就是联机事务处理(On-Line Transaction Process,OLTP)。由于数据不断积累,而人们需要分析型的数据环境,于是就出现了由数据库导出的数据仓库,以此为基础则可以实现OLAP和数据挖掘。

第四节　计算机网络

计算机网络是管理信息系统运行的基础。由于企业或组织中的信息处理都是分布式的,把分布式信息按其原始形式由分布在不同位置的计算机进行处理,并通过通信网络把分布式信息集成起来,是管理信息系统的主要运行方式,因而,计算机网络是管理信息系统的基本使用技术。

一、计算机网络的概念与分类

（一）计算机网络的概念

计算机网络是用通信介质把分布在不同地理位置的计算机和其他网络设备连接起来，实现信息互通和资源共享的系统。计算机网络的重要概念有：

网络介质，是数据传输的物理通道，有同轴电缆、双绞线、光纤、微波、卫星信道等。

协议，是网络设备间进行通信的一组约定。如 IEEE802.3，IEEE802.4，FDDI，ATM 等。

网络协议具体规定了设备间通信的电气性能、数据组织方式等。

节点，是网络中某分支的端点或网络中若干条分支的公共会交点。

链路，是指两个相邻节点之间的通信线路。

（二）网络拓扑结构

所谓网络拓扑结构是指网络的链路和节点在地理上所形成的几何构形。图 2－9 显示了计算机网络的组成。计算机网络从功能上可分为两部分，即资源子网和通信子网。用户通过终端可以访问分布在各处的主机上的数据信息，从而实现整个系统的软硬件、信息等资源的共享。

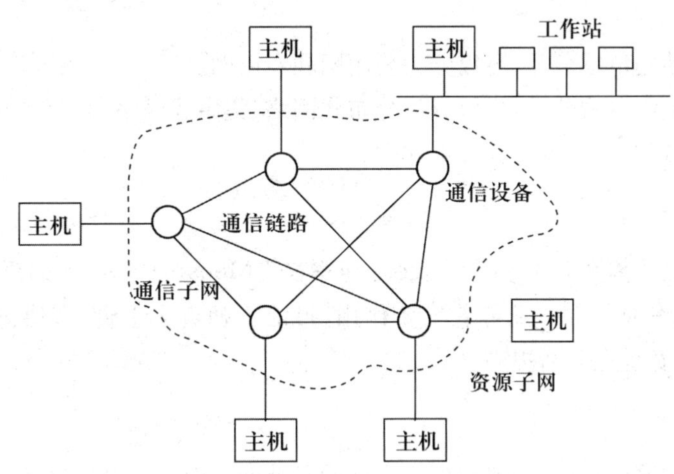

图 2－9　计算机网络的组成

根据通信信道的类型，计算机网络具有以下几种结构：

1. 点—点信道网络

点—点信道即网络中每一条信道都连接到一对节点上，如果某两个节点之间没有直接通信的信道，则要经过其他节点用存储—转发方式通信。点—点信道的通信网络有星形、环形、树形、网形等几种拓扑结构，如图 2－10 所示。

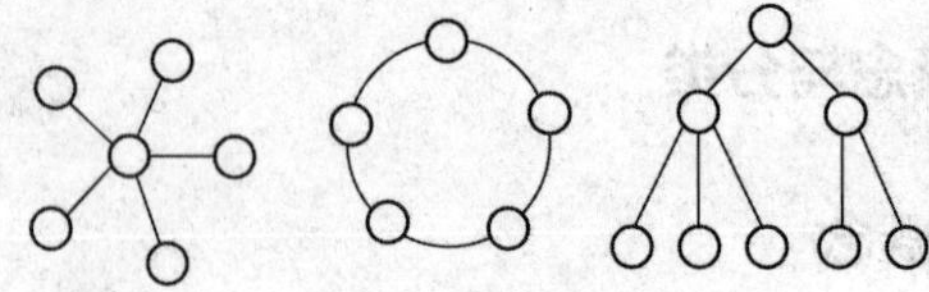

图 2-10 点一点信道的拓扑结构

2. 共享信道网络

在共享信道网络中，所有节点共享一条通信信道，每个节点发送的信息可由所有节点检测，但只有目的地址指定的节点能够接收。共享信道的优点是不同节点间的通信可以使用同一通信信道，从而可以最大限度地利用信道的通信能力；缺点是当所有节点同时通信时，容易出现通信阻塞，并且一旦信道出现故障，将影响所有相关信道的通信。共享信道分为总线信道、卫星信道和无线信道。其拓扑结构有总线型、树形、环形等几种。

不同的网络结构各有其特点，在系统建设中必须根据系统的响应时间、信息量、系统投资、可靠性要求等进行综合分析。

(三)计算机网络的分类

计算机网络可以从不同角度进行分类。

根据网络的拓扑结构分类，计算机网络可分为星状网、树状网、总线网、环状网、网状网等。

根据网络的使用范围分类，可以分为公用网和专用网。

根据数据的组织方式分类，可以分为分布式网络、集中式网络和分布集中式网络。

根据网络的分布范围，可分为以下几类。

1. 局域网(LAN)

局域网指传输距离在 0.1～10 km，传送速率在 1 Mbps～10 Mbps 的范围较小的一种网络。局域网在企、事业单位中发挥着重要作用，目前正朝着多平台、多协议、异机种方向发展，数据速率和带宽也在不断提高。

2. 广域网(WAN)

广域网是局域网的扩展，一般由相距较远的局域网经由公共电信网络互联而成，数据传输速率一般在 1.2 kbps～1.554 Mbps，传输距离可遍及全球。

3. 城域网或市域网(MAN)

城域网或市域网分布范围在广域网和局域网之间。例如，分布范围是一个城市，其作用距离为 5～50 km，传输速率一般在 1 Mbps 以上。

二、网络介质

网络介质是信息传输的物理通道，所有计算机通信都是以一种能量的形式通过数据编码在特定传输介质中传送而实现的，传输介质可根据其物理形态分为有线和无线两大类。有线介质有双绞线、同轴电缆、电力线电缆、光纤之分。现在的主流是主干线路选由光纤组成的光缆，到桌面则选用双绞线，但也有三网合一选用同轴电缆的方案。随着技术的进步，电力线电缆为组建局域网提供了一种新的选择，显示了较强的实用性，其最大的优点就是在一个变压器范围内不用重新布线，且传输速率可以达到 1 Gbps，完全能满足当前的应用。无线介质是不同频率的电磁波，分为无线电、微波和红外线。

二、计算机网络体系结构

计算机网络是一个非常复杂的系统，需要解决的问题很多。为了将庞大而复杂的问题分解为若干较小的易于处理的局部问题，早在 1969 年美国国防高级研究计划署在设计著名的 ARPANET（Internet 前身）时，就提出了“分层”的方法。计算机网络的各层及其协议的集合，就称为网络的体系结构。网络体系结构规定了计算机网络应该设置哪几层，每层应提供哪些功能。

20 世纪 80 年代末期以来，因特网（Internet）飞速发展，已成为世界上最大的国际性计算机互联网。因此，因特网所使用的 TCP/IP 体系在计算机网络领域占有十分重要的地位。

传输控制协议（Transmission Control Protocol，TCP）和网际协议（Internet Protocol，IP）是因特网所使用的各种协议中最重要的两个协议。在因特网上运行的协议很多，人们将 TCP/IP 及其相关协议称为 TCP/IP 体系结构，简称 TCP/IP。

TCP/IP 体系结构共有网络接口、网际层、运输层和应用层四个层次，图 2－11 显示了 TCP/IP 与 OSI 体系结构的层次对应关系。各层主要功能如下。

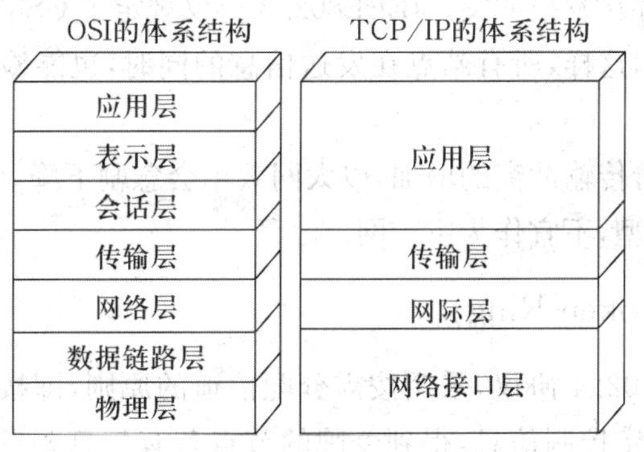

图 2－11　TCP/IP 与 OSI 体系结构的对比

1. 网络接口层

为了使 TCP/IP 与具体的物理传输媒体无关，在 TCP/IP 标准中没有对数据链路层和物理层做出规定，只将最低的一层取名为网络接口层。该层的作用是接收 IP 数据报，并通过特定的网络进行传输或从特定的网上接收物理帧，抽出 IP 数据报交网际层。

2. 网际层

网际层的主要协议是无连接的网际协议 IP。网际层主要负责主机之间的通信,处理网际层差错与控制报文 ICMP,处理路径、流控、拥塞等问题。

3. 传输层

传输层有 TCP 和 UDP 两个协议。它们都是建立在 IP 协议的基础上的。传输层提供端到端(即应用进程间)的通信服务,其主要功能为格式化信息流、提供端到端可靠传输、解决不同应用程序的识别等问题。

4. 应用层

应用层对应于 OSI 的会话层、表示层和应用层,向用户提供一组常用的应用协议,如远程登录协议(Telnet)、文件传输协议(FTP)、简单邮件传输协议(SMTP)、超文本传输协议(HTTP)等。

三、典型的网络通信技术

这里我们根据介质中数据传输控制方法的不同,介绍几种常用的网络技术。

(一)以太网(Ethernet)

以太网是按照 IEEE802.3 协议建立的局域网络,采用载波侦听多路访问技术,即当一个节点有报文发送且已准备就绪时,先检测信道,如信道空闲,就在下一个时间片占用信道并发送报文,若信道忙,该节点就不能发送。由于报文在信道上传输有一定延迟,而节点发送报文是随机的,因而存在发报冲突。IEEE802.3 协议规定了 CSMA/CD(载波侦听多路访问/冲突检测)协议标准,这样,所有站点在发送信息的同时,也能检测冲突,一旦有冲突,就推迟发送。

在大型网络中,随着传输冲突的增加,以太网效率会急剧下降,因而,一般只能作为小型网络或工作组网络的选型,不宜作为主干网。

(二)令牌环网(Token-Ring)

令牌环网即 IEEE802.4 协议,采用按需分配信道的原则,即按一定的顺序在网络节点间传送称为"令牌"的特定控制信息,得到令牌的节点若有信息要发送,则将令牌置为忙,表示信道被占用,随即发送报文,报文发送完毕后将令牌置为空,传给下一站点。这种方法在较高通信量的情况下仍能保证一定的传输效率。

(三)快速以太网(Fast Ethernet)

快速以太网保留了以太网的 CSMA/CD 技术,是以太网的发展,但速度可达 100 Mbps,近年来又有千兆位以太网面世。快速以太网在一定程度上缓解了网络瓶颈问题,在小型网络应用中有较高效率,但传输距离有限,不适合作为大型网络的主干网。

(四)FDDI(光纤分布式数据接口)

FDDI采用光纤作为传输介质,以令牌环方式仲裁站点对介质的访问,传输速率可达100 Mbps;采用双环备份方式,传输距离远,可靠性高,互操作能力强,适合作为局域网络主干网选型。

(五)ATM(异步传输模式)

ATM是一种以信元为单位在设备间传输信息的方式,传输速率为155 Mbps,最高可达622 Mbps,信元内可携带任何信息进行传送。ATM采用面向连接的服务方式,支持不同速度的设备,具有较高的灵活性。缺点是价格昂贵,至今没有统一的国际标准,在局域网应用中,正受到快速以太网的挑战。

四、网格计算

网格计算(Grid Computing)是指综合利用分散在网络各处的大量独立的计算资源,组成一种分布式系统,共同完成某个计算任务。这些计算资源往往是地理位置分散、管理归属各异、连接松散,甚至可能种类混杂;计算任务一般也是临时性的或阶段性的,会根据用户的要求随时变化,在完成一个具体任务时,临时集中利用网络中的空闲资源;而网络中各个计算资源在参与网格计算时需要遵循共同的开放接口标准并进行统一协调。

网格计算中的计算资源规模可大可小,计算资源可以限定在一个企业内部,也可以是多个企业联盟、一个行业、多行业、一个国家,甚至是多个国家,逐渐形成一种类似电网的新型计算基础设施,一般用户不用专门建设自己的计算资源,而能通过购买服务的方式随时使用网格计算。

网格计算本质上是一种充分利用分散资源的模式,这种模式得到了广泛认可和日益扩展,目前出现了各种各样的"网格",例如根据可利用资源的类型分为计算网格、设备网格、数据网格、信息网格、知识网格、服务网格等,它们都是由分散资源组成、基于统一标准、通过综合协调,实现资源利用与集中服务。

五、云计算

云计算(Cloud Computing)是一种通过计算机网络按需提供计算资源的模式,其中计算资源包括计算能力、存储、应用和服务等。类似于C/S结构和B/S结构,云计算模式也分为用户端(客户端)和"云"端(服务提供方)。云计算中的用户端一般只作为显示终端,对软件和数据几乎没有什么要求,只需要Web浏览器即可;所有的计算处理服务都由"云"端提供,"云"端可以由一些大型服务器组成(提供计算、存储、应用和服务等能力),但更多情况是通过网格计算整合分散在网络上的计算资源。

云计算的特点可以从两个方面来理解。

(1)从云计算的服务提供和交付模式来看,所有计算处理都集中在"云"端,用户可以认为"云"端的计算能力是没有限制的,计算服务可动态伸缩,用户可以灵活购买。因此一般企业不用自己建设和维护硬件、软件,只需要通过最简单的设备访问计算资源网络,并把自己所需要的计算处理交由"云"端负责。云计算在这方面的挑战主要是用户有诸多担心,包括担心失去对信息系统的控制、担心对云计算提供商的高度依赖、担心信息安全和服务质量等。

(2)从云计算的服务实现方式来看,云计算实现了计算资源的高度整合和优化利用。它一方面整合各客户的计算需求,经过合并与优化,统一进行计算处理,实现计算资源的最大化共享;另一方面它可以把计算处理任务通过各种"网格"来完成,实现网络上计算资源的充分利用。云计算在这方面的挑战主要是:如何控制、调度和优化各种资源、平台和软件,实现各种组件的高效协作工作;如何保证服务的普适性和灵活性;如何保证服务实现的可靠性、安全性和服务质量水平。

根据云计算所提供计算服务的种类,云计算可以认为包括以下几个层次的服务:基础设施级服务(IaaS)、平台级服务(PaaS)和软件级服务(SaaS)。基础设施级服务(Infrastructure as a Service,IaaS)是指"云"端向用户提供全面的计算机基础设施,包括计算机服务器、基础软件和数据存储空间,用户只需向"云"端租用,而不需要建设和维护这些基础设施。平台级服务(Platform as a Service,PaaS)是指"云"端向用户提供完善的应用开发平台,用户不用购买和管理底层的硬件和软件,而能利用"云"端的计算机基础设施和应用开发环境,简单快速地开发或配置所需的应用系统。软件级服务(Software as a Service,SaaS)是指"云"端向用户直接提供企业应用软件,用户不需要自己安装和运行应用软件,也不用软件维护,而是直接向"云"端租用,用以管理企业经营活动。

云计算的一般情况是用户通过互联网使用第三方提供商的"云"端服务,这种方式有时被称为"公有云",即云计算服务可以通过互联网向一般企业提供,一般企业都可以购买和使用该云计算服务,云计算服务是公有的。相应地,"私有云"是指一个企业独立构建的、面向企业内部提供服务的云计算方式。由于用户方和服务提供方都在一个企业,"私有云"用户更少担心企业数据泄露问题,方便进行服务质量控制;同时由于"私有云"可以部署在企业网络防火墙之内,也可以保证服务安全性和提高服务效率。有时也把面向一个行业或一个企业联盟提供服务的云计算方式称为"社区云"。

大型企业可以构建"私有云",集约化建设企业的计算机基础设施,共享企业内部的信息处理能力,统一管理企业的产品设计、订单、物流、结算、配送和顾客服务等各种业务数据和信息系统应用;中小型企业可以更多使用"公有云"或者"社区云",利用公共基础设施、公共平台和公共服务共享企业外部的信息处理能力,快速搭建或使用应用系统,并保持灵活性。

六、网络技术的发展

网络技术的发展将对管理信息系统的发展模式产生了深远的影响,而导引这场革命的核心技术就是嵌入式互联网(Embedded Internet,EI)技术的发展和成熟及其在社会各个领域的广泛应用,其必然会对社会生活产生一系列革命性的影响,主要表现在以下几个方面。

(一)网络智能家电

EI 技术在家电领域的应用将为现有的家电增添更多的智能化功能。例如,以即插即用的形式将家用电器设备嵌入互联网中,使家电的各种功能和状态像网站主页一样表现在消费者的浏览器上,并形成家电网络化的互联。这种功能在实际生活中可应用于家庭监控和保安、家电设备的自动化管理,以及家电的远程维护和升级。

(二)智能化办公设备

未来的办公设备可以主动发出自身状态和信息,通知使用者或直接进入办公自动化的管理信息库,实现企业数字信息的自动采集,减少办公中的人力劳动,增强自动化程度,以提高工作效率和可靠程度。

(三)工业控制领域中的异构网互联

中国的工业自动化程度以每年 10%的速度增长,工厂计算机集成制造系统(Computer Intergrated Manufacturing System,CIMS)化的改造将上层的管理计算机网络和底层的车间控制网络连接在了一起。随着 CIMS 化的不断加深,智能设备在生产中的运用越来越多。对不同层次网络互联的需求也日益扩大,目前的系统大多为单机工作或某几个设备相互简单连接,不能将现有的智能设备以网络的形式相互连接,形成数据相互交换的网络环境,更不能实现与上层的管理计算机网络交换数据。利用传统的控制技术实现的互联造价较高并且实用性不强,今后在工厂自动化领域内,对于将控制设备嵌入互联网中的需求将会逐年增多。

(四)改变传统电器生产厂家的售后服务方式

无论是家用电器、办公设备还是工控设备,由于其状态随时可以在网上浏览,而且设备本身也具有交互智能,因此,厂家与客户之间可以通过互联网直接建立起可靠、方便的沟通与联系,从客户手中获取第一手商业反馈信息。由于电器本身具有智能,因此,它能够主动向社会有关部门发出各种请求和呼叫,替代人工的参与,从而减少人的工作量。各种社会服务机构都可以直接接收智能设备的信息,以社会服务的形式满足人们生产、生活、学习中的各种需求,使生活方式更加社会化,使生产分工更加细化、效率化,使人们的生活更加轻松。而且,这种新技术的应用在带来生产、生活方式的变化的同时,将会创造大量的社会就业机会,尤其能够增加第三产业的就业人口。

(五)设备网络化

EI 产品可广泛应用于各种电器设备,它将成为电器生产厂家的一个主要设备配件,有大量的市场需求,可以形成与调制解调器、集线器、低端路由器等网络产品发展相似的产业道路,而且其产业容量要比上述网络产品的容量大。此外,由于此类产品的出现,使各种电器设备具备了智能化的条件,对于不同行业的电器设备、不同的应用方式、不同的客户需求,其应用软件的开发也将成为 IT 行业的一大产业。

实际上，在21世纪互联网和信息家电浪潮的推动下，让电子设备能互动沟通，变得更有智能，已经成为信息产业发展的一个核心领域。最近，沈阳东大新业信息技术股份有限公司已经研制出可实现产业化的划时代的EI产品WEBIT，并取得了国家级技术专利。其样机已经问世，并正在组织这项新技术产品的市场启动工作。据该公司总经理赵海介绍，WEBIT是一种能将互联网非标电器设备接入互联网的新型通用网络设备。它创造性地将家电、办公设备、工业控制设备的功能及状态网络化，并可用网络浏览器将程序下载到设备现场执行，从而实现对设备的远程管理和控制。该产品可应用于工业控制、信息家电及办公自动化领域，为国际首创。除了具有目前诸多家电厂商和IT厂商所关注的智能家电的所有功能以外，其还具有多任务代码的远程下载、执行和删除以及各种设备功能的远程下载和转换等真正意义上智能家电所应该具备的功能。

当工业自动化从现场总线走向互联网的时候，当家用电器从传统功能向智能家电发展过渡的时候，当仪表由简单的电子仪表向智能仪表发展的时候，当计算机网络走向家庭的时候，当互联网延伸到世界的每一个角落的时候，人们不约而同地要实现一个技术，即要将世界上最小的物理网与世界上最大的逻辑网连在一起。而当世界上最小的物理网与世界上最大的逻辑网真正连在一起的时候，这场革命就真正开始了。在这种形势下，无论是家电厂商、EI技术相关领域的厂商，还是在IT领域的诸多从事EI技术研发的企业，不仅要有紧迫感，更要有精诚合作的意识。因为合作已经成为技术进步和企业发展的大势。只有合作，才能更有效地利用现有的资源，争取时间，尽早抢占这场新的互联网革命的制高点。同时，由于我国目前在高新技术成果产业化方面的环境尚不够成熟，来自方方面面的行为缺乏规范，尽管我们可能已经在国际EI技术领域占有诸多优势，但如果不能善加利用，全面提升我国产业水平，进而提高民族产业在国际上的竞争力，机会就会从我们的旁边溜过。因此，国家有关部门应该尽快采取积极措施，为EI技术的发展、成熟和产业化创造有利的条件，并从发展高新技术产业和利用高新技术改造传统产业等角度，培育和引导EI产业和市场的早日成熟。

（六）IM技术

即时消息计算（Instant Messaging，IM）是现代交流方式的象征，它是至今为止对人类社会生活影响最为深刻的一种网络新形态，它将建立起一种新的社会关系。它集成的功能重点是借助音频、视频数据即时信息为企业提供“协同办公”服务，便于企业进行管理、部署、安全维护、分析、开发、定制等工作。

互联网的最大特点就是瞬息万变，商机在无形中产生，又在转瞬间消失得无影无踪，其最为成功之处不仅在于对技术的突破，而且对人们的思想观念、思维方式和生活理念产生了深刻的影响。

计算机技术发展到今天，使用单机已经很难发挥计算机的强大功能，“网络就是计算机”不再是广告用语，而是现实所在。计算机网络是充分利用计算机及其相关资源的唯一有效途径。

关键术语

数据处理	Data Processing	数据结构	Data Structure
数据文件	Data File	记录	Records
数据模型	Data Model	因特网	Internet
企业内部网	Intranet	云计算	Cloud Computing
数据库管理系统	Data Base Management System		
软件即服务	Software as a Service		
平台即服务	Platform as a Service		
基础架构即服务	Infrastructure as a Service		

思考题

1. 线性表的顺序结构经历了哪些阶段？各有什么特点？
2. 数据文件有哪些类型？
3. 简述数据库系统的组成。
4. 简述计算机网络的概念。

第三章 管理信息系统的战略规划和开发方法

第一节 管理信息系统战略规划概述

一、战略规划

(一)战略规划的概念

当我们想要去做任何事情时,总要将事情分解,然后沿着一个顺序,一步一步地进行。一般来讲,我们要首先清楚使命,然后沿着畅想、愿景、目的、目标、战略、策略、计划、项目、实施和评价这样一个顺序进行下去。

战略规划是这个顺序中的一个重要的环节,它是一种"安排未来"性质的工作。过去的世界变化很慢,几十年不变,百年老号生产百年产品,安排未来的工作不显得那么重要。当代的中国"一年一个样,三年大变样"。今天生产的产品要满足未来的需求,不把握未来的需求,就会没有销路,企业就没有出路。安排未来的工作越来越重要。进行信息系统的战略规划成为信息系统开发越来越重要的部分。

战略(strategy)是基于组织使命制订的组织长远的计划,至少 3～5 年,一般是 10 年,长的能到 50 年。当然由于时间长,未定因素多,因而,相对于短期计划而言,它也比较粗。

战略主要是描述企业领导者关于企业发展的一些概念的集合,包括:

(1)组织的环境,包括"政治、经济、社会、技术"(PEST)环境,竞争对手和自身环境的分析,应用"优势、劣势、机会、威胁"(SWOT)战略分析方法进行分析。

(2)组织的方向,包括组织的使命(mission)、愿景(vision)、目的(goal)。使命是组织成立的依据,是组织的根本大任。愿景是对未来向往的憧憬,是对想象的"天堂"的描述。目的则是靶心,是行动方向的相对位置的描述。例如某学校的使命是培养人才,出科研成果。学校的愿景是美丽的校园、丰富的图书、先进的设备、优秀的教师队伍和浓厚的学术氛围等。学校的目标是 10 年内争取进入全国前 10 名等。

(3)组织的目标(objectives)和达到目标的战略。相对于目的而言,目标是可量化的,如学生数量、发表论文进入 SCI 和 EI 的数量、科研经费数量等。达到目标的战略是一种途径的描述，是政策、策略和决策的集合。如首先建立优秀的教师队伍，塑造学校高水平的无形资产，吸引优秀的学生等。

（二）战略规划的内容

战略规划的内容由三个要素组成，即方向和目标、政策和约束，以及计划和指标。

（1）方向和目标。设立方向和目标是战略规划的第一重要的事情。方向的导出来自对自己企业的使命和环境的分析。使命是指企业的宗旨，也就是究竟为什么要有这个企业。如大庆油田在成立时的使命是解决我国石油困难问题。在分析使命和环境的基础上，建立愿景。愿景是未来想要达到的景象，如建立一个几十万人的石油城。在愿景的基础上，建立方向目的。

目的是以相对量描述的，如全国最大的油田。设好使命，就是要我们做一个对的事情。设好目的，就是要我们把事情做对。愿景和目的设立应是"源于现实，高于现实"，要指明经过努力能达到的目的。太低不能鼓舞士气，太高达不到，易造成泄气。我们可形象地用一幅图来形容，如图 3－1 所示。

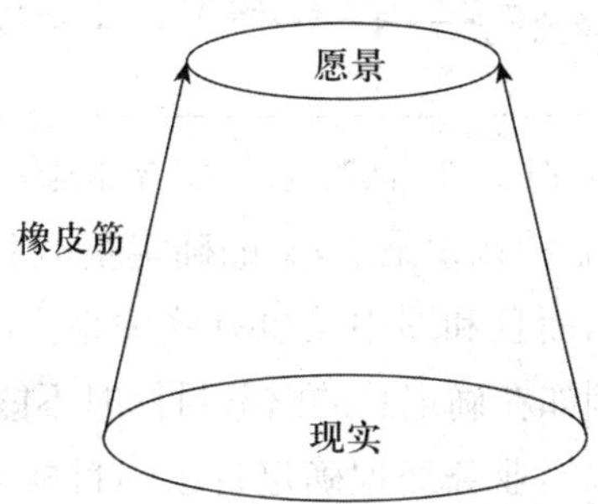

图 3－1　愿景—现实关系模型

如图 3－1 所示，愿景通过橡皮筋把现实拉向未来。如愿景过高，拉力过大，则可能拉断橡皮筋，现实会没有进展；愿景过低，拉力过小，现实提高得很慢。只有愿景不高不低才能把现实较快地拉向高地。

（2）政策和约束。这就是要找到环境和机会与自己组织资源之间的平衡。要找到一些最好的活动集合，使它们能最好地发挥组织的长处，并最快地达到组织的目标。这些政策和约束所考虑的机会是现在还未出现的机会，所考虑的资源是正在寻找的资源。

（3）计划和指标。这是近期的任务，计划的责任在于进行机会和资源的匹配。但是这里考虑的是现在的情况，或者说是很近期的将来的情况。由于是短期，有时可以做出最优的计划，以达到最好的指标。经理或厂长以为他做到了最好的时间平衡，但这还是主观的，实际情况难以完全相符。

战略规划内容的制订处处体现了平衡与折中，要在此基础上考虑回答以下四个问题：

①我们想要做什么？（What do we want to do?）

②我们可以做什么？（What might we do?）

③我们能做什么？（What can we do?）

④我们应当做什么？（What should we do?）

这些问题的回答均是领导个人基于对机会的认识，基于对组织长处和短处的自我评价，以及基于自己的价值观和抱负做出的。所有这些不仅限于现实，而且要考虑到未来。

战略规划是分层次的，正如以上所说战略规划不仅在最高层有，在中层和基层也应有，一个企业一般应有三层战略，即公司级、业务级和执行级。每一级均有三个要素：方向和目标、政策和约束、计划和指标。这九个因素构成了战略规划矩阵，也就是战略规划的框架结构，如图 3-2 所示。

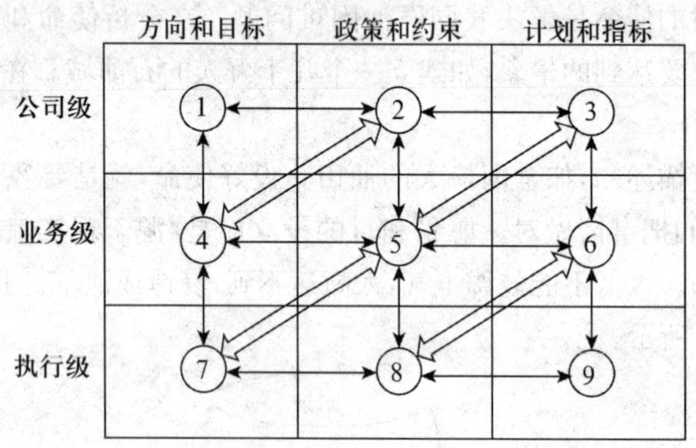

图 3-2　战略规划的框架结构

在这个结构中唯一比较独立的元素是①，它的确定基本上不受图内其他元素的影响，但是它仍然受到图外环境的影响，而且和图中④也有些关系。因为当考虑总目标时不能不考虑各种业务目标完成的情况，例如在确定总的财务目标时不能不了解公司财务的现实状况。

其他元素都是互相关联的，当业务经理确定自己的目标④时，他要考虑上级的目标①，也要考虑公司的约束和政策②。尤其当公司活动的多样性增加的时候，公司总目标所覆盖的范围相对降低，必然需要下级有自己的目标。一个运行很好的公司应当要求自己的下属做到“上有政策，下有对策”，而不应当满意那种“上有政策，下无对策”的下属。同样，这样的公司领导也应当善于合理地确定自己的目标，善于发布诱导性的政策和约束。

执行经理的目标⑦不仅受到上级目标④的影响，而且要受到上级的约束和政策⑤的影响。

总的结构是上下左右关联，而左下和右上相关，上下级之间是集成关系。这点在计划和指标列最为明显，这列是由最实在的东西组成，上级的计划实际上也是下级计划的汇总。左右之间是引导关系，约束和政策是由目标引出，计划和指标则是由约束和政策引出。

二、管理信息系统战略规划

管理信息系统的战略规划是关于管理信息系统的长远发展的计划，是企业战略规划的一个重要部分。它和企业战略规划有相同的性质和几乎相同的步骤，只是在内容上深入到信息系统。这不仅由于管理信息系统的建设是一项耗资巨大、历时很长、技术复杂且又内外交叉的工程，更因为信息已成为企业的生命线，信息系统和企业的运营方式、文化习惯息相关。

(一)信息系统战略规划的阶段论

把计算机应用到一个单位(企业、部门)的管理中去,一般要经历从初级到成熟的成长过程。诺兰(Nolan)总结了这一规律,于1973年首次提出了信息系统发展的阶段理论,被称为诺兰阶段模型。到1980年,诺兰进一步完善该模型,把信息系统的成长过程划分为图3-3所示的六个不同阶段。

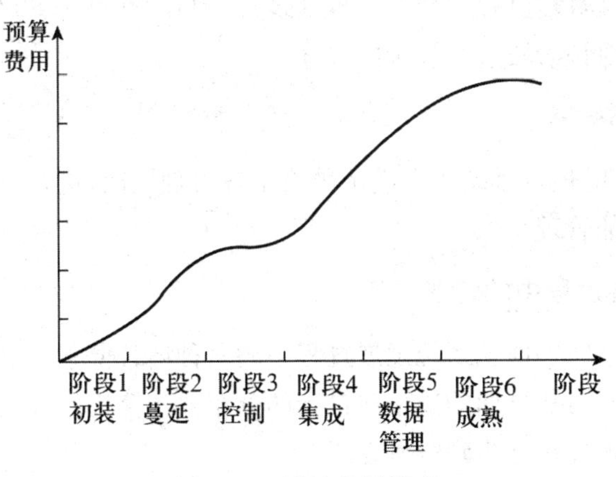

图3-3 诺兰阶段模型

1. 第一阶段:初装

初装阶段指单位(企业、部门)购置第一台计算机并初步开发管理应用程序。该阶段,计算机的作用被初步认识到,个别人具有了初步使用计算机的能力。一般,“初装”阶段大多发生在单位的财务部门。

2. 第二阶段:蔓延

随着计算机应用初见成效,信息系统(管理应用程序)从少数部门扩散到多数部门,并开发了大量的应用程序,使单位的事务处理效率有了提高,这便是所谓的“蔓延”阶段。显然,在该阶段中,数据处理能力发展得最为迅速,但同时出现了许多有待解决的问题,如数据冗余性、不一致性、难以共享等。可见,此阶段只有一部分计算机的应用收到了实际的效益。

3. 第三阶段:控制

管理部门了解到计算机数量超出控制,计算机预算每年以30%～40%或更高的比例增长,而投资的回收却不理想。同时随着应用经验逐渐丰富,应用项目不断积累,客观上也要求加强组织协调,于是就出现了由企业领导和职能部门负责人参加的领导小组,对整个企业的系统建设进行统筹规划,特别是利用数据库技术解决数据共享问题。这时,严格的控制阶段便代替了蔓延阶段。诺兰认为,第三阶段将是实现从以计算机管理为主到以数据管理为主转换的关键,一般发展较慢。

4. 第四阶段:集成

所谓集成,就是在控制的基础上,对子系统中的硬件进行重新连接,建立集中式的数据库及能够充分利用和管理各种信息的系统。由于重新装备大量设备,此阶段预算费用又一次迅速增长。

5. 第五阶段:数据管理

诺兰认为,“集成”阶段之后是“数据管理”阶段。但在20世纪80年代,美国尚处在第四阶段,因此,诺兰没能对该阶段进行详细的描述。

6. 第六阶段:成熟

一般认为,“成熟”的信息系统可以满足单位中各管理层次(高层、中层、基层)的要求,从而真正实现信息资源的管理。

7. 信息系统发展过程中的增长要素

诺兰阶段模型还指明了信息系统发展过程中的六种增长要素:

(1)计算机硬软资源:从早期的磁带向最新的分布式计算机发展。

(2)应用方式:从批处理方式到联机方式。

(3)计划控制:从短期的、随机的计划到长期的、战略的计划。

(4)管理信息系统(MIS)在组织中的地位:从附属于别的部门发展为独立的部门。

(5)领导模式:一开始技术领导是主要的,随着用户和上层管理人员越来越了解MIS,上层管理部门开始与MIS部门一起决定发展战略。

(6)用户意识:从作业管理级的用户发展到中、上层管理级。

诺兰阶段模型总结了发达国家信息系统发展的经验和规律。一般认为模型中的各阶段都是不能跳跃的。因此,无论在确定开发管理信息系统的策略,或者在制订管理信息系统战略规划的时候,都应首先明确本单位当前处于哪一生长阶段,进而根据该阶段特征来指导MIS建设。

(二)管理信息系统战略规划的内容

管理信息系统战略规划一般包括3年或更长期的计划,也包括1年的短期计划。规划的内容主要包括:

(1)信息系统的目标、约束及总体结构,其中信息系统的目标确定了管理信息系统应实现的功能;管理信息系统的约束包括管理信息系统实现的环境和条件(如管理的规章制度、人力、财务等);管理信息系统的总体结构指明了信息的主要类型和主要子系统。

(2)组织(企业、部门)的状况,包括计算机软件及硬件情况、应用系统及现有人员的配备情况、开发费用的投入情况等。

(3)业务流程的现状、存在的问题和不足,以及流程在新技术条件下的重组。

(4)对影响规划的管理信息技术发展的预测。这些管理信息技术主要包括计算机硬件技术、网络技术及数据处理技术等。这些技术的不断更新将给管理信息系统的开发带来深刻的影响(如处理效率、响应时间等),与管理信息系统的性能有着密切的联系,决定着管理信息系统的优劣。因此,在规划过程中需要吸收相关技术的最新发展,从而使所开发的管理信息系统具有更强大的生命力。

(三)制订战略规划的具体步骤

进行管理信息系统的战略规划一般应包括以下一些步骤,如图 3-4 所示。

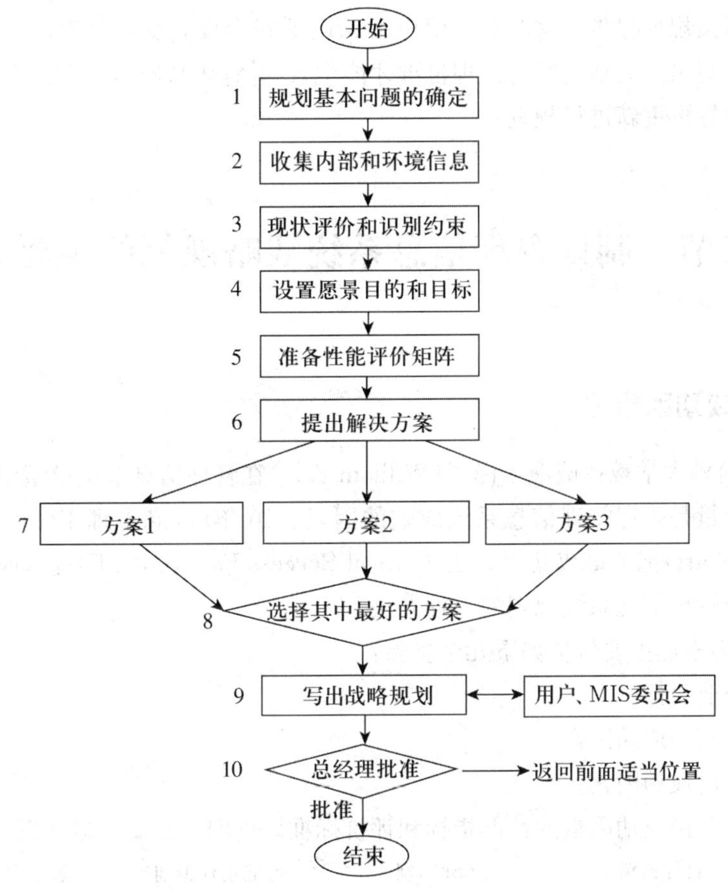

图 3-4 管理信息系统战略规划步骤

第 1 步,规划基本问题的确定。应包括规划的年限、规划的方法,确定集中式还是分散式的规划以及是进取还是保守的规划。

第 2 步,收集初始信息。包括从各级干部、卖主相似的企业、本企业内部各种信息系统委员会、各种文件以及从书籍和杂志中收集信息。

第 3 步,现存状态的评价和识别计划约束。包括目标、系统开发方法、计划活动、现存硬件和它的质量、信息部门人员、运行和控制、资金、安全措施、人员经验、手续和标准、中期和长期优先序、外部和内部关系、现存的设备、现存软件及其质量,以及企业的思想和道德状况。

第 4 步,设置目标。这实际上应由总经理和 MIS 委员会来设置,它应包括服务的质量和范围、政策、组织以及人员等,它不仅包括信息系统的目标,而且应有整个企业的目标。

第 5 步,准备性能评价矩阵。这实际上是评价建成的信息系统以及信息系统开发工作好坏的指标矩阵。

第 6 步,提出解决方案。一般至少 3 个方案,也可能多至 n 个。

第 7 步,对每一个方案做出较详细的说明。

第 8 步,在其中选择最好的方案。

第 9 步,写出规划报告。这时要与用户和 MIS 委员会反复交流讨论。

第 10 步。写出的规划要经总经理批准才能生效,并宣告战略规划任务的完成。如果总经理没批准,只好再重新进行规划。

第二节　制订管理信息系统战略规划的主要方法

一、关键成功因素法

1970 年,哈佛大学教授威廉・泽尼(William Zani)在管理信息系统模型中运用了关键成功变量,这些变量是确定管理信息系统成败的因素。10 年后,麻省理工学院教授约翰・罗卡特(John Rockart)把关键成功因素法(Critical Success Factors,CSF)提高成为管理信息系统的战略,成为管理信息系统规划的一种方法。

关键成功因素法主要包括如下几个步骤:

(1)了解企业目标。

(2)识别所有的成功因素。

(3)确定关键成功因素。

(4)明确各关键成功因素的性能指标和评价标准。这四个步骤可以用图 3-5 表示。

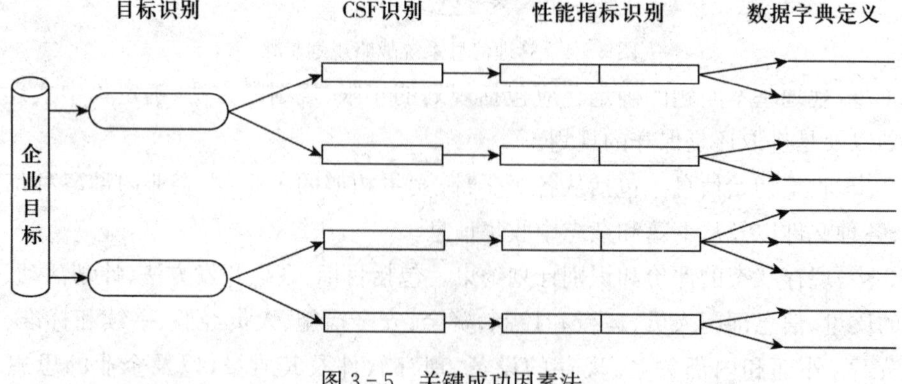

图 3-5　关键成功因素法

关键成功因素法源自企业目标，通过目标分解和识别、关键成功因素识别、性能指标识别，一直到产生数据字典。关键成功因素就是要识别关系到系统目标的主要数据类及其关系。识别关键成功因素所用的工具是树枝因果图。例如，某企业有一个目标，是提高产品竞争力，可以用树枝因果图画出影响该目标的各种因素，以及影响这些因素的子因素，如图 3－6所示。

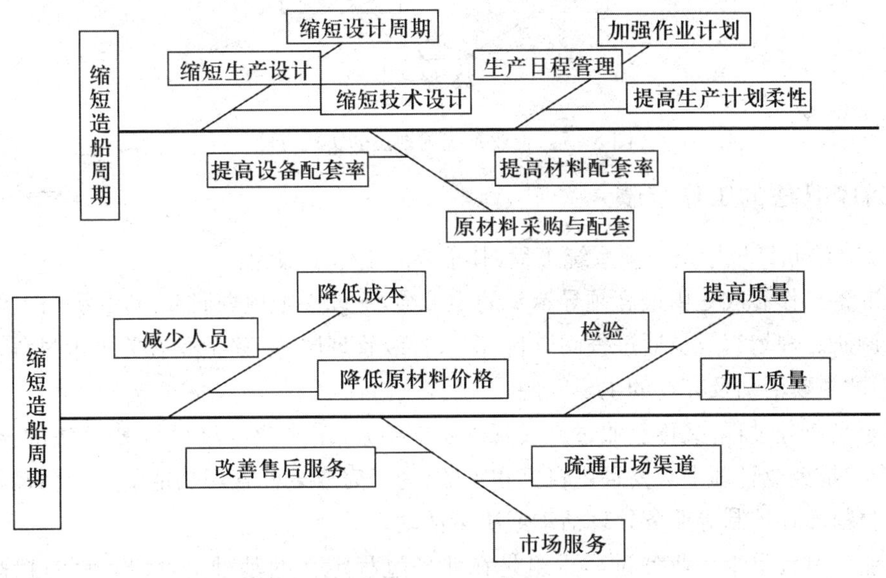

图 3－6 树枝因果图

不同的组织，其中的关键成功因素是不同的，即使是同一组织的业务活动，在不同的时期，其关键成功因素也会不同。关键成功因素法在高层应用一般效果好，因为每一个高层领导人总在考虑什么是关键因素；对中层领导来说一般不太适合，因为中层领导所面临的决策大多数是结构化的，其自由度较小，对他们最好应用其他方法。

二、企业系统规划法

(一)企业系统规划法的含义与作用

企业系统规划法(Business System Planning，BSP)是 IBM 公司在 20 世纪 70 年代初用于内部系统开发的一种方法。它主要是基于用信息支持企业运行的思想，在总的思路上与前述方法有许多类似，也是先自上而下识别系统目标、识别企业过程、识别数据，然后再自下而上设计系统，以支持目标，如图 3－7 所示。

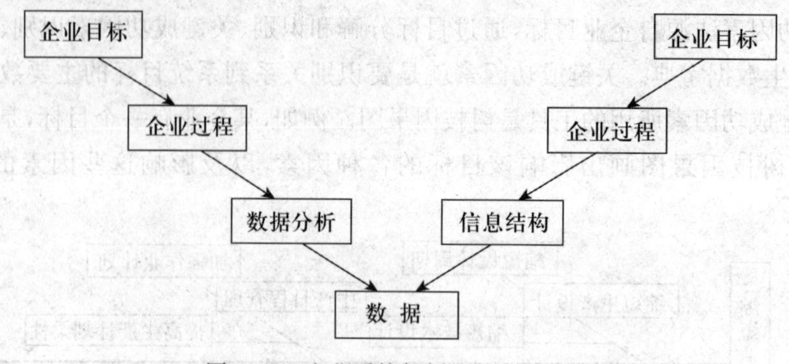

图 3-7　企业系统规划法的实现方法

(二)BSP 法的工作步骤

用 BSP 法制订规划是一项系统工程,其主要的工作步骤为:

(1)准备工作。成立由最高领导牵头的委员会,下设一个规划研究组,并提出工作计划。

(2)调研。规划组成员通过查阅资料,深入各级管理层,了解企业有关决策过程、组织职能和部门的主要活动及存在的主要问题。

(3)定义业务过程(又称企业过程或管理功能组)。定义业务过程是 BSP 法的核心。业务过程指的是企业管理中必要且逻辑上相关的、为了完成某种管理功能的一组活动,例如产品预测、材料库存控制等业务处理活动或决策活动。

(4)业务过程重组。业务过程重组是在业务过程定义的基础上,找出哪些过程是正确的。哪些过程是低效的,需要在信息技术支持下进行优化处理,还有哪些过程不适合计算机信息处理的特点,应当取消。

(5)定义数据类。数据类是指支持业务过程所必需的逻辑上相关的数据。对数据进行分类是按业务过程进行的,即分别从各项业务过程的角度将与该业务过程有关的输入数据和输出数据按逻辑相关性整理出来归纳成数据类。

(6)定义信息系统总体结构。定义信息系统总体结构的目的是刻画未来信息系统的框架和相应的数据类,因此其主要工作是划分子系统,具体实现可利用 U/C 矩阵。

(7)确定总体结构中的优先顺序。对信息系统总体结构中的子系统按先后顺序排出开发计划。

(8)完成 BSP 研究报告,提出建议书和开发计划。

三、战略目标集团化法

威廉·金(William King)于 1978 年提出,他把整个战略目标看成一个“信息集合”,由使命、目标、战略和其他战略变量(如管理的复杂性、改革习惯以及重要的环境约束)等组成。MIS 的战略规划过程是把组织的战略目标转变为 MIS 战略目标的过程。

这个方法的第一步是识别组织的战略集,先考察一下该组织是否有写成文的战略式长期计划,如果没有,就要去构造这种战略集合。可以采用以下步骤:

(1)描绘出组织各类人员结构,如卖主、经理、雇员、供应商、顾客、贷款人、政府代理人、地区社团及竞争者等。

(2)识别每类人员的目标。

(3)对于每类人员识别其使命及战略。

当组织战略初步识别后,应立即送交总经理审阅和修改。

第二步是将组织战略集转化成 MIS 战略,MIS 战略应包括系统目标、约束以及设计原则等。这个转化的过程包括对应组织战略集的每个元素识别对应的 MIS 战略约束,然后提出整个 MIS 的结构。最后,选出一个方案给总经理。图 3-8 所示为一个企业目标转化的例子。

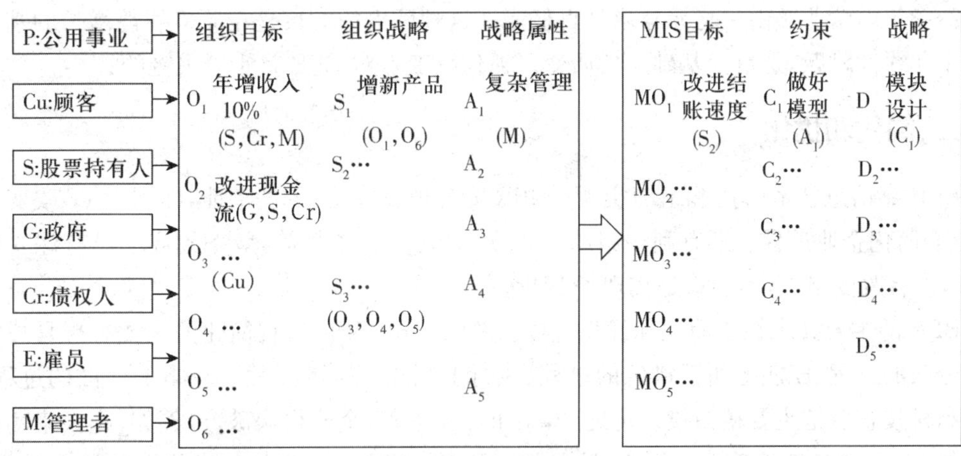

图 3-8　战略目标集转化法

由图 3-8 可以看出这里目标是由不同群体引出的。例如,组织目标 O_1 由股票持有人 S、债权人 Cr 以及管理者 M 引出;组织战略 S_1 由目标 O_1 和 O_6 引出,依次类推。这样就可以列出 MIS 的目标、约束以及设计战略。

第三节　企业流程重组

一、企业流程重组的概念

企业流程重组(Business Process Reengineering,BPR)最早于 1993 年由美国学者哈默(Hammer)和杰姆培(Champy)提出。他们给企业流程重组下的定义是:对企业过程进行根本性的再思考和彻底的再设计,以求企业当代关键的性能指标获得巨大的提高,如成本、质量、服务和速度。

这里描绘 BPR 用了三个关键词:“根本性的”“彻底的”和“巨大的”。

“根本性的”是指不是枝节的,不是表面的,而是本质的。对人来说就是“人活着为什么”,要从根本上对人活着究竟有什么必要提出疑问,也就是说它是革命性的,是要对现存系统进行彻底的怀疑。首先认为“现存的均是不合理的”。按照美国的说法是:在管理科学家的眼里,美国现在所有政府和企业的管理均是“一无是处”。所有这些均强调要用敏锐的眼光看出企业的问题。只有看出问题,看透问题,才能更好地解决问题。

“彻底的”的意思是要动大手术,是要大破大立,不是一般性的修补。正像我国政府改革那样,先转变职能,再精简组织,只有这样才能彻底。

“巨大的”提高是指“成十倍成百倍地”提高。而不是改组了很长时间,才提高 20%~30%。例如有的企业人员减到只剩 10%,产量提高 10 倍,总体效益就提高了百倍。有的企业在2~3年内营业额由上亿元猛增到百亿元。这种巨大的增长是在原来线性增长的基础上的一个非线性跳跃,是量变基础上的质变。抓住跃变点对 BPR 是十分关键的。

二、简化和优化

BPR 靠信息技术(IT)和组织实现。BPR 充分地发挥了 IT 的潜能,即利用 IT 改变企业的过程,简化企业过程。还有利用组织结构变革,达到组织精简,效率提高。没有深入地应用 IT,没有改变组织,不能算是实现了 BPR。

BPR 的主要技术在于简化和优化过程。总的来说,BPR 过程简化的主要思想是战略上精简分散的过程、职能上纠正错位的过程、执行上删除冗余的过程。战略上分散的过程,如一个高科技企业把主要精力投入房地产,结果经营不善,企业很快破产,例如,正大集团擅长于饲料业,投入很多到摩托车行业,结果效果不佳,不得不退出等。职能上的错位过程,例如,高等学校主要的战略方向是教学、科研,结果教师只占 1/3,大部分为后勤职工,显然是错位,后勤社会化是唯一的出路。执行上的冗余过程更是司空见惯的,有些手续除了白耽误工夫以外没什么用处。

BPR 在利用 IT 技术简化过程上有一些原则,这些原则可以帮助启发我们做到过程简化。这些原则包括如下几项:

(1)横向集成。跨部门按流程的压缩,例如交易员代替定价员和核对员的工作。

(2)纵向集成。权力下放,压缩层次。

(3)减少检查、校对和控制等的事后过程,使其为变事后检查为事前管理,变事中检查为事后审计。

(4)单点对外。对待顾客,用入口信息代替中间信息。

(5)单库提供信息。建好统一的共享信息库,把相互的交道变成对库的交道。

(6)一条路径到达输出。不用许多路径均能走通,多路径会让人不知该走哪条。

(7)并行工程。串行已不可能再压缩的,可考虑把串行变为并行。

(8)灵活选择,过程连接。对于某些输入,可能不需要全过程,少几个过程也可连接起来,也能达到输出。

这些原则不一定很全,分类也不严格,多在战术层,而非战略层,只是作为一种启发读者、引导读者的简化思考。

图3-9所示为利用上述原则简化一个采购流程的例子。

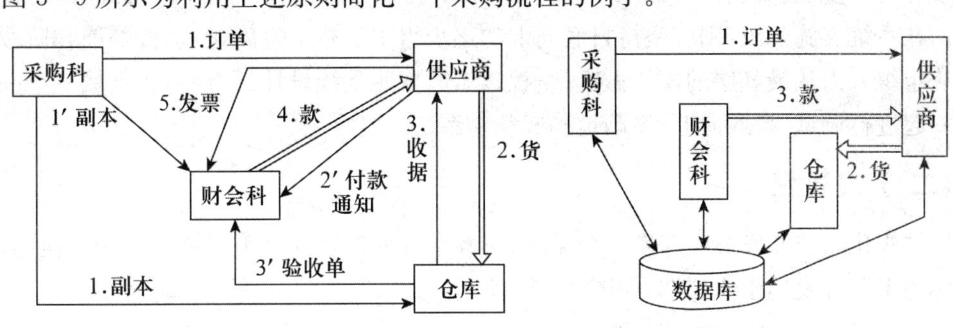

图3-9 采购流程简化

(a)旧采购流程;(b)新采购流程

三、BPR的适用情况

(1)企业濒临破产,不改只能倒闭。

(2)企业竞争力下滑,企业调整战略和进行重构。

(3)企业领导认识到BPR能大大提高企业竞争力,而企业又有此扩张需要。

(4)BPR的策略在自己相关的企业获得成功,影响本企业。

第四节 管理信息系统的开发方法

管理信息系统的开发是一项复杂的系统工程工作,涉及的知识面广、部门多,至今还没有一种完全有效的方法来很好地完成系统的开发。但的确有一些方法对系统开发很有帮助,比较常见的有结构化系统开发方法、面向对象开发方法、原型法等。

一、结构化系统开发方法

(一)基本思想

结构化系统开发方法(Structured System Development Methodology)是迄今最传统、应用最广泛的一种系统开发方法。结构化系统开发方法的基本思想是:用系统工程的思想和工程化的方法,按用户至上的原则,结构化、模块化、自顶向下地对系统进行分析与设计。

具体来说,就是先将整个信息系统开发过程划分出若干个相对比较独立的阶段。如系统规划、系统分析、系统设计、系统实施等。在前三个阶段坚持自顶向下地对系统进行结构化划分。也就是说.在系统调查或理顺管理业务时,应从最顶层的管理业务入手,即从组织管理金字塔结构的塔尖入手,层层逐步深入至最基层。如果在系统分析、提出新系统方案和系统设计时，应从宏观整体考虑入手，即先考虑系统整体的优化，然后再考虑局部的优化问题。而在系统实施阶段，则应坚持自底向上的逐步组织实施。也就是说，按照前几阶段设计的模块组织人力从最基层的模块做起（编程），然后按照系统设计的结构，将模块一个一个拼接到一起进行调试，自底向上，逐渐地构成整体系统。

（二）开发过程

用结构化系统开发方法开发一个系统，将整个开发过程划分为五个首尾相连接的阶段，一般称为系统开发的生命周期，如图 3－10 所示。

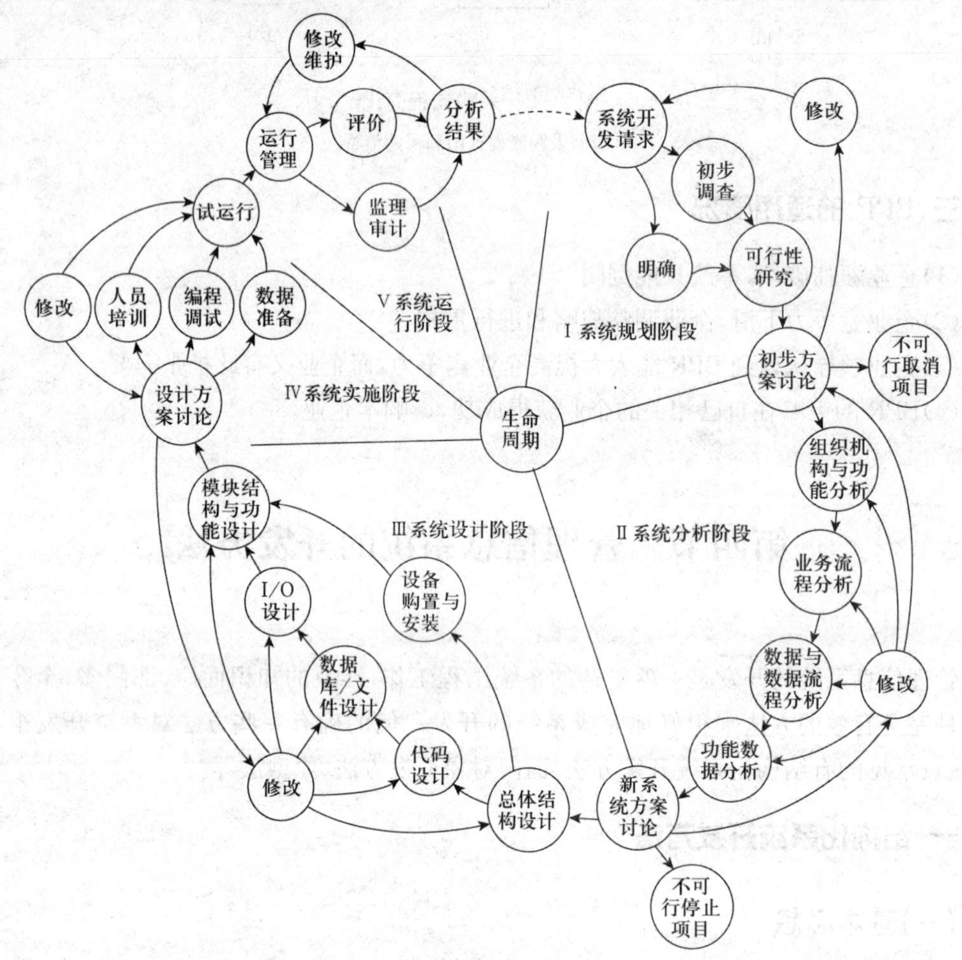

图 3－10　系统开发生命周期

（1）系统规划阶段。系统规划阶段的工作就是根据用户的系统开发请求，初步调查，明确问题，然后进行可行性研究。

（2）系统分析阶段。系统分析阶段的任务是：分析业务流程；分析数据与数据流程；分析功能与数据之间的关系；最后提出新系统逻辑方案。

（3）系统设计阶段。系统设计阶段的任务是：总体结构设计；代码设计；数据库/文件设计；输入/输出设计；模块结构与功能设计。与此同时根据总体设计的要求购置与安装设备。

最终给出系统实施方案。

(4)系统实施阶段。系统实施阶段的任务是:同时进行编程(或者是选择 ERP 产品,根据系统分析和设计的要求,进行本地化二次开发)、人员培训、数据准备。然后投入试运行。

(5)系统运行阶段。系统运行阶段的任务是:同时进行系统的日常运行管理、评价、监理审计三部分工作。然后分析运行结果,如果运行结果良好,则送管理部门指导组织生产经营活动;如果有问题,则要对系统进行修改、维护或者是局部调整;如果出现了不可调和的大问题(这种情况一般是系统运行若干年之后,系统运行的环境已经发生了根本的变化时才可能出现),则用户将会进一步提出开发新系统的要求,这标志着旧系统生命的结束,新系统的诞生。

这就是所谓的系统开发生命周期。

(三)优缺点

结构化系统开发方法强调将系统开发项目划分成不同的阶段。每个阶段都有明确的进度安排,对开发周期的各个阶段进行管理控制。在每个阶段的末期,要对该阶段的工作做出常规评价。对当前阶段的任务是否有需要修改和返工的部分。任务完成符合要求后,是否进入下一阶段继续开发等问题要及时做出决策。开发过程要及时建立诸如数据流程图、实体关系图以及编程技术要求等各种文档。这些文档对系统投入运行后的系统维护工作十分重要。由于它及时对各阶段的工作进行评价,从而能对各阶段的工作任务符合系统需求和符合组织标准提供有力的保证措施。总之,采用这种方法有利于系统结构的优化,设计出的系统比较容易实现而且具有较好的可维护性,因而得到了广泛的应用。

但是,这种方法开发过程过于烦琐,周期过长,工作量太大。在系统开发未结束前,用户不能使用系统,却要求系统开发人员在调查中充分掌握用户需求、管理状况以及可预见未来可能发生的变化,不符合人类的认识规律,在实际工作中难以实施,导致系统开发的风险较大。该方法的另一缺点是对用户需求的改变反应不灵活。尽管有这些局限性,结构化系统开发法还是经常应用在大型、复杂的影响企业整体运作的管理信息系统的开发项目中。

二、面向对象的开发方法

面向对象的开发方法(Object-oriented Method)产生于 20 世纪 60 年代。20 世纪 80 年代以来,随着应用系统日趋复杂、庞大,面向对象的方法以其直观、方便的优点获得广泛应用。面向对象开发方法以类、类的继承、聚集等概念描述客观事物及其联系,为管理信息系统的开发提供了全新的思路。本节只简单介绍面向对象的开发方法的基本思想、开发过程及特点,有关面向对象的系统开发方法,将在本书第七章详细讨论。

(一)基本思想

面向对象开发方法基于类和对象的概念,把客观世界的一切事物都看成是由各种不同的对象组成,每个对象都有各自内部的状态、机制和规律;按照对象的不同特性,可以组成不同的类。不同的对象和类之间的相互联系和相互作用就构成了客观世界中的不同的事物和系统。

面向对象开发方法认为，客观事物是由对象组成的，对象是在原事物基础上抽象的结果；任何复杂的事物都可以通过各种对象的某种组合结构来定义和描述；对象是由属性和操作方法组成的，其属性反映了对象的数据信息特征，而操作方法则用来定义改变对象属性状态的各种操作方式；对象之间的联系通过消息传递机制来实现，而消息传递的方式是通过消息传递模式和方法所定义的操作过程来完成的；对象可以按其属性来归类，借助类的层次结构，子类可以通过继承机制获得其父类的特性；对象具有封装的特性，一个对象就构成一个严格模块化的实体，在系统开发中可被共享和重复引用，达到软件(程序和模块)重要的目的。

(二)开发过程

采用面向对象开发方法。首先要进行系统调查和需求分析，对系统中的具体管理问题和用户对系统的需求进行系统的调查研究，确保系统的整体性、开发过程的阶段性与计划性，使系统性能满足系统的目标和要求，以期获取最佳的经济效益。

面向对象开发方法的工作过程一般可分为以下四个阶段。

(1)系统分析阶段

系统分析阶段完成系统分析和求解问题，利用信息模型技术识别问题域中的对象实体，标识对象之间的关系，确定对象的属性和方法，利用属性描述对象及其关系，并按照属性的变化规律定义对象及其关系的处理流程。

(2)系统设计阶段

系统设计阶段即确定问题模型阶段，对系统发现的结果进一步抽象、归类、整理，以范式(物理模型)的形式确定。

(3)系统实现阶段

系统实现阶段即程序设计阶段，利用面向对象的程序设计语言进行编程。

(4)系统测试阶段

系统测试阶段运用面向对象技术进行软件测试。

面向对象开发方法还为软件维护提供了有效途径。程序与问题域一致，各个阶段表示一致，大大降低了理解难度，提高了软件维护效率。

(三)特点

1. 封装性

在面向对象开发方法中，程序和数据是封装在一起的，对象作为一个实体，其操作隐藏在方法中，其状态由对象的“属性”来描述，并且只能通过对象中的“方法”来改变，从外界无从得知。封装性构成了面向对象开发方法的基础。因而，面向对象就是“对象+属性+方法”。

2. 抽象性

在面向对象开发方法中，把从具有共同性质的实体中抽象出的事物本质特征称为“类”，对象是类的一个实例。类中封装了对象共有的属性和方法，通过实例化一个类创建的对象自动具有类中规定的属性和方法。

3. 继承性

继承性是类特有的性质。类可以派生出子类，子类自动继承父类的属性与方法。这样，在定义子类时，只需说明其不同于父类的特性，从而可以大大提高软件的可重用性。

4. 动态链接性

对象间的联系是通过对象间的消息传递动态建立的。

三、原型法

原型法(Prototyping)是在关系数据库系统、第四代程序生成工具和各种系统开发生成环境诞生的基础上，逐步形成的一种设计思想、过程和方法全新的系统开发方法。它根据对用户的信息需求的初步了解，借助强有力的软件环境支持，迅速构造一个新系统的原型，然后通过反复修改和完善，最终完成新系统的开发。

1. 原型法的概念

原型法是指在获取一组基本的需求定义后，利用高级软件工具可视化的开发环境，快速地建立一个目标系统的最初版本，并把它交给用户试用、补充和修改，再进行新的版本开发。反复进行这个过程，直到得出系统的"精确解"，即用户满意为止。经过这样一个反复补充和修改过程，应用系统"最初版本"就逐步演变为系统"最终版本"。原型法就是不断地运行系统"原型"来进行启发、揭示、判断、修改和完善的系统开发方法。

原型法的意义是可视化，强化沟通，降低风险，节省后期变更成本，提高项目成功率。一般来说，采用原型法后可以改进需求质量；虽然投入了较多先期的时间，但可以显著减少后期变更的时间；原型法投入的人力成本代价并不大，但可以节省后期成本；对于较大型的软件来说，原型系统可以成为开发团队的蓝图；另外，原型通过充分和客户交流还可以提高客户满意度。

原型法是在计算机技术发展到一定阶段，用户应用需求高涨的情况下发展的一种方法论，但它同时又是对开发人员有高要求的一种方法论。

2. 原型法的基本思想

运用原型法开发管理信息系统，首先要对用户提出的初步需求进行总结，然后构造一个合适的原型并运行。此后，通过系统开发人员与用户对原型的运行情况的不断分析、修改和研讨，不断扩充和完善系统的结构和功能，直至得到符合用户要求的系统为止。

原型法并不要求在系统开发之初就能够完全掌握系统的所有需求。事实上，由于各种因素的影响，系统的所有需求不可能在开发之初就预先确定，用户只有在看到一个具体的系统时，才能对自己的需求有完整准确的把握，同时也才能发现系统当前存在的问题和缺陷。

构造原型必须依赖快速的原型构造工具。只有在工具的支持下才能迅速建立系统原型,并方便地进行修改、扩充、变换和完善。原型构造工具必须能够提供目标系统的动态模型,才能通过运行它暴露出问题和缺陷,才有利于迅速修改和完善。

原型的反复修改是必然的和不可避免的。必须根据用户的要求,随时反映到系统中去,从而完善系统的结构和功能,使系统提供的信息真正满足管理和决策的需要。

应用原型法进行系统开发,有利于用户及早参与开发过程,让用户在开发之初就看到系统雏形,了解管理信息系统,激发参与开发的热情和积极性;也可以使用户培训工作同时启动,有利于系统今后顺利交接和运行维护;构造原型快速、成本较低;开发进程加快,周期缩短,反馈及时。

但原型法的应用也存在一些问题。首先,对于大型系统或复杂性高的系统,没有充分的系统需求分析,很难构造出原型。其次,开发进程管理复杂,要求用户和开发人员的素质高,配合默契。最后,必须依赖强有力的支撑环境,否则无法进行。

3. 原型法的工作步骤

原型法工作步骤分为四个阶段:进行快速分析,明确用户的基本信息需求;构造原型,开发初始原型系统;用户和系统开发人员使用并评价原型;系统开发人员修改和完善原型系统。如图 3-11 所示。

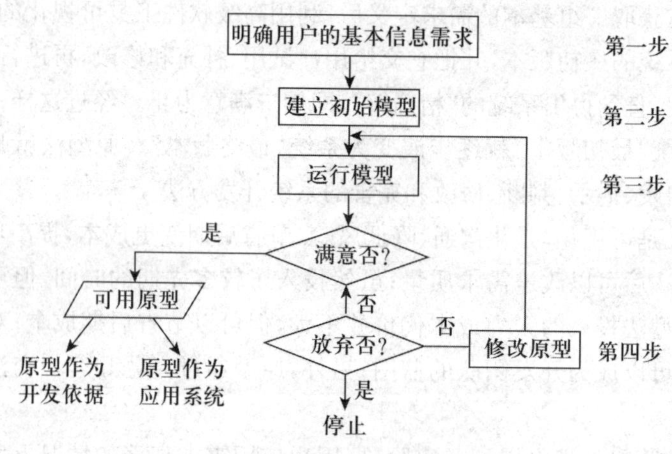

图 3-11　原型法开发过程

(1)快速明确用户的基本信息需求

在系统分析员和用户的紧密配合下,快速确定软件系统的基本要求。根据原型所要体现的特性(或界面形式、或处理功能、或总体结构、或模拟性能等),描述基本规格说明,以满足开发原型的需要。快速分析的关键是要注意选取分析和描述的内容,围绕使用原型的目标,集中力量,确定局部的需求说明,从而尽快开始构造原型。

如果是在需求分析阶段使用原型法,必须从系统结构、逻辑结构、用户特性、应用约束、项目管理和项目环境等多方面来考虑,以决定是否采用原型法。当系统规模很大、要求复杂、系统服务不清晰时,在需求分析阶段先开发一个系统原型是很值得的。特别当性能要求比较高时,在系统原型上先做一些试验也是很必要的。

第一阶段的主要工作是：讨论构造原型的过程；写出简明的骨架式说明性报告，反映用户的信息需求方面的基本看法和要求；列出数据元素和它们之间的关系；确定所需数据的可用性；概括出业务原型的任务并估计其成本；考虑业务原型的可能使用。

用户的基本责任是根据系统的输出来清晰地描述自己的基本需要。设计者和用户共同负责规定系统的范围，确定数据的可用性。设计者的基本责任是确定现实的用户期望，估价开发原型的成本。

(2)构造初始原型系统

在快速分析的基础上，根据基本规格说明，尽快实现一个可运行的系统。为此需要强有力的软件工具的支持。例如采用非常高级的语言实现原型，引入以数据库为核心的开发工具等，并忽略最终系统在某些细节上的要求，例如安全性、健壮性、异常处理等。主要考虑原型系统应充分反映的待评价的特性，暂时忽略一切次要的内容。例如，如果构造原型的目的是确定系统输入界面的形式，可以利用输入界面自动生成工具，由界面形式的描述和数据域的定义立即生成简单的输入模块，而暂时不考虑参数检查、值域检查和后处理工作，从而尽快地把原型提供给用户使用。如果要利用原型确定系统的总体结构，而忽略转储、恢复等维护功能，使用户能够通过运行菜单来了解系统的总体结构。

初始原型的质量对于原型生存期的后续步骤的成败是至关重要的。如果它有明显的缺陷，会带给用户一种不好的思路；如果为追求完整而做得太大，就不容易修改，因为这样会增加修改的工作量。因此，一个好的初始原型是非常重要的。

本阶段的主要工作有：编辑设计所需的数据库；构造数据变换或生成模块；开发和安装原型数据库；建立合适的菜单或语言对话来提高友好的用户输入输出接口；装配或编写所需的应用程序模块；把初始原型交付给用户，并且演示如何工作；确定是否满足设计者的基本需求，解释接口和特点，确定用户是否能很舒适地使用系统。

(3)使用并评价原型

使用并评价原型是频繁通信，发现问题，消除误解的重要阶段。其目的是验证原型的正确程度，进而开发新的并修改原有的需求。它必须通过所有相关人员的检查、评价和测试。

由于原型忽略了许多内容，它集中反映了要评价的特性，外观看起来可能会有些残缺不全。用户要在开发者的指导下试用原型，在试用的过程中考核评价原型的特性，分析其运行结果是否满足规格说明的要求，以及规格说明的描述是否满足用户的愿望。纠正过去交互中的误解和分析中的错误，增补新的要求，并为满足环境变化或用户的新设想所引起的系统需求的变动而提出全面的修改意见。

为了鼓励用户来评价原型，应当充分地解释原型的合理性，但不要为它辩护，以求能广泛征求用户的意见，在交互中达到完善。

不应认为提供了完整的模型就等于系统的成功。因为即使开发过程完全正确，用户还是可以提出一些有意义的修改意见，这不能看作是对开发者的批评，而是在开发过程中的一种自然的现象。原型化的目标是鼓励改进和创造，而不是仅仅保持某种设想。

(4)修改和完善原型系统

经过以上三个阶段,开发人员进一步明确了系统原型中存在的问题和缺陷,然后尽快修改原型系统,得出一个更完善的原型,并交给用户运行。

4. 常用原型

在管理信息系统设计的过程中,常用的原型有以下几种。

(1)对话原型

对话原型模拟预期的终端交互,使用户可以对话的方式直接查看他们将进行的操作,并提出遗漏之处,从而加深正确的理解。终端对话的设计效果直接影响着系统的可用性和用户对系统的接受程度。

(2)数据输入原型

建立数据输入的原型,可以检查数据的输入速度和正确性,还能进行有效性和完整性的检查。

(3)报表系统原型

提供给用户的各种报告应在整个系统实现之前给用户看,报表子系统需要经常进行大量修改以满足系统的需要。因此,可以把报表生成器作为原型。

(4)数据系统原型

首先生成一个含有少量记录的原型数据库,这样用户和分析员与它可以进行交互,生成报表和显示有用信息。这种交互经常导致产生对不同的数据类型、新的数据域或不同的数据组织方式的需求,还可以在原型化工具的帮助下探索用户将如何使用信息以及数据库是什么样的。

(5)计算和逻辑原型

有时一个应用逻辑或计算是复杂的。审计员、工程师、投资分析员和其他用户可以使用高级程序设计语言建立他们所需的计算实例。这些实例可以组合在一起构成一个大的系统,与其他应用系统、数据库或终端相连接,用户可以使用这些计算原型检验他们所求结果的准确性。

(6)应用程序包原型

在一个应用程序包和其他应用系统相连或实际使用之前,可以通过一个小组用户来鉴定这个应用程序包是否令他们满意,若不满意可以进行大量的修改,直到令他们满意为止。

(7)概念原型

一个应用概念不能被正确全面地理解,这是管理信息系统设计中存在的问题。在花费大额经费来建立这个系统之前,需要进行测试和细化。可以用一个快速实现的数据管理系统来测试,使用标准的数据输入屏幕和标准的报表格式,以减少测试和细化其概念的工作量。在测试和细化之后,对概念有了明确的理解,再进行建立该应用的特定报表和屏幕等细节工作。

关键术语

战略规划	Strategic Plan
U/C 矩阵	U/C Matrix
原型法	Prototyping
面向对象开发方法	Object-oriented Method
企业系统规划法	Business System Planning
关键成功因素法	Critical Success Factors
企业流程重组	Business Process Reengineering
结构化系统开发方法	Structured System Development Methodology

思考题

1. 诺兰阶段模型的实用意义何在？它把信息系统的成长过程划分为哪几个阶段？
2. "自下而上"和"自上而下"两种 MIS 的开发策略各有什么优缺点？
3. 什么是企业流程重组？企业流程重组的原则是什么？
4. 制订 MIS 战略规划时使用 BSP 法主要是想解决什么问题？
5. 试论述结构化系统开发方法、原型法和面向对象开发方法的优缺点和适用场合。

第四章 管理信息系统的系统分析

根据制订规划的要求展开系统分析，是 MIS 开发过程中非常重要的一环。

从方法论的意义上说，系统分析是对要开发的项目进行系统的、层次化的分析；分析企业过程的输入、处理、输出；提出用计算机改进业务流程和管理模式的思路和逻辑方案。从这个意义上说，它包含一些方法，如调查、访谈、资料整理、方案创意、报告编写等。

系统分析过程总体上分两步，首先应将业务或数据流程弄清楚，然后研究分析抓住主要问题，提出解决问题的思路，提出新系统拟采用的方案。具体可分为系统调查、组织功能分析、业务流程分析、数据流程分析、功能/数据分析和新系统方案提出等。

第一节 可行性研究与系统调查

开发新系统的要求往往来自对原系统的不满，原系统可能是手工系统，也可能是正在运行的信息系统。由于存在的问题可能充斥各个方面，内容分散，甚至含糊不清，这就要求系统分析人员针对用户提出的各种问题和初始要求，对问题进行识别，通过可行性分析确定开发系统的必要性。

一、可行性研究

（一）可行性研究的内容

可行性研究（Feasibility Study）又称可行性分析，是任何大型项目在正式投入建设之前都必须进行的一项工作。可行性研究的任务就是用最小的代价在尽可能短的时间内确定问题是否能够解决。可行性研究的根本目的不是解决问题，而是确定问题是否值得去解决，即解决新系统开发"是否可能"和"有无必要"的问题。要达到这个目的，必须分析几种主要的可能解法的利弊，从而判断原定的系统目标和规模是否现实，系统完成后所能带来的效益是否大到值得投资开发这个系统的程度。

1. 必要性分析

必要性分析主要是分析用户提出建立管理信息系统的理由是否合理，一般来讲，必要性一般表现为三个方面：一是企业管理的迫切需要，如数据量的增加或精确度的要求，不建立新系统将无法达到要求；二是领导的预见，为适应企业的发展，提前建立管理信息系统，提高企业的竞争力；三是随着技术的进步，需要更新旧的系统以提高效率和效益。

2. 可行性分析

可行性分析实质上要进行一次压缩简化了的系统分析和设计的过程，也就是在较高层次上以较抽象的方式进行系统分析和设计的过程。一般来说，建立系统的可行性分析可从技术可行性（Technical Feasibility）、经济可行性（Economic Feasibility）和运行可行性（Operational Feasibility）等几方面来考虑。

（1）技术可行性

根据用户提出的功能、性能及实现系统的各项约束条件，从技术角度研究实现系统的可行性。

技术可行性分析主要包括风险分析、技术分析及资源分析三部分。风险分析指在给定约束条件下，判断能否设计并实现系统所需要的功能和性能。如果在系统开发过程中遇到难以克服的问题，就会拖延进度、增大成本，甚至会出现灾难性后果；技术分析指根据项目的目标，考虑目前有关技术能否支持系统开发的全过程；资源分析指论证是否具备系统开发所需要的人力资源（管理人员、专业技术人员等）、软件资源、硬件资源及工作环境。

（2）经济可行性

经济可行性分析是进行开发成本的估算以及了解取得效益的评估，确定要开发的系统是否值得投资开发。对于大多数系统，一般在衡量经济上是否合算时，应考虑一个最小利润值。经济可行性分析的范围较广，包括成本—效益分析、公司经营长期策略、开发所需的成本和资源、潜在的市场前景等。

成本—效益分析的目的是从经济角度评价开发一个新的系统是否可行。成本—效益分析首先是估算新系统的开发成本，然后与可能取得的效益进行比较和权衡。效益分有形效益和无形效益两种：有形效益可以用时间价值、投资回收期、纯收入等指标进行度量；无形效益主要从性质上、心理上进行衡量，很难直接进行量的比较。系统的经济效益等于因使用新的系统而增加的收入加上使用新的系统可以节省的运行费用。运行费用包括操作人员人数、工作时间、消耗的物资等。

（3）运行可行性

管理信息系统运作在社会环境中，许多社会因素对项目的发展起着制约作用。运行可行性就是要在政策、法律、道德、制度、管理、人员等方面论证系统开发的可能性和现实性。一般从组织内和组织外两个层面来分析组织是否具备接受和使用系统的条件。

（二）可行性研究的步骤

一般地说，可行性研究包括问题定义、提出解决方案、编制可行性分析报告、提交审查等步骤。

1. 问题定义

问题定义是在调查研究的基础上，分析目前系统的不足，提出新系统的高层逻辑模型的过程。

(1)分析并复查系统规模和目标

分析员应访问关键人员，仔细阅读和分析有关资料。以便进一步复查确认系统的目标和规模，改正含糊不清的叙述，清晰地描述对系统目标的一切限制和约束，确保解决问题的正确性，即保证分析员正在解决的问题确实是要求他解决的问题。

(2)研究目前正在使用的系统

目前正在使用的系统是信息的重要来源。通过对现有系统的文档资料的阅读、分析和研究，实地考虑该系统，总结出现有系统的优点和不足，从而得出新系统的雏形。这是了解一个陌生应用领域的最快方法，它可以促使新系统在原系统的基础上快速产生。

(3)导出新系统的高层逻辑模型

优秀的设计通常总是从现有的物理系统出发。导出现有系统的高层逻辑模型。逻辑模型是由数据流图来描述的，此时的数据流图不需要细化。然后，再来参考现有的逻辑模型。这样，经过上述几步的反复进行，最后根据开发系统的目标，得到新系统的说明和逻辑模型。逻辑模型确立之后，可以在此基础上建造开发系统的物理系统，通常物理系统模型是用系统流程图来表示的。

(4)重新定义问题

信息系统的逻辑模型实质上表达了分析员对新系统的看法。那么用户是否也有同样的看法呢？分析员应该和用户一起再次复查问题定义，再次确定工程规模、目标和约束条件，并修改已发现的错误。

上述四个步骤实质上构成一个个循环：分析员定义问题，分析问题，导出一个试探性的解，在此基础上再次定义问题，再次分析，再次修改……继续这个过程，直到提出的逻辑模型完全符合系统目标为止。

2. 提出解决方案

在问题定义的基础上，提出系统的可供选择的解决方案。

(1)导出和评价供选择的方案

分析员从系统的逻辑模型出发，导出若干较高层次的(较抽象的)物理解供比较和选择。从技术、经济、操作等方面进行分析比较，并估算开发成本、运行费用和纯收入。在此基础上对每个可能的系统进行成本/效益分析。

(2)推荐一个方案并说明理由

在对上一步提出的各种方案进行分析比较的基础上，向用户推荐一种方案，在推荐的方案中应清楚地表明本项目的开发价值以及推荐这个方案的理由；并制订实现进度表，这个进度表不需要也不可能很详细，通常只需要估计生存周期每个阶段的工作量即可。

(3)推荐行动方针

根据上面的可行性研究的结果,做出一个关键性的决定,表明是否进行这项开发工程。分析员还需要较详细地分析开发此项工程的成本效益情况,这可作为使用部门的负责人根据经济实力决定是否投资此项工程的依据。

3. 编制可行性分析报告

把上述材料进行分析汇总,草拟一份描述计划任务的可行性分析报告。此报告应包括以下内容。

(1)系统概述

当前系统及其存在问题的简单描述,新系统的开发目的、目标、业务对象和范围,新系统及其各个子系统的功能与特性,新系统与当前系统的比较等。新系统可以用系统流程图来描述,并附上重要的数据流图和数据字典以及加工说明作为补充。

(2)可行性分析

可行性分析是报告的主体。论述新系统在经济上、技术上、运行上、法律上的可行性,以及对新系统的主客观条件的分析。

(3)拟订开发计划

开发计划包括工程进度安排、人员配备情况、资源配备情况等,并估计出每个阶段的成本、约束条件等。

(4)结论意见

综合上述分析,说明新系统是否可行。结论可分为三类:可立即进行、推迟进行、不能和不值得进行。

4. 提交审查

用户和使用部门的负责人仔细审查上述文档,也可以召开论证会。论证会成员有用户、使用部门负责人及有关方面专家。对该方案进行论证,最后由论证会成员签署意见,指明该任务计划书是否通过。

二、系统调查

对现行系统的调查分析是管理信息系统开发的基础,通过调查分析明确系统总体目标,对企业的环境给出一个概括性的描述,以便进行系统的可行性分析。

1. 系统调查的原则

系统调查需要遵循如下基本原则。

(1)自顶向下全面展开

系统调查工作应严格按照自顶向下的系统化观点全面展开。首先从组织管理工作的最顶层开始,然后再调查第二层的管理工作,依次类推,直至摸清组织的全部管理工作。

(2)弄清各项管理工作存在的必要性

组织内部的每一个管理部门和每一项管理工作,都是根据组织的具体情况和管理需要而设置的。调查工作的目的正是要弄清这些管理工作存在的客观条件、环境条件和工作的详细过程,然后再通过系统分析,讨论其在新的信息系统支持下有无优化的可行性。

(3)工程化的工作方式

对于一个大型系统的调查,一般都由多个系统分析人员共同完成。所谓工程化的方法就是将每一步工作事先都计划好,对多个人的工作方法和调查所用的表格、图例都进行规范化处理,以便群体之间都能互相沟通、协调工作。另外,所有规范化调查结果(如表格、问题、图、所收集的报表等)都应整理后归档,以便进一步工作时使用。

(4)全面铺开与重点调查相结合

开发整个组织的管理信息系统要开展全面的调查工作。但如果近期只需开发组织内某一局部的信息系统,这就必须坚持全面铺开与重点调查相结合的方法。即自顶向下全面展开,但每次都只侧重与局部相关的分支。

(5)主动沟通、亲和友善的工作方式

系统调查是一项涉及组织内部管理工作的各个方面、各种不同类型的人的工作,所以调查者主动地与被调查者在业务上的沟通是十分重要的。而且,创造出一种积极、主动、友善的工作环境和人际关系是调查工作顺利开展的基础,一个好的人际关系可能导致调查和系统开发工作事半功倍,反之则有可能根本进行不下去。

2. 初步调查

初步调查主要是调查和研究企业基础数据管理工作对于将要开发的管理信息系统的支持度,企业管理现状和现代化管理的发展趋势,现有的物力、财力对新系统开发的承受能力,现有的技术条件以及开发新系统在技术上的可行性,管理人员对新系统的期望值以及对新系统运作模式的适应能力,等等。

初步调查工作主要包括以下内容。

(1)用户需求

从用户提出新系统开发的理由、用户对新系统的要求入手考察用户对新系统的需求,预期新系统要达到的目标。例如,用户对新系统开发的需求状况,对新系统的期望目标,是否愿意参加和配合系统开发;在新系统改革涉及用户业务范围和习惯做法时,用户是否能够根据系统分析和整体优化的需求,调整自己的职权范围和工作习惯;上一层管理者有无参与开发工作、协调下一级管理部门业务和职能关系的愿望等。

(2)现有企业的运行状况

它主要包括企业的目标和任务、企业概况(包括企业性质、人员、设备、资金、生产状况、组织机构、管理体制等)、企业的外部环境等。

(3)新系统的开发条件

初步调查不仅要为论证新系统的必要性收集材料,更要为论证新系统的可能性提供充分的依据。这方面的调查包括:企业内各类人员对开发新系统的态度;目前的管理基础工作、管理部门的机构是否健全,职责与分工是否明确和合理、规章制度是否齐全;各项主要管理业务是否科学合理、各种基础数据(如产品目录、材料目录、工时与材料消耗定额、设备档案等)是否完整和准确;等等。另外,调查内容还应包括可提供的资源,可投入系统开发的人力、物力和财力,受到的约束条件。

3. 详细调查

由于新系统的开发要"基于原系统,高于原系统",因此系统分析的关键是对现行系统进行详细的调查。详细调查是为了弄清现行管理信息系统的状况,查明其执行过程,发现薄弱环节,收集数据,为设计新系统提供必要的基础资料。

详细调查的目的是根据系统规划报告规定的新系统的目标、范围、规模和要求,对现行系统进行调查,明确现行系统在做什么(what)、怎么做(how)、何时做(when)、存在什么问题(problem)。系统的详细调查是一项深入、细致、详尽的调查,它涉及企业内部各部门(或各子系统)、企业流程、信息流、信息处理工作、信息的关联等,工作量较大。

在调查开始做好调查准备是非常重要的。调查前,首先要展开对与业务工作相关的管理理论、方法、实务、发展动向和趋势等的学习,对相关业务工作重点、难点的学习;了解国内外其他企业在同类系统运作与管理信息系统应用的水平、深度和广度,这样对新系统设计的实用性、先进性就有一个大体的把握,便于调查工作的开展。然后,拟定调查提纲,确定部门负责人员和业务配合人员。详细调查一般采取"自顶向下"的策略,即从企业级领导、部门负责人到业务人员。采取这样的调查路线符合系统的观点,这种调查线路有整体性好,能够发现企业潜在的需求,能够提出企业其他部门对本系统的要求,使新系统的逻辑模型具有一定的前瞻性等诸多益处。

4. 详细调查的内容

详细调查是对现行系统进行详细具体的调查和分析,为系统分析和新系统逻辑模型的建立提供详尽的、准确的、完整的、系统的资料,使开发工作在摸清系统现状,明确用户需求和充分占有资料的基础上进行的。详细调查的内容主要有以下五个方面。

(1)组织结构与功能体系

观察一个企业时,首先关注的是系统的组织结构状况,即一个组织各组成部分之间横向与纵向以及在地理分布上的相互关系。通常用组织结构图从大的框架下反映组织各部门之间的隶属关系。在掌握系统组织体系的基础上,以组织结构为线索,层层了解各个部门的职责、工作内容和内部分工,就可以掌握系统的功能体系,并用功能体系图来表示。

(2)管理业务流程

在组织结构与功能分析的基础上,下一步的任务就是要弄清这些职能是如何在有关部门具体完成的,以及在完成这些职能时信息处理工作的一些细节情况,即管理业务流程的调查。管理业务流程分析有助于了解该业务的具体处理过程,发现和处理系统调查工作中的错误和疏漏,修改和删除原系统的不合理部分,在新系统基础上优化业务处理流程。恰当的业务流程分析结果将会给后续工作以及系统设计工作带来很多便利。

(3)数据与数据流程

数据是信息的载体,是系统要处理的主要对象,因此必须对系统调查中所收集的数据以及统计和处理数据的过程进行分析和整理。如果发现有数据不全、采集过程不合理、处理过程不畅、数据分析不深入等问题,应在该分析过程中研究解决。数据与数据流程分析是今后建立数据库系统和设计功能模块处理过程的基础。

(4)薄弱环节

对现行系统中的各个薄弱环节应该引起充分注意,通常这些薄弱环节正是新系统中要解决和改进的主要问题,对它们的有效解决,有可能极大地增加新系统的经济效益和社会效益,从而提高用户对新系统开发的兴趣和热情。因此,在调查中,应通过与有关业务领导、管理人员的讨论,发现系统缺少的和薄弱的地方,以便在形成新系统的逻辑模型时加以补充和改进。

(5)资源与环境

管理信息系统的资源包括人、财、物等方面,具体指用户人力资源的情况,开发人员的水平和经验,以及物资、设备和资金情况,特别是现有计算机设备的具体情况。对现行系统的运行环境及状况进行调查分析,掌握当前系统的运行效果、规模、业务处理情况以及其外部环境和接口。调查的同时应注意发现当前系统的不足和面临的问题。

在调查过程中,要对调查中收集、记录的各种资料进行整理,以便及时发现调查工作中存在的问题,能够进一步调查。

5. 详细调查的方法

详细调查遵循用户参与的原则,由使用部门的业务人员、主管人员和设计部门的系统分析人员、系统设计人员共同进行。在调查中深入地发现系统存在的问题,共同研讨解决的方案。一般常见的详细调查有以下几种方式。

(1)问卷调查法

开发方就用户需求中的一些个性化的、需要进一步明确的需求(或问题),通过采用向用户发问卷调查表的方式弄清项目需求。问卷调查法适用于开发方和用户方都清楚项目需求的情况。因为开发方和建设方都清楚项目的需求,则需要双方进一步沟通的需求(或问题)就比较少,通过采用这种简单的问卷调查方法就能使问题得到较好的解决。问卷调查法比较简单,侧重点明确,能大大缩短需求获取的时间,减少需求获取的成本,提高工作效率。

(2)会议讨论法

会议讨论法是开发方和用户方召开若干次需求讨论会议,达到彻底弄清项目需求的一种需求获取方法。这种方法适用于开发方不清楚项目需求(一般开发方是刚开始做这种业务类型的工程项目)但用户方清楚项目需求的情况。因为用户清楚项目的需求,则用户能准确地表达出他们的需求,而开发方有专业的软件开发经验,对用户提供的需求一般都能准确地描述和把握。由于开发方不清楚项目需求,因此需要花较多的时间和精力进行需求调研和需求整理工作。

(3)界面原型法

开发方根据自己所了解的用户需求，描画出应用系统的功能界面后与用户进行交流和沟通，通过“界面原型”这一载体，达到双方逐步明确项目需求的一种方法。这种方法比较适用于开发方和用户方都不清楚项目需求的情况。因为开发方和用户方都不清楚项目需求，因此更需要借助一定的“载体”来加快对需求的挖掘和双方对需求的理解。在这种情况下，采用“可视化”的界面原型法比较可取。

由于开发方和用户方都不清楚项目需求，因此此时需求获取工作将会比较困难，可能导致的风险也比较大。采用这种“界面原型”的方式，能加速项目需求的“浮现”和双方对需求的一致理解，从而减少需求问题给项目带来的风险。

第二节　组织结构与功能分析

组织结构与功能分析是整个系统分析工作中最简单的一环。组织结构与功能分析主要有三部分内容：组织结构分析、业务过程与组织结构之间的联系分析、业务功能一览表。其中组织结构分析通常是通过组织结构图来实现的，是将调查中所了解的组织结构具体地描绘在图上，作为后续分析和设计的参考。业务过程与组织结构联系分析通常是通过业务与组织关系图来实现的，是利用系统调查中所掌握的资料着重反映管理业务过程与组织结构之间的关系，它是后续分析和设计新系统的基础。业务功能一览表是把组织内部各项管理业务功能都用一张表的方式罗列出来，它是今后进行功能数据分析、确定新系统拟实现的管理功能和分析建立管理数据指标体系的基础。

一、组织结构分析

组织结构，指的是一个组织(部门、企业、车间、科室等)的组成以及这些组成部分之间的隶属关系或管理与被管理的关系，通常可用组织结构图来表示(图 4 - 1)。

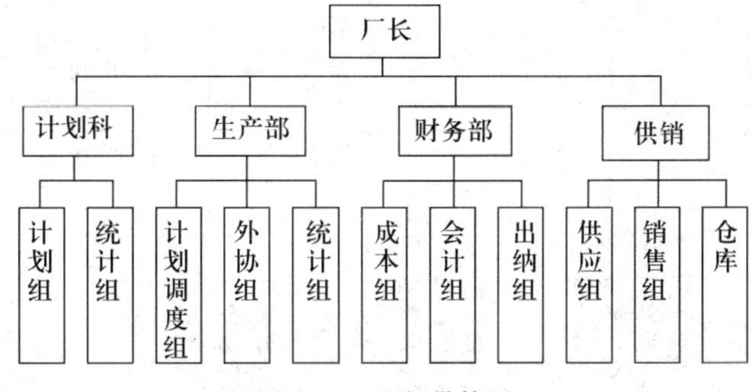

图 4 - 1　组织结构图

在组织结构调查中还应详细地了解各级组织的职能和有关人员的工作职责、决策内容、存在问题以及对新系统的要求等。

二、功能结构分析

在组织中,常常有这种情况,组织的各个部分并未能完整地反映该部分所包含的所有业务。因为在实际工作中,组织的划分或组织名称的取定往往是根据最初同类业务人员的集合而定的。随着生产的发展,生产规模的扩大和管理水平的提高,组织的某些部分业务范围越来越大,功能也越分越细,由原来单一的业务派生出许多业务。这些业务在同一组织中由不同的业务人员分管,其工作性质已经逐步有了变化。当这种变化发展到一定的程度时,就要引起组织本身的变化,裂变出一个新的、专业化的组织,由它来完成某一类特定的业务功能。如最早的质量检验工作就是由生产科、成品库和生产车间各自交叉分管的,后来由于产品激烈的市场竞争和管理的需要,产生了质量科。对于这类变化,我们事先是无法全部考虑到的,但对于其功能是可以发现的,如果都以功能为准绳设计和考虑系统,那么系统将会对组织结构的变化有一定的独立性,将获得较强的生命力。所以在分析组织情况时还应该画出其业务功能一览表。这样做可以使我们在了解组织结构的同时,对于依附于组织结构的各项业务功能也有一个概貌性的了解,也可以对于各项交叉管理、交叉部分各层次的深度以及各种不合理的现象有一个总体的了解,在后面的系统分析和设计时切记避免这些问题。

这里所要制作的业务功能一览表是一个完全以业务功能为主体的树型表,其目的在于描述组织内部各部分的业务和功能。

我们仅列举某企业业务功能一览表中的一部分,来说明其具体的画法,如图 4-2 所示。

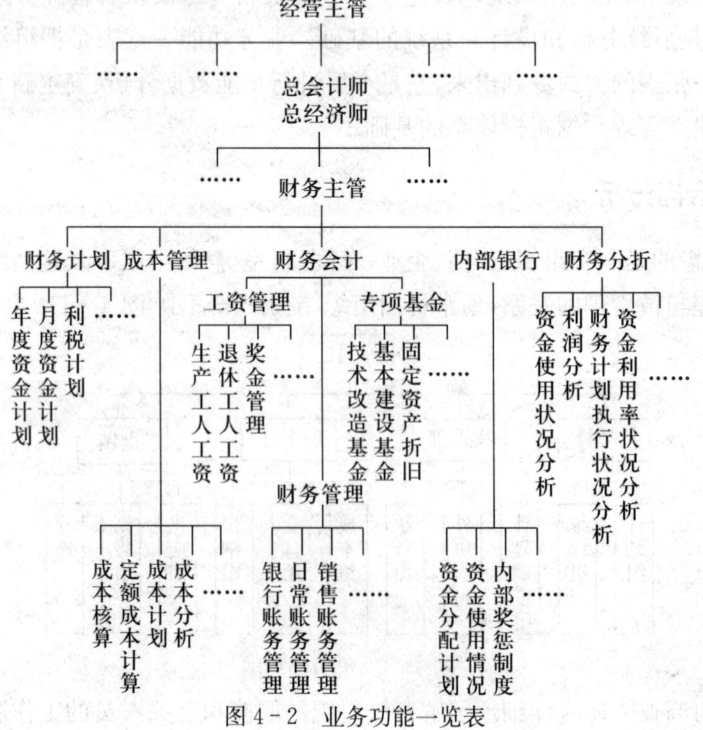

图 4-2 业务功能一览表

三、组织/业务关系分析

组织结构图反映了组织内部和上下级关系，但是对于组织内部各部分之间的联系程度、组织各部分的主要业务职能和它们在业务过程中所承担的工作等却不能反映出来。这将会给后续的业务、数据流程分析和过程/数据分析等带来困难。为了弥补这方面的不足，通常增设组织/业务关系表来反映组织各部分在承担业务时的关系，见表 4-1。我们以组织/业务关系图中的横向表示各组织名称，纵向表示业务过程名，中间栏填写组织在执行业务过程中的作用。

表 4-1 组织/业务关系表

序号	联系的程度 组织 / 业务	计划科	质量科	设计科	工艺科	机动科	总工室	研究所	生产科	供应科	劳资科	总务科	培训科	销售科	仓库	……
1	计 划	*					√		×	×				×	×	
2	销 售		√											×	×	
3	供 应	√							×	*					×	
4	劳 资										*	√	√			
5	生 产	√	×	×	×		*		*	×				√	√	
6	设备更新				*	√	√	√	×							
7	……															

注：“*”表示该项业务是对应组织的主要业务（即主持工作的单位）；

“×”表示该单位是参加协调该项业务的辅助单位；

“√”表示该单位是该项业务的相关单位（或称有关单位）；

“空格”表示该单位与对应业务无关。

第三节 业务流程分析

业务流程分析的基础是业务流程调查和现有信息载体的相关调查。业务流程分析的目的是通过剖析现行业务流程，经过调整、整合以后重构目标系统的业务流程。业务流程分析的基本工具是业务流程图，业务流程图通过标准的符号进行绘制。业务流程分析是数据流程分析的基础，对整个系统分析具有基础性作用。

一、业务流程分析工具

业务流程分析应顺着现行系统信息流动的过程逐步地进行，内容包括各环节的处理业务、信息来源、处理方法、计算方法、信息流向、提供信息的时间和形态（报告、单据、屏幕显示等）。业务流程分析的工具主要是业务流程图。

业务流程图(Transition Flow Diagram，TFD)是一种描述管理系统内各单位、人员之间的业务关系，作业顺序和管理信息流向的图表。它用一些规定的符号及连线表示某个具体业务的处理过程，帮助分析人员找出业务流程中的不合理流向。业务流程图基本上按业务的实际处理步骤和过程绘制，是一种用图形方式反映实际业务处理过程的“流水账”。绘制这本“流水账”对于开发者理顺和优化业务过程是很有帮助的。

业务流程图的基本图形符号尚无统一的标准，但在同一系统开发过程中所使用的基本图形应是一致的。常用的基本图形符号如图 4 - 3 所示，有关符号的内部解释可直接用文字标于图内。

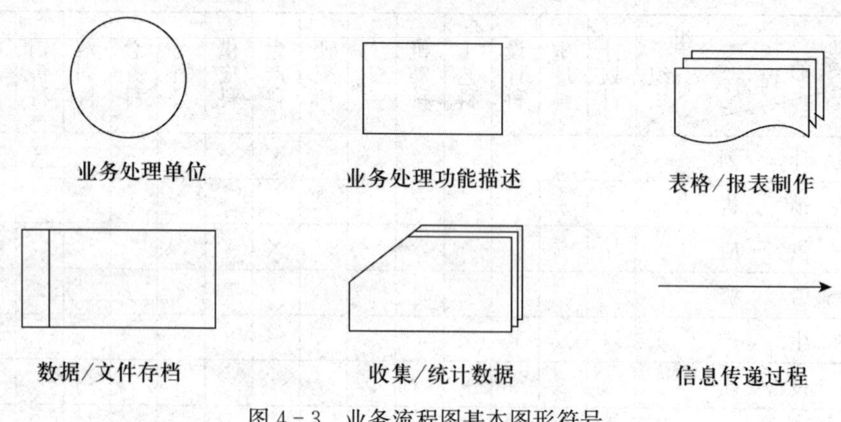

图 4 - 3　业务流程图基本图形符号

业务流程图是一种用尽可能少、尽可能简单的方法来描述业务处理过程的方法。由于它的符号简单明了，所以非常易于阅读和理解业务流程。但其不足是对于一些专业性较强的业务处理细节缺乏足够的表现手段，比较适用于反映事务处理类型的业务过程。

业务流程图应该表达输入、输出、处理以及相关数据文件。在绘制业务流程图时，一般以功能为中心展开，找出业务活动的主线，明确系统的边界和范围。对于功能较复杂的企业，可先绘制一个简单的业务流程总图，再按自顶向下的方法分层分级地向下展开，直到描述清晰为止。

二、业务流程分析的内容

业务流程分析的目的是分析现行系统中存在的问题，以便在新系统建设中予以克服或改进。业务流程分析过程包括以下内容：分析原有的业务流程的各处理过程是否具有存在的价值，其中哪些过程可以删除或合并，原有业务流程中哪些过程不尽合理，可以进行改进或优化；现行业务流程中哪些过程存在冗余信息处理，可以按计算机信息处理的要求进行优化，流程的优化可以带来什么好处；画出新系统的业务流程图，新的业务流程中人与机器的分工，即哪些工作可由计算机自动完成，哪些必须有人的参与。

例如，固定资产管理根据实际业务处理的内容包括日常卡片处理、财务核算和报表查询等部分，其业务流程图如图 4 - 4 所示。

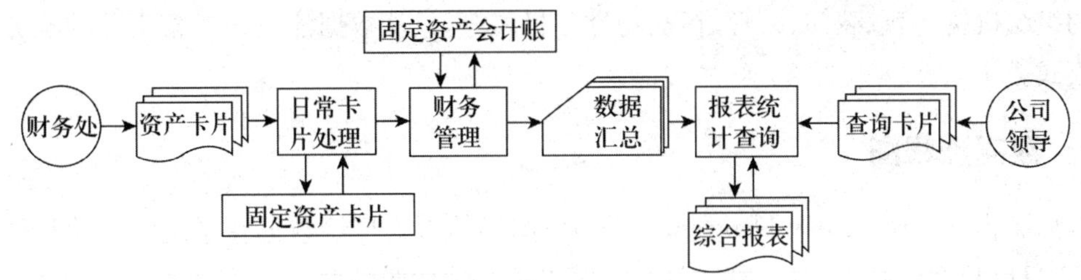

图 4-4　固定资产管理业务流程图

业务流程图绘制完成后，要进行反复检查。首先检查业务流程图的工作流程是否正确，是否有遗漏部分。然后检查业务流程图的一致性，即高层流程图中出现的各类报表、单证、数据存储等一定要在低层的业务流程图中反映出来，要标出相应的操作人员。再检查低层的业务流程图中存在的业务活动是否有输入和输出的数据载体。最后检查各类名称的命名是否正确。

业务流程图的审查是一项非常重要的工作，一定要有用户的积极配合，要同用户进行反复的协商，直到双方都满意才能进入下一步工作。

三、业务流程重组

在业务流程调查和分析中，必定会发现业务流程不尽合理的现象。系统中存在的问题可能是管理思想和方法落后，也可能是因为计算机信息系统的建设为优化原业务流程提供的新的可能性需要在对现有业务流程进行分析的基础上进行业务流程重组，产生新的更为合理的业务流程。

进行业务流程重组，首先对业务流程调查资料进行规范化处理并且正确绘制各层次的业务流程图，在业务流程图基础上，结合内外环境对业务流程进行初步分析、概括和诊断。然后找出现行系统业务流程中存在的所有问题，对找出的问题逐项进行分析研究，提出新系统业务流程的改进模式和改进要点，形成流程改进报告。根据现行业务流程图和改进要点，绘制新系统的业务流程图。在此基础上，制订流程重组计划且对计划进行评审。最后，对提出的流程重组实施计划进行可行性分析。

第四节　数据流程分析

业务流程分析中绘制的业务流程图，虽然形象地表达了管理过程中信息的流动和存储过程，但这其中还包括如货物、产品等物质要素。管理信息系统完成的是数据处理和信息处理工作，这项工作包含在大量的业务处理过程之中，但并非所有的业务处理都能用计算机来完成，因此就有一个从现行业务中抽取能够由计算机完成的业务活动的过程，这个抽取过程称为数据流程分析。数据流程分析把数据在组织内部流动的情况抽象地独立出来，不考虑具体的组织机构、信息载体、处理过程、物资和材料等，只从数据流动来考察实际的业务数据处理模式。

一、数据流程图

数据流程图(Data Flow Diagram,DFD)以图形的方式描绘数据在系统中流动和处理的过程，它只反映系统必须完成的逻辑功能，所以是一种功能模型。

数据流程图的主要特征是其抽象性和概括性。在数据流程图中具体的组织机构、工作场所、人员、物质流等都已去掉，只剩下数据的存储、流动、加工、使用的情况。这种抽象性能使我们总结出信息处理的内部规律性。数据流程图把系统对各种业务的处理过程联系起来考虑，形成一个总体。而业务流程图只能孤立地分析各个业务，不能反映出各业务之间的数据关系。

数据流程图使用四种基本符号代表处理过程、数据流、数据存储和外部实体。数据流程图所用的符号形状有不同的版本，可以选择使用。图 4－5 所示为常见的两个版本的例子。

(1)处理过程

处理过程(process)是对数据进行变换操作，即把流向它的数据进行一定的变换处理，产生出新的数据。处理过程的名称应适当反映该处理的含义，使之容易理解。每个处理过程的编号说明该处理过程在层次分解中的位置。

处理过程对数据的操作主要有两种：一种是变换数据的结构，如将数据的格式重新排列；另一种是在原有数据内容基础上产生新的数据内容，如对数据进行累计或求平均值等。

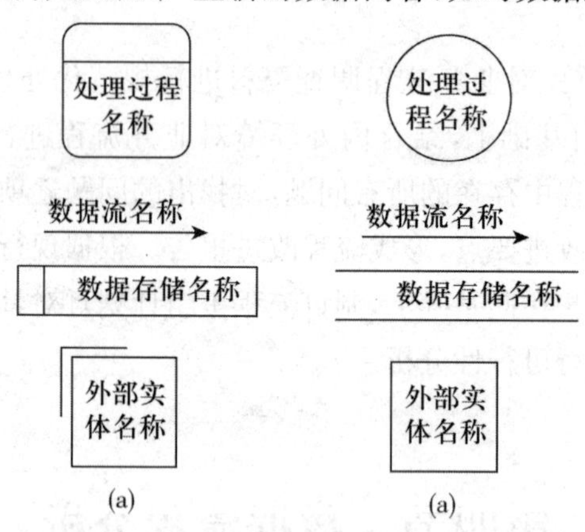

图 4－5　数据流程图的常用符号

在数据流程图中，处理过程好像一个暗箱，只显示过程的输入、输出和总的功能。但隐藏了细节。处理功能必须有输入/输出的数据流，可有若干个输入/输出的数据流。但不能只有输入数据流而没有输出数据流，或只有输出的数据流而没有输入数据流的处理过程。

(2)数据流

数据流(Data Flow)是一束按特定的方向从源点流到终点的数据，它指明了数据及其流动方向。数据流是数据载体的表现形式，如信件、票据，也可以是电话等。数据流可以由某一外部实体产生,也可以由处理过程或数据存储产生。对每一条数据流都要给予简单的描述,以便使用户和系统设计人员能够理解它的含义。

数据流的种类很多,图 4 - 6 表示出不同的数据流。数据流不能从外部实体到外部实体,不能从数据存储直接到外部实体或从外部实体直接到数据存储,也不能从数据存储到数据存储,中间必须经过数据处理。

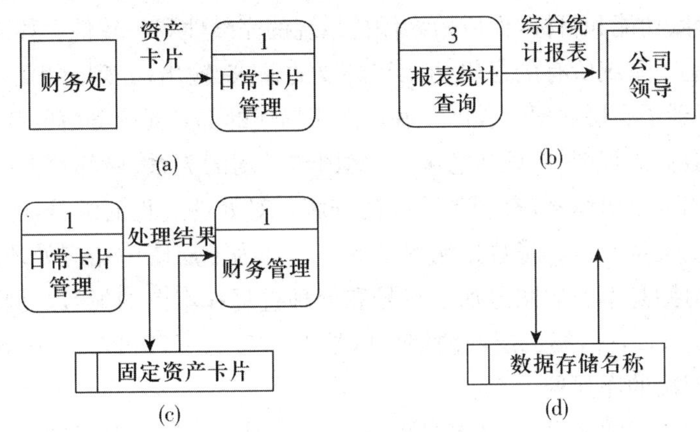

图 4 - 6 不同的数据流

(3)数据存储

数据存储(Data Store)不是指数据保存的物理存储介质,而是指数据存储的逻辑描述。数据存储的命名要适当,以便用户理解。为区别与引用方便,除了名称外,数据存储可另加一个标识,一般用英文字母 D 和数字表示。为避免数据流线条的交叉,如果在一张图中会出现同样的数据存储,可在重复出现的数据存储符号前再加一条竖线。

指向数据存储的箭头表示将数据存到数据存储中,从数据存储发出的箭头表示从数据存储中读取数据。数据存储可在系统中起"邮政信箱"的作用,为了避免处理之间有直接的箭头联系,可通过数据存储发生联系,这样可以提高每个处理功能的独立性,减少系统的重复性,图 4—8(c)中固定资产卡片就起着"邮政信箱"的作用。

(4)外部实体

外部实体(External Entity)是指在所研究系统外独立于系统而存在的,但又和系统有联系的实体,可以是某个人员、企业、某一信息系统或某种事物,是系统的数据来源或数据去向。确定系统的外部实体,实际上就是明确系统与外部环境之间的界限,从而确定系统的范围。

2. 数据流程图的层次

数据流程图的建立过程必须遵循自顶向下、逐层分解的原则,这是控制系统复杂性的方法,也是细化分析的基础。逐层分解的方式不是一下子引入太多的细节,而是有控制地逐步增加细节,实现从抽象到具体的过渡,因而将有利于对问题的理解。

用自顶向下、逐层分解的原则来画数据流程图,就得到了一套分层的数据流程图,分层的数据流程图总是由顶层、中间层和底层组成的。

顶层数据流程图描述了整个系统的作用范围，对系统的总体功能、输入和输出进行了抽象，反映了系统和环境的关系。为了画出顶层数据流程图，必须首先识别不受系统控制但影响系统运行的外部因素，从而确定出系统的外部实体和系统的数据输入源和输出对象。

通过对顶层图的了解、展开，将得到许多中间层的数据流程图。中间层图描述了某个处理过程的分解，而它的组成部分又要进一步被分解。中间层的展开应化复杂为简单，但绝不能失去原有的特性、功能和目标，而应始终保持系统的完整性和一致性。如果展开的数据流程图已经基本表达了系统所有的逻辑功能和必要的输入、输出，处理过程已经足够简单，不必再分解时，就得到了底层数据流程图。底层图所描述的都是无须分解的基本处理过程。

建立分层的数据流程图，应该注意编号、父图与子图的关系、局部数据存储以及分解的程度等问题。适当地给出编号，有利于系统的理解。对处理过程的编号，随着逐层展开，也应反映出它的层次关系。每一张数据流程图的编号即为上层图中相应处理过程的编号，每个处理过程的编号则是本图的图号加上点号和处理过程在本图的编号。例如，第一层图中处理过程的编号为 1，2，…，第二层图的编号应是 1.1，1.2，…，2.1，2.2，…，依此方法，逐层给处理过程加上层次的序列号。

对任一层数据流程图来说，称其上层图为其父图，其下层图为其子图。父图中某个处理的输入输出数据流应该与相应子图的输入输出数据流相同。层次数据流程图的这种特点称为“平衡”。平衡是指子图的所有输入数据流必须是父图中相应处理的输入，子图的所有输出数据流必须是父图中相应处理的输出。

图 4－7 中的处理 3 被分解成子图中的三个子处理。所有子图中的输入和输出数据流与父图中处理 3 的输入输出完全一致。

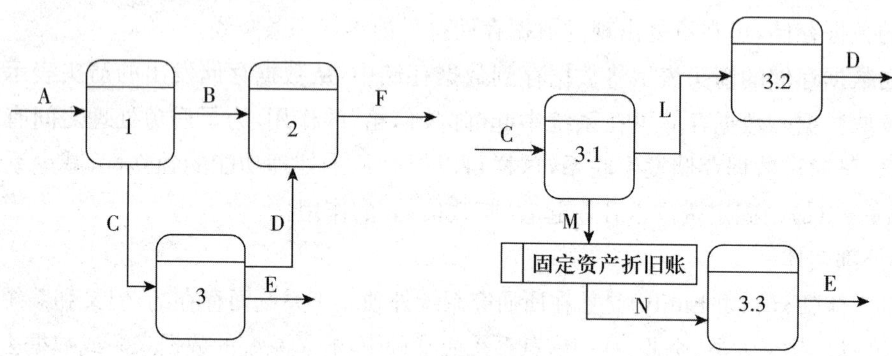

图 4－7　图的分解

从图 4－7 可以发现，数据存储“固定资产折旧账”并没有在父图中出现。这是因为“固定资产折旧账”是完全局限于处理 3 的，它并不是父图中各处理之间的界面。根据“抽象”原则。在画父图时，只需画出父图中各个处理之间的联系，而不必画出各个处理内部的细节，所以“固定资产折旧账”不必画出。同理，数据流 L、M、N 等也不必画出。

画出一个数据存储可参考如下原则：当数据存储被用作数据流程图中某个处理之间的界面时，该数据存储就必须画出来，一旦数据存储作为数据流程图中的一个独立成分画出来时，它与其他成分之间的联系也应同时表达出来，即应画出每个处理是读还是写该数据存储。图 4-7 中，当处理 3 被分解成 3.1、3.2 和 3.3 三个子处理时，“固定资产折旧账”是处理 3.1 和 3.3 的界面，应该画出来。

使用层次数据流程图就是不在一张图中把一个处理分解成它所有的基本处理。在一张图中画出过多的处理将使人难以理解，但如果每次只是将一个处理分解成两到三个处理，又可能需要过多的层次，也会带来一些麻烦。

经验表明，人们能有效地同时处理七个或七个以下的问题。一般是一次“最多不要超过七个”。当然，并不能机械地套用这个经验，而应该根据实际情况来定，关键是要使数据流程图易于理解。一般应做到分解自然，概念合理、清晰，在不影响数据流程图易理解性的基础上适当地多分解，以减少层数。

3. 数据字典

数据字典(Data Dictionary，DD)的作用就是对数据流程图上的每个成分给予定义和说明。数据字典描述的主要内容包括数据元素、数据结构、数据流、数据存储、处理功能和外部实体等，其中数据元素是组成数据流的基本成分。数据字典是数据流程图的辅助资料，对数据流程图起注解作用。

数据字典中有六类条目，分别是数据元素、数据结构、数据流、数据存储、处理过程、外部实体。不同的条目有不同的属性需要描述。

(1)数据元素

数据元素(Data Element)是数据的最小组成单位，即不可再分的数据单位，如资产编号、资产名称等。数据字典中，每个数据元素需要描述的属性有名称、别名以及类型、长度和值域等。

每个数据元素的名称应唯一地标识出这个数据元素，以区别于其他数据元素。名称应尽量反映该数据元素的具体含义，以便容易理解和记忆。对于同一数据元素，其名称可能不止一个，以适用多种场合下的应用。在这种情况下，还需对数据元素的别名加以说明。

数据元素的类型说明值属于哪一种类型，如数值型、字符型、逻辑型等；长度规定该数据元素所占的字符或数字的个数；值域指数据元素的取值范围以及每一个值的确切含义。例如，按百分比计的“折旧率”的值域就是 0～100 之间的数值。如果用字母或缩写代替数据元素的值，需要说明字母或缩写的含义，即说明数据元素的取值含义。

(2)数据结构

数据结构(Data Structure)用来定义数据元素之间的组合关系。数据字典中的数据结构是对数据的一种逻辑描述，与物理实现无关。数据字典中，数据结构需要描述的属性有编号、名称、组成和描述等。

数据结构的编号和名称用于唯一标识这个数据结构。数据结构的组成包括数据元素或数据结构。如果引用了其他数据结构，那么，被引用数据结构应已被定义。对数据结构的属性描述包括数据结构的简单描述、与之相关的数据流、数据结构或处理过程以及该数据结构可能的组织方式。

(3)数据流

数据流表明数据元素或数据结构在系统内传输的路径。在数据字典中,数据流需要描述的属性有来源、去向、组成、流通量、峰值等。

数据流的来源即数据流的源点,它可能来自系统的外部实体,也可能来自某一个处理过程或数据存储。数据流的去向即数据流的终点,它可能终止于外部实体、处理过程或数据存储。数据流的组成指它所包含的数据元素或数据结构。一个数据流可能包含若干个数据结构,这时,需在数据字典中加以定义。如果一个数据流仅包含一个简单的数据元素或数据结构,则该数据流无须专门定义,只需在数据元素或数据结构的定义中加以标明。

数据流的流通量指在单位时间内该数据流的传输次数,例如500次/天。有时还需要描述高峰时的流通量(峰值)。

(4)数据存储

数据存储指数据结构暂存或被永久保存的地方。在数据字典中,只能对数据存储从逻辑上加以简单的描述,不涉及具体的设计和组织。在数据字典中定义的数据存储内容有编号及名称、流入流出的数据流、数据存储的组成、存取分析以及关键字说明等。

(5)处理过程

对处理过程的描述有:处理过程在数据流程图中的名称、编号,对处理过程的简单描述,该处理过程的输入数据流、输出数据流及其来源与去向,其主要功能的简单描述。

(6)外部实体

对外部实体的描述包括外部实体的名称、对外部实体的简述及有关的数据流。一个信息系统的外部实体不应过多,否则会影响系统的独立性。此时,需重新考虑系统人机界面,设法减少外部实体。

上述六个方面的定义构成了数据字典的全部内容。在实际应用中,常常将数据存储和处理过程的描述另立报告,而不在数据字典中描述。有时也可省去一些内容,如对外部实体的描述。但是,数据项、数据结构和数据流必须列入数据字典中加以详细说明。

建立数据字典的基本要求是:对数据流程图上各种成分的定义必须明确、易理解、唯一;命名、编号与数据流程图一致;必要时可增加编码,方便查询检索、维护和统计报表;符合一致性与完整性的要求,对数据流程图上的成分定义与说明无遗漏项。数据词典中无内容重复或内容相互矛盾的条目。数据流程图中同类成分的数据词典条目中,无同名异义或异名同义者;格式规范,风格统一,文字精练,数字与符号正确。

第五节　处理功能的识别

处理功能指的是业务人员处理业务的算法和逻辑关系。处理功能分析是对业务流程分析和数据流程分析的补充,也是系统设计处理模块的设计依据。

系统的最小功能单元就是最低层数据流程图的每个处理加工，称为基本处理(功能单元)。只有对所有基本处理的逻辑功能描述清楚，整个系统功能才能表述清楚。

一、处理功能及其作用

对基本处理的说明应准确地描述基本处理“做什么”，包括处理的激发条件、加工逻辑、优先级、执行频率、出错处理等。其中最基本的是加工逻辑。加工逻辑是指用户对这个加工的逻辑要求，即输出数据流与输入数据流之间的逻辑关系。加工逻辑的描述从另一个侧面刻画了系统的局部和细节，对数据流程图做了必要的补充。数据流程图、数据字典和加工逻辑的描述三者构成了系统的逻辑模型。

对加工逻辑的描述即为处理功能的分析，包括数学运算、数据交换、逻辑判断。数学运算和数据交换可以用一种精确的语言予以描述，而逻辑判断可能涉及一些非精确的、意义不明确的描述，反映一种决策的选择，往往不能用精确的语言来表达。

二、描述处理逻辑的工具

数据流程图中比较简单的计算性的处理逻辑可以在数据字典中作出定义，但还有不少逻辑上的比较复杂的处理，有必要运用一些描述处理逻辑的工具来加以说明。下面介绍能简洁地描述逻辑判断功能的几种工具和方法。

(一)决策树(又称判断树)

图 4-8 是一张用于根据用户欠款时间长短和现有库存量情况制订用户订货方案的决策树。决策树比较直观，容易理解，但当条件多时，不容易清楚地表达出整个判别过程。

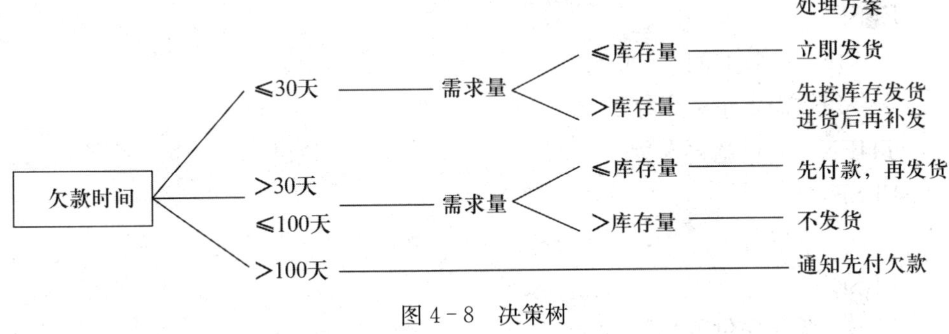

图 4-8　决策树

(二)决策表(又称判断表)

决策表是采用表格方式来描述处理逻辑的一种工具。这里仍以处理用户订货的例子来说明。由表 4-2 可知，如用文字表达这种多元的逻辑关系，不仅十分烦琐，而且难以看清，采用了决策表可以清晰地表达条件、决策规则和应采取的行动之间的逻辑关系，容易为管理人员和系统分析人员所接受。

表 4-2 处理订货单的决策表

	决策规则号	1	2	3	4	5
条件	欠款时间≤30 天	Y	Y	N	N	N
	欠款时间>100 天	N	N	Y	N	N
	需求量≤库存量	Y	N		Y	N
应采取的行动	立即发货	×				
	先按库存量发货,进货后再补发		×			
	先付款,再发货				×	
	不发货					×
	要求先付欠款			×		

(三)结构英语表示法

这是一种模仿计算机语言的处理逻辑描述方法。它使用了由“IF”“THEN”“ELSE”等词组成的规范化语言。下面是处理订货单逻辑过程的结构英语表示法。为了使用方便,这里将条件和应采取的行动用中文表示:

```
IF  欠款时间≤30 天
    IF  需要量≤库存量
        THEN 立即发货
    ELSE
        先按库存量发货,进货后再补发
ELSE
    IF  欠款时间≤100 天
    IF  需求量≤库存量
THEN  先付款再发货
ELSE
      不发货
ELSE
      要求先付欠款
```

第六节 新系统逻辑方案的建立

新系统逻辑方案指的是经分析和优化后,新系统拟采用的管理模型和信息处理方法。因为它不同于计算机配置方案和软件结构模型方案等实体结构方案,故称其为逻辑方案。

详细地了解情况，进行系统分析，都是为最终确立新系统的逻辑方案做准备。所以说新系统逻辑方案的建立是系统分析阶段的最终成果，它对于下一步的设计和实现都是基础性的指导文件。

新系统的逻辑方案主要包括：对系统业务流程分析整理的结果；对数据及数据流程分析整理的结果；子系统划分的结果；各个具体的业务处理过程，以及根据实际情况应建立的管理模型和管理方法。同时，新系统的逻辑方案也是系统开发者和用户共同确认的新系统处理模式以及打算共同努力的方向。

一、新系统信息处理方案

在本章前面各节中已经对原有系统进行了大量的分析和优化，这个分析和优化的结果就是新系统拟采用的信息处理方案。它包括如下几部分。

(一)确定合理的业务处理流程

确定合理的业务处理流程的具体内容包括：

(1)删去或合并了哪些多余的或重复处理的过程。

(2)对哪些业务处理过程进行了优化和改动，改动的原因是什么，改动(包括增补)后将带来哪些好处。

(3)给出最后确定的业务流程图。

(4)指出在业务流程图中哪些部分新系统(主要指计算机软件系统)可以完成，哪些部分需要用户完成(或是需要用户配合新系统来完成)。

(二)确定合理的数据和数据流程

确定合理的数据流程的具体内容包括：

(1)请用户确认最终的数据指标体系和数据字典。确认的内容主要是指标体系是否全面合理，数据精度是否满足要求并可以统计得到这个精度等。

(2)删去或合并了哪些多余的或重复的数据处理过程。

(3)对哪些数据处理过程进行了优化和改动，改动的原因是什么，改动(包括增补)后将带来哪些好处。

(4)给出最后确定的数据流程图。

(5)指出在数据流程图中哪些部分新系统(主要指计算机软件系统)可以完成，哪些部分需要用户完成(或是需要用户配合新系统来完成)。

(三)确定新系统的逻辑结构和数据分布

确定新系统的逻辑结构和数据分布的具体内容包括：

(1)新系统逻辑划分方案(即子系统的划分)。

(2)新系统数据资源的分布方案，如哪些在本系统设备内部，哪些在网络服务器或主机上。

二、新系统可能涉及的管理模型

确定新系统的管理模型就是要确定今后系统在每一个具体的管理环节上的处理方法。这个问题一般应根据系统分析的结果和管理科学方面的知识来定，在此无法给出一个预先规定的新系统模型或产生该模型的条条框框。但为了方便读者，示意性地给出若干新系统管理模型，以供借鉴和参考。

(一)综合计划模型

综合计划是企业一切生产经营、管理活动的纲领性文件。一个切实可靠的综合计划方案，基本上就奠定了企业生产、经营活动的基础。综合计划模型一般由综合发展计划模型和资源限制模型两大部分组成，到目前为止常用的综合计划模型有如下两种。

1. 综合发展模型

综合发展模型主要用来反映企业的近期发展目标，它包括利税发展指标、生产发展规模等。一般常用的有：

(1)企业的中长期计划模型。

(2)厂长(或经理)任期目标的分解模型。

(3)新产品开发和生产结构调整模型。

(4)中长期计划滚动模型。

2. 资源限制模型

资源限制模型主要是反映企业现有各类资源和实际情况对综合发展模型的限制情况。常用的限制模型有：

(1)数学规划模型。

(2)资源分配限制模型。

(二)生产计划管理模型

生产计划的制订主要包括两方面的内容：第一是生产计划大纲的编制；第二是详细的生产作业计划。

生产计划大纲的编制主要是安排与综合计划有关的生产量指标。一般来说这部分涉及：

(1)安排预测和合同订货的生产任务模型。

(2)物料需求计划(MRP)模型。

(3)设备负荷和生产加工能力模型。

(4)量—本—利分析模型。

(5)投入产出模型。

(6)数学规划模型。

生产作业计划是要具体给出产品生产数量、加工路线、时间安排、材料供应以及设备生产能力负荷平衡等方面。具体方法有：

(1)投入产出矩阵模型。

(2)网络计划(PERT)模型/关键路径法(CPM)模型。

(3)排序模型。

(4)物料需求模型(MRP)。

(5)设备能力负荷平衡模型。

(6)滚动式生产作业计划模型。

(7)甘特图(Gantt chart)模型。

(8)经验方法。

生产计划模型在选定了上述方法以后，根据单位的实际情况还会有很多具体的变化，这需要视系统分析的情况而定。

(三)库存管理模型

库存管理有很多不同的模型，如最佳经济批量模型等。但我们一般常用的却是下面介绍的这种程序化的管理模型。

1. 库存物资的分类法

据统计分析，一般库存物资都遵循ABC分类规律。即A类物资品种数占库存物资总数不到10%，但金额数却占总数的约75%；B类物资这两项比例数分别为20%和20%左右；C类物资则为70%和5%。据此建立模型，所以库存管理首先得确定库存物资的分类以及具体的分类方法。

2. 库存管理模型

例如：把库存量的时间变动曲线画出，根据重订货点和经济订货批量等控制模型。

(四)财会管理模型

财会管理模型相对比较固定。确定一个财会管理模型主要有如下几方面：

(1)会计记账科目的设定(一般第一、二级科目都由国家和各行业/部颁定，第三、四级由单位自定)。

(2)会计记账方法的设定(主要是借贷法和增减法)。

(3)财会管理方法(如计划、决策、调整以及具体的管理措施等)。

(4)内部核算制度或内部银行的建立以及具体的核算方法等。

(5)安全、保密措施以及与其相对应的运行制度和管理方法。

(6)文档、数据、原始凭证的保存方法与保存周期。

(7)审计和随机抽查的形式、范围和对账方法等。

(五)成本管理模型

对于成本管理应考虑如下几方面的管理方法(或称模型)。

(1)成本核算模型。产品的成本一般由几部分组成,故成本核算也必须考虑两方面的计算问题。

①间接费用分配方法的选取。目前常用的方法有完全成本计算方法和变动成本计算方法。

②直接生产过程消耗部分计算方法的选取。目前常用的计算方法有品种法、分步法、逐步结转法、平行结转法、定额差异法等。

(2)成本预测模型。目前常用的有数量经济模型、投入产出模型、回归分析模型、指数平滑模型等。

(3)成本分析模型。成本分析模型有很多种。一般常用的方法有:

①实际成本与定额成本比较模型。

②本期成本与历史同期可比产品成本比较模型。

③产品成本与计划指标比较模型。

④产品成本差额管理模型。

⑤量—本—利分析模型。

(六)经营管理决策模型

经营管理决策是一个广义的概念。它涉及企业高层管理人员围绕经营管理目标所进行的所有努力,它包括信息的收集,信息的处理(模型算法等),决策者的经验、背景和分析判断能力,环境条件的约束限制等多个方面。经营管理决策模型可以说是整个信息系统的核心和最高层次的处理环节,也是企业领导层(决策者)最为关注的内容。

确定一个有效的经营管理决策模型不是一件容易的事情,一般需要同用户(即决策者)在系统分析阶段进行反复的协商来共同确定。其研究的范围包括:

(1)组织决策体系的研究。

(2)确定适当的决策过程。

(3)确定收集、处理、提炼对决策有用信息的渠道、步骤和方法。

(4)确定适当的决策模型,对确定性的决策问题可得到具体的优化模型,对不确定性(半结构化)的决策问题得到的就不是某个具体的数学模型了,而是今后动态地构成这些决策模型的方式,如前面介绍过的模型库系统、知识系统、推理方式等。

(5)确定和选择优化解的方式,对确定性问题得到的是唯一的解,但对不确定性问题得到的是若干不同的解,故必须确定选样和优化解的方式。

(6)系统支持决策的方式。

(7)模拟决策执行过程。

(8)决策评价指标体系的研究以及反馈控制决策系统运行的方式。

(七)统计分析模型

统计分析模型常常是用以反映销售状况、市场占有情况、质量指标、财务状况等方面的综合、总量变化状况。这类模型在信息系统中常用各种分析图形的方式给出。常用的统计分析方法有：

(1)产品市场占有率分析。

(2)市场消费变化趋势分析。

(3)产品销售统计分析。

(4)产品销售额与利润变化趋势分析。

(5)质量状况与指标分布状况分析。

(6)生产统计分析。

(7)财务统计分析。

(8)企业综合经济效益指标统计分析。

(八)预测模型

预测模型同统计分析模型一样可以广泛地用于生产产量、销售量、市场变化趋势等方面。常用的预测模型有：

(1)多元回归预测模型(如一元、二元……)。

(2)时间序列预测模型。

(3)普通类比外推模型等。

三、系统分析报告

系统分析阶段的成果就是系统分析报告，它反映了这一阶段调查分析的全部情况，是下一步设计与实现系统的纲领性文件。系统分析报告形成后必须组织各方面的人员(包括组织的领导、管理人员、专业技术人员、系统分析人员等)一起对已经形成的逻辑方案进行论证，尽可能地发现其中的问题、误解和疏漏；对于问题、疏漏要及时纠正；对于有争论的问题要重新核实当初的原始调查资料或进一步地深入调查研究；对于重大的问题甚至可能需要调整或修改系统目标，重新进行系统分析。总之，系统分析报告是一个非常重要的文件，必须非常认真地讨论和分析。

一份好的系统分析报告应该不但能够充分展示前段调查的结果，而且还要反映系统分析结果——新系统的逻辑方案，这是非常重要的(特别是后者)。系统分析报告要包括以下内容。

(1)组织情况简述。主要是对分析对象的基本情况做概括性的描述，它包括组织的结构、组织的目标、组织的工作过程和性质、业务功能、对外联系，组织与外部实体间有哪些物质以及信息的交换关系，研制系统工作的背景如何等。

(2)系统目标和开发的可行性。系统的目标是系统拟采用什么样的开发战略和开发方法，人力、资金以及计划进度的安排，系统计划实现后各部分应该完成什么样的功能，某些指标预期达到什么样的程度，有哪些工作是原系统没有而计划在新系统中增补的等。

(3)现行系统运行状况。介绍以一些工具(主要是作业流程图、数据流程图)为主，详细描述原系统信息处理以及信息流动情况。另外，各个主要环节对业务的处理量、总的数据存储量、处理速度要求、主要查询和处理方式、现有的各种技术手段等，都应做一个扼要的说明。

(4)新系统的逻辑方案。新系统的逻辑方案是系统分析报告的主体，这部分主要反映分析的结果和我们对今后建造新系统的设想。它应包括本章各节分析的结果和主要内容。

①新系统拟定的业务流程及业务处理工作方式。

②新系统拟定的数据指标体系和分析优化后的数据流程，以及计算机系统将完成的工作部分。

③新系统在各个业务处理环节拟采用的管理方法、算法或模型。

④与新的系统相配套的管理制度和运行体制的建立。

⑤系统开发资源与时间进度估计。

关键术语

生命周期	Life Cycle	系统分析	System Analysis
可行性分析	Feasibility Analysis	数据字典	Data Dictionary
业务流程图	Operational Flow Chart	处理逻辑	Processing Logic
数据流程图	Dataflow Diagram	决策树	Decision Tree
决策表	Decision Table		

思考题

1. 为什么要进行可行性研究？可行性研究的目的和内容是什么？

2. 为什么要进行详细调查？详细调查的内容有哪些？

3. 系统分析的主要内容是什么？系统分析有哪几个主要步骤？

4. 用户需求识别的基本任务是什么？影响需求质量的因素有哪些？

5. 业务流程调查对系统分析的作用是什么？业务流程分析的任务和内容是什么？

6. 数据流程图与业务流程图的联系和差别在哪里？

7. 如果要开发一个学生食堂管理系统，请你扮演系统分析员角色，通过对全班同学发问的方式来获得系统的大致需求。

8. 某工厂成品库管理的业务过程如下：

成品库保管员按车间送来的入库单登记库存台账。发货时，发货员根据销售科送来的发货通知单将成品出库，并发货；同时，发货员填写三份出库单，其中一份交给成品库保管员，由他按此出库单登记库存台账，出库单的另外两联分别送销售科和会计科。

试按以上业务过程画出业务流程图。

第五章　管理信息系统的系统设计

系统设计是管理信息系统开发的一个重要阶段，这个阶段是对新系统的物理设计，即通过前面的系统分析报告对新系统逻辑功能的要求分析，从实际出发，进行各种具体设计，确定系统的实施方案，解决系统如何去完成的问题，最终给出详细的设计方案，为下一阶段的实现制订详细计划。

设计的定义："应用各种技术和原理，对设备、过程或系统做出足够详细的定义，使之能够在物理上得以实现。"

信息系统的设计与其他领域的工程设计一样，也需要有好的方法和好的分析策略。仅仅把系统设计看作程序设计或者编制程序是片面的。实际上，程序设计只是系统设计的实现，不能把它们混淆起来。

总之，系统设计是管理信息系统开发过程中承前启后的工作，它依据系统需求规格说明书建立系统设计方案，作为下一步系统实施的依据。

第一节　系统设计概述

系统设计是在系统分析提出的逻辑模型基础上，科学合理地描述、组织和构造系统部件的过程。系统设计的优劣直接影响新系统的质量和效益。

一、系统设计的任务

系统设计的主要任务是从管理信息系统总体目标出发，以系统分析报告为依据，结合经济、技术和运行环境等方面的条件，确定系统的总体结构和各组成部分的技术方案，并用适当的工具将设计成果表达出来。系统设计包括总体结构设计和物理模型设计两部分。

1. 总体结构设计

在系统分析的基础上，对整个系统的划分、资源（包括硬件和软件）配置、数据的存储规律以及整个系统实现计划等方面做出合理安排。其中系统划分的基本思想是自顶向下地将系统划分成若干子系统，子系统再分子模块，层层划分，然后自下而上地逐步设计。要根据总体方案以及投入的资金和实际需求来确定设备的规模、性能以及分布方式，并根据可靠性、可维护性、兼容性、方便性、扩充性、性能价格比等方面进行评定。总体结构设计包括由数据流程图转换为控制结构图，对控制结构图进行优化等过程。

2. 物理模型设计

为每个具体任务选择适当的技术手段和处理方法，包括代码设计、体系结构设计、数据库设计、人机界面设计、处理过程设计、安全设计等。

系统设计阶段的工作目标是提出系统实施方案，该方案即系统设计说明书，是系统设计阶段工作成果的体现，经批准后将成为系统实施阶段的工作依据。

二、系统设计的依据

系统设计是在系统分析的基础上由抽象到具体的过程，同时还应该考虑系统实现的环境和条件。系统设计的依据通常可从以下几个方面考虑。

1. 系统分析的成果

从工作流程来看，系统设计是系统分析的继续。因此，系统设计应该严格按照系统分析报告所规定的目标、任务和逻辑功能进行设计工作。

2. 现行技术与标准

现行技术是系统设计所依赖的信息技术、计算机软硬件技术、数据管理技术等。现行标准是信息系统和信息技术的标准、规范和有关法律制度。系统设计应当注重选用现行技术，并严格执行标准。

3. 用户需求

系统设计应该充分尊重和理解用户的要求，特别是操作方面的要求，尽可能使用户感到满意。

4. 系统运行环境

系统建设的目标是与企业组织的改革和发展相适应，即系统设计要适合当前需求，适应系统的工作环境，满足空间分布情况、工作的自然环境和安全方面的要求，还应当考虑环境的发展变化趋势。在系统技术方案中尽可能保护已有投资，有较强的应变能力，以适应未来的发展。

三、系统设计的评价指标

评价和衡量系统目标实现程度的指标主要有运行效率、可靠性、可修改性、实用性和经济性等。

1. 运行效率

系统的运行效率主要是指系统的处理能力、处理速度和响应时间等。处理能力是指系统在单位时间内处理事务的能力；处理速度一般是指系统完成业务处理所需的平均时间；响应时间是指在联机状态下，从发出处理请求到得到应答信号的时间。

影响系统整体效率的因素很多，从设计角度分析，主要有系统的体系结构、临时文件的组织结构和数量、文件传输的次数及外存访问的次数、软件结构或程序调用关系、程序执行时间等。一般来讲，计算机运行时间比人操作的时间要少得多，因此，人机界面设计是否便于操作，也是影响系统整体效率的重要因素。

2. 可靠性

系统的可靠性是指系统在运行过程中，抗干扰（包括人为和机器故障）和保证系统正常工作的能力。系统可靠性包括系统检错与纠错能力、系统恢复能力、软硬件的可靠性、数据处理与存储的精度、系统安全保护能力等。系统平均无故障时间、系统平均修复时间是衡量系统可靠性的重要指标。提高系统可靠性可从硬件、软件和运行环境三方面来考虑。如选用可靠性高的设备；在程序中设置各种检验措施，以防误操作和非法使用；采用各种安全保证措施等。

3. 可修改性

系统的可修改性是指系统被修改和维护的难易程度。由于系统环境（国家政策、市场、计算机技术等的变化）和系统本身的需要，应当不断修改和完善系统。一个好的系统应该有良好的可修改性与易维护性，使之适应相应的变化。采用结构化、模块化的系统分析与设计方法，可以提高系统的可修改性。

4. 实用性

实用性指系统为用户提供所需要信息的准确程度、操作简便性、输出表格的实用性、在不同组织中的通用性等。

5. 经济性

系统的经济性是指系统收益与支出之比。要注意的问题是，在定量考虑经济费用的同时，还要定性考虑系统实施后所取得的社会效益及由此而带来的间接经济效益。

系统目标评价指标既互相联系又互相制约，需要根据实际需要和可能性进行综合分析，将指标按重要性程度排序，优先保证最重要的指标，如银行系统应首先考虑指标的可靠性。

四、系统设计阶段的成果

系统设计阶段的主要成果是系统设计报告。一个完整的管理信息系统的设计报告应该包括三个部分的内容：①应用系统的设计，包括应用程序的设计和数据库的设计；②系统运行平台，即信息系统运行模式和软、硬件配置的设计；③系统运行网络结构、设备等的设计。完整的设计报告能根据系统分析报告中所完成的功能和性能分析给出实现相应功能和性能的方法、技术和方案。

信息系统开发过程中，最应关心的是系统中对应用软件和数据库的设计，即对业务系统的设计是设计阶段的重点和中心，而技术系统的设计是为业务系统的实现服务的。系统设计报告是系统实施的蓝图和依据。

系统设计报告有以下几个主要部分。

1. 引言

在引言中说明所涉及的系统名称、目标和功能；简要介绍项目的承担者、用户、本项目和其他系统或机构的关系和联系；说明工作条件与限制，包括硬件、软件、运行环境方面的限制，保密和安全的限制，有关部门业务人员提供确切的数据及其定义，有关系统软件文本，网络协议标准文本，国家安全保密条例，等等；并对参考和引用资料、专门术语定义进行说明。

2. 系统总体技术方案

系统总体技术方案是系统设计报告的主体部分，主要有计算机系统配置与设计、代码设计、输入设计、输出设计、数据库设计、模块设计、安全保密设计，故障防范措施等。

3. 实施方案说明

实施方案说明包括实施方案总体说明、实施的总计划和实施方案的审批等。实施的总计划要说明工作任务的分解、进度、预算等。

第二节　系统总体结构设计

20 世纪 70 年代以来，出现了多种系统设计方法，其中最有代表性的是结构化系统设计方法。它采用模块化、自顶向下的基本思想，以数据流图为基础，通过一定的转换构成模块结构。

一、系统结构的设计

系统结构设计按照结构化系统分析与设计的基本思想，根据数据流图和数据字典，借助一套标准的设计准则和图表工具，按照自顶向下的原则逐层把整个系统划分为若干个大小适当、功能明确，具有相对独立性并容易实现的子系统，从而把复杂系统的设计转变为多个简单模块的设计。然后再自下而上地逐步设计。组成系统的子模块间彼此独立、功能明确，系统应能够对大部分模块进行单独维护和修改，因此合理进行系统划分、定义和数据协调是结构化设计的主要内容。子系统划分遵循如下原则。

1. 子系统要具有相对独立性

子系统的划分必须使子系统内部功能、信息等各方面的凝聚性较好，子系统之间数据的依赖性尽量小。划分时应将联系较多的都划入子系统内部，剩余的一些分散的、跨度比较大的联系就成为这些子系统之间的联系和接口。

2. 数据冗余较小

子系统划分的结果应使数据冗余较小，否则，可能引起相关的功能数据分布在各个不同的子系统中，大量的原始数据需要调用，大量的中间结果需要保存和传递，大量计算工作将要重复进行。数据冗余不但给软件编制工作带来很大的困难，而且系统的工作效率也会降低。

3. 考虑管理与开发的需要

为了适应现代管理的发展，对于老系统的缺陷，在新系统的研制过程中应设法加以弥补。只有这样才能使系统实现以后不但能够更准确、更合理地完成现存系统的业务，而且还可以支持更高层次、更深一层的管理决策。子系统的划分应该考虑到管理信息系统的开发分期、分步进行的特点。

4. 各类资源的充分利用

一个适当的系统划分应该既考虑有利于各种设备资源在开发过程中的搭配使用，又考虑到各类信息资源的合理分布和充分使用，以减少系统对资源的过分依赖，减少输入、输出、通信等设备压力。

二、系统的结构化描述

结构化系统设计以系统分析的数据流分析为基础来构造、描述系统。控制结构图是结构化设计的图形工具。控制结构图与数据流图有着本质的区别，数据流图反映的是系统的逻辑模型，是从数据在系统中的流动情况来考虑系统的，而控制结构图则是描述系统的物理模型及系统的功能，它从系统的功能层次上来考虑系统。

控制结构图(Control Structure Diagram，CSD)是一种强有力的图形表达工具，用于表达系统功能模块层次的分解关系、调用关系、数据流和控制流。

控制结构图中，模块间有三种调用关系，分别是顺序调用、选择调用和重复调用。在图 5-1中，(a)是顺序调用，模块 B,C,D 是模块 A 的下层模块，它们由模块 A 调用，并协同完成模块 A 的功能。A 模块先调用 B 模块，然后依次是 C 和 D 模块。(b)是选择调用，模块 A 根据情况选择调用 B,C,D。(c)是重复调用，模块 A 对 B 多次反复调用。

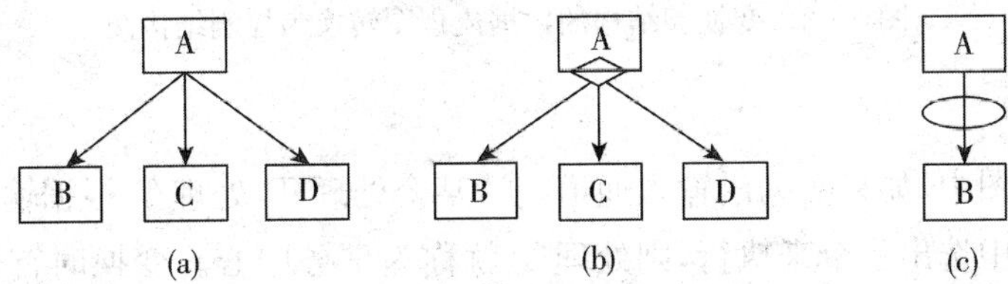

图 5-1　模块间的调用关系

(a)顺序调用；(b)选择调用；(c)重复调用

三、数据流程图导出控制结构图

控制结构图的依据就是在系统分析阶段产生的数据流程图。数据流程图一般有两种典型的结构:变换型结构和事务型结构。针对两种不同的数据流程图,可以采用变换分析和事务分析的方法来绘制控制结构图。

1. 变换分析

变换型结构的数据流程图是一种线状结构,可以明显地区分输入、处理及输出三部分。变换分析就是从变换型数据流程图映射出模块结构图。首先找出主要处理功能,即变换中心,它对应于主加工。变换中心往往是几股数据流的会合处或者一个数据流的分流处,是输入数据转为输出数据的处理。主模块确定后。再自顶向下、从左至右设计输入、变换、输出等分支。这样就确定了第一层模块图。再由第一层模块自顶向下,逐步细化。在分支分解中,模块与数据流程图中的加工并不是绝对的一对一的映射关系,根据实际情况,有时也将数个加工映射成一个模块,有时一个加工映射成两个模块,有时也会根据需要添加模块。例如,图 5-2 是从变换型结构的数据流程图导出控制结构图的一个示例。

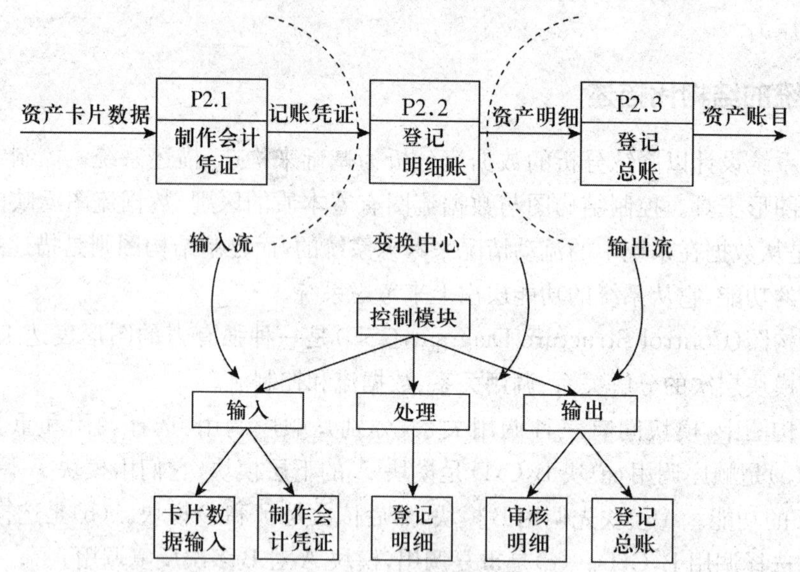

图 5-2　变换型结构的数据流程图转换为控制结构图

2. 事务分析

在数据流程图中,如果数据沿输入通道到达某个处理 T,处理 T 根据输入数据的类型在若干个动作序列中选出一个来执行,则处理 T 就称为事务中心。变换时首先根据事务中心确定顶层主模块;数据接收和最终输出可直接映射为主模块的两个输入模块和输出模块,由主模块顺序调用;每一个事务处理分支各映射为一个模块,由主模块选择调用;每一个事务分支的多个加二映射为下级的多个子模块。

例如,图 5-3 是从事务型结构的数据流程图导出控制结构图的一个示例。

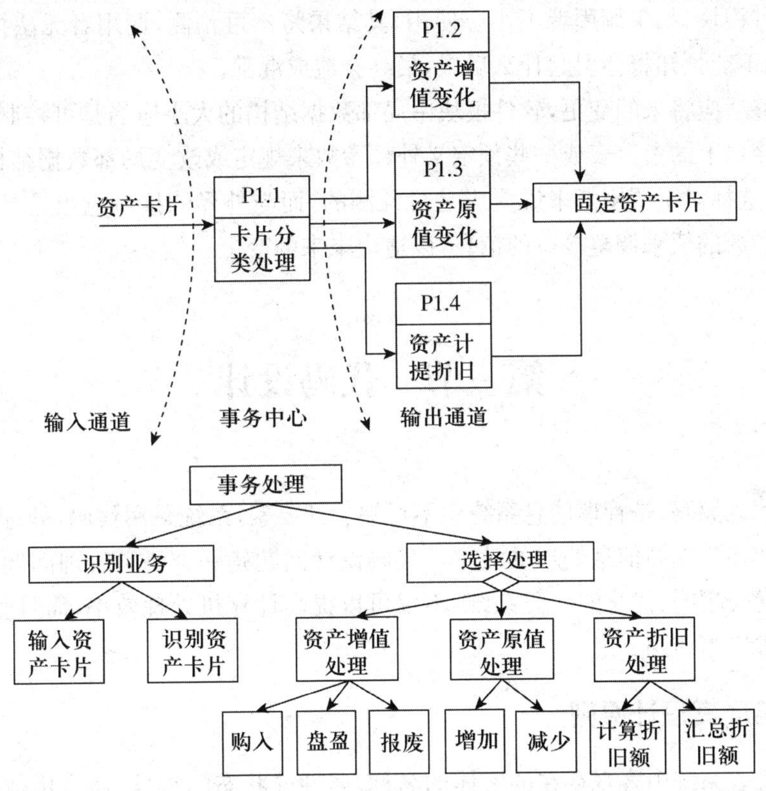

图 5－3　事务型结构的数据流程图转换为控制结构图

实际应用中，数据流程图往往是变换型或事务型共存互融的混合型，一般采用以变换分析为主、事务分析为辅的设计方法。先找出主加工，设计出控制结构图的上层模块，再根据数据流程图各部分的结构特点灵活地运用变换分析或事务分析设计出模块。

四、设计优化策略

无论是变换分析还是事务分析，基本完成转换之后，都要对控制结构进行优化。一个完整的功能模块不仅应能完成指定的功能，而且还应当能够告诉使用者完成任务的状态，以及不能完成的原因。在得出系统的控制结构图之后，应当审查分析这个结构图。如果发现几个模块的功能有相似之处，可以加以改进。模块的控制范围包括它本身及其所有的从属模块。模块的作用范围是指模块内一个判定的作用范围，凡是受这个判定影响的所有模块都属于这个判定的作用范围。如果一个判定的作用范围包含在这个判定所在模块的控制范围之内，则这种结构是简单的，否则，它的结构是不简单的。尽可能减少高扇出结构，经验证明，一个设计得很好的软件模块结构，通常上层扇出比较高，中层扇出较少，底层扇入到有高扇入的公用模块中。限制模块的大小是降低复杂性的手段之一，因而要求把模块的大小限制在一定的范围之内。

一个功能可预测的模块，不论内部处理细节如何，对相同的输入数据，总能产生同样的结果。但是，如果模块内部蕴藏一些特殊的鲜为人知的功能时，这个模块就可能是不可预测的。对于这种模块,如果调用者不小心使用,其结果将不可预测,调用者无法控制这个模块的执行,或者不能预知将会引起什么后果,最终会造成混乱。

为了能够适应将来的变更,软件模块中局部数据结构的大小应当是可控制的,调用者可以通过模块接口上的参数表或一些预定义外部参数来规定或改变局部数据结构的大小。另外,控制流的选择对于调用者来说应当是可预测的,而与外界的接口应当是灵活的,即可以用改变某些参数的值来调整接口的信息,以适应未来的变更。

第三节　代码设计

代码即信息编码,是管理信息系统中不可缺少的要素,系统采用代码,处理起来简便、标准,节省存储空间,提高信息处理的效率。代码设计问题是一个科学管理问题,为特定的系统设计出一套公用的、优化的代码系统,不仅可以提高计算机处理效率,而且直接影响管理信息系统的推广与使用。

一、代码及其设计原则

代码是代表系统中客观存在的实体的名称、属性或状态的符号,通常用数字、字符或它们的组合表示。在管理信息系统中,代码是人和机器共同的语言,用以对系统进行信息的分类、统计、检索等。

(一)代码的作用

在客观世界中,代码被普遍用来唯一标识某一事物,如某个人、某个单位、某种设备、某种产品等。工作证号、身份证号、设备编号、邮政编码等都是代码。在管理信息系统开发过程中,设计代码的作用是:

(1)代码为事物提供一个概要而不含糊的认定,便于数据的存储和检索。代码缩短了事物的名称,无论是记录、记忆还是存储,都可以节省时间和空间。

(2)使用代码可以提高处理的效率和精度。按代码对事物进行排序、累计或按某种规定算法进行统计分析,可以十分迅速。

(3)代码提高了数据的全局一致性。对同一事物,即使在不同场合有不同的叫法,都可以通过代码统一起来,提高了系统的整体性,减少了因数据不一致而造成的错误。

(4)代码是人与计算机交换信息的工具。在手工处理系统中,许多数据如零件号、设备号、图号等早已使用代码。为了给尚无代码的数据项编码,为了统一和改进原有代码,使之适应计算机处理的要求,在建立新系统时,必须对整个系统进行代码设计。

现代化企业的编码系统已由简单的结构发展成为十分复杂的系统。为了有效地推动计算机应用和防止标准化工作走弯路,我国十分重视制订统一编码标准的问题,并已公布了

《中华人民共和国行政区划代码》(GB/T2260—2007)、《信息技术信息交换用七位编码字符集》(GB/T1988—1998)等一系列国家标准编码，在系统设计时要认真查阅国家和部门已经颁布的各类标准。

代码设计在系统分析阶段就应当开始。由于代码的编制需要仔细调查和多方协调，是一项很费事的工作，需要经过一段时间，在系统设计阶段才能最后确定。

(二)代码对象的来源

设计代码首先要确定代码对象，代码对象的来源有如下途径。

1. 来自企业现行代码的需要

代码作为企业管理的基础，在实际中已经使用，例如职工编号、设备编号、会计科目编号等，这类代码对象显而易见。对于这类代码对象，主要考虑现行使用的代码系统是否正确、合理。

2. 来自统计分类的需要

在详细调查中，获得了企业对各种实体、属性统计分类的信息，这是确定代码对象的重要依据。例如，施工企业的统计报表中需要按材料的分类(钢材、木材、水泥、油料等大类、中类、小类)来统计消耗，因此"材料"就是一个代码对象。

3. 来自系统开发的技术需要

这类代码对象对以手工为主的信息处理工具来说没有相关性，但是对以信息技术为主的信息处理工具就有必要。由于这类需求涉及系统实现中的技术问题，因此一般难以发现。例如企业质量管理体系一般由标准、手册、程序文件三级文档组成。在质量管理信息系统中，为了使企业质量管理体系能与企业的运作与管理结合，从技术的角度，就可能提出代码需求。

(三)代码的表示形式

代号的表示形式很多，在实际应用中，常常根据需要采用几种或它们的组合。常用的代码有以下几种形式。

1. 顺序码

顺序码又称系列码，是一种用连续数字或字母代表编码对象的简单代码，如职工编号，李红为0001，王江为0002，……顺序码的优点是简单易懂、位数较少。但因为顺序码没有逻辑含义，它本身不能说明任何信息特征，仅代替对象名称，适于用作识别。

采用顺序码，新增加的代码只能列在最后，删除则造成空码。通常，顺序码只作为其他代码分类中细分类的一种补充手段。用顺序码时，一定要估准某类事物的容量和预测未来的扩展，否则会出现空间不足和空间浪费的不合理现象，危及代码体系。

2. 区间码

区间码把数据项分成若干组，每一区间代表一个组，码中数字的值和位置都代表一定意义。区间码的信息处理比较可靠，排序、分类、检索等操作易于进行，但码的长度与分类属性的数量有关，有时可能造成很长的码。在许多情况下，码有多余的数。同时，这种码的维护也比较困难。

区间码又可分为多面码、层次码(上下关联区间码)和十进制码。

一个数据项可能具有多方面的特性，如果在码的结构中，为这些特性各规定一个位置，就形成多面码，也就是从两个以上的属性识别和处理代码化的代码。表 5 - 1 是反映职工多方面情况的职工编码。

表 5 - 1 职工情况编码

参加工作年份	所属单位	性别	顺序号码
1970—1970	1 -车间	1 -男	0001
1971—1971	2 -二车间	2 -女	0002
……	……	—	……

根据表 5 - 1 所示的规则，73210002 代表 1973 年参加工作的二车间的 0002 号男职工。我国居民身份证号码也属于此类编码方式。

层次码的结构中，为数据项的各个属性各规定一个位置(一位或几位)。其结构一般是由左向右排列，构成一定的层次。例如，在会计核算中，用最左位代表核算种类，下一位代表会计核算项目。

十进制码是由层次码发展而来。中国图书分类法就是使用这种分类编码，小数点左边的数字组合代表主要分类，小数点右边的是子分类。例如：

500. 自然科学
510. 数学
520. 天文学
531. 机构
531.1 机械
531.11 杠杆和平衡

十进制码的优点是分类比较清晰，尤其是在图书资料方面。其缺点是所占位数长短不齐，不适合计算机处理。显然，只要把代码的位数固定下来，仍可利用计算机处理。

3. 助记码

助记码是用文字、数字或将文字和数字结合起来描述。将编码对象的名称、规格等作为代码的一部分，以帮助记忆。如在开发一个成本管理信息系统中，在数据库设计时，所有的表名均以 C -开始，视图名用 C - V -开始，如材料成本表 C - CLCB、材料汇总视图 C - V -

CLHZ。助记码的优点是能原封不动地表示代码化对象属性，易记易读；缺点是位数太多，容易引起联想出错。此外，太长的助记码占用计算机容量太多，也不宜采用。

(四)代码校验

代码作为计算机的重要输入内容之一，其正确性直接影响到整个处理工作的质量和数据的准确性。为了保证输入的正确性，有意识地在编码设计结构中原有代码的基础上加一位校验位，使它变成代码的一个组成部分。校验位通过事先规定的数学方法计算出来。输入时，计算机用同样的方法计算出校验位，并与输入的校验位比较，以证实输入的正确性。代码校验位的产生步骤如下。

设有一组代码为：$C_1C_2C_3C_4\cdots C_n$

第一步：为代码的每一位 C_i 确定一个权数 P_i（权数可为算术级数、几何级数或质数）。

第二步：求代码每一位 C_i 与其对应的权数 P_i 的乘积之和 S：

$$S=\sum C_iP_i(i=1,2,\cdots,n)$$

第三步：确定模 M。

第四步：取余 $R=\mathrm{SMOD}(M)$。

第五步：校验位 $C_{i+1}=R$。

最终代码为 $C_1C_2C_3C_4\cdots C_iC_{i+1}$。

例如，原设计的一组代码为5位，如32456，确定权数为7、6、5、4、3。求代码每一位 C_i 与其对应的权数 P_i 的乘积之和 S。

$$\begin{aligned}S&=C_1P_1+C_2P_2+\cdots+C_iP_i\quad(i=1,2,\cdots,n)\\&=3\times7+2\times6+4\times5+5\times4+6\times3\\&=21+12+20+20+18\\&=91\end{aligned}$$

确定模 $M=11$，取余 $R=\mathrm{SMOD}(M)=91\mathrm{MOD}(11)=3$，校验位 $C_{i+1}=R=3$，最终代码为 $C_1C_2C_3C_4\cdots C_iC_{i+1}$，即324563。

该组代码中的其他代码按此算法，分别求得校验位，构成新的代码。

二、代码系统设计与维护

如何做好代码系统设计是一项系统性的工作，是管理信息系统开发的基础性工作。代码设计的质量反映设计者对相关实体或属性是否正确了解以及了解的程度，同时也需要采用适当的设计方法。好的代码系统便于软件设计、数据共享和系统集成。

(一)代码系统的设计原则

合理的代码系统结构是管理信息系统有生命力的一个重要因素。在代码设计时，应注意以下一些问题。

(1)设计的代码在逻辑上必须能满足用户的需要,在结构上应当与处理的方法相一致。例如,在设计用于统计的代码时,为了提高处理速度,往往使之能够在不需调出有关数据文件的情况下,直接根据代码的结构进行统计。

(2)一个代码应唯一标志它所代表的事物或属性。最简单、最常见的例子就是职工编号。在人事档案管理中可以发现,人的姓名不管在一个多么小的单位里都很难避免重名。为了避免二义性,唯一地标识每一个人,需要编制职工代码。

(3)代码设计时,要预留足够的位置,以适应不断变化的需要。否则,在短时间内,随便改变编码结构对设计工作来说是一种严重浪费。一般来说,代码越短,分类、准备、存储和传送的开销越低;代码越长,对数据检索、统计分析和满足多样化的处理要求就越好。但编码太长,留空太多,多年用不上,也是一种浪费。

(4)代码要系统化,代码的编制应尽量标准化,尽量使代码结构对事物的表示具有实际意义,以便于理解及交流。在实际工作中,一般企业所用大部分编码都有国家或行业标准。例如,在产成品和商品中各行业都有其标准分类方法,所有企业必须执行。另外一些需要企业自行编码的内容,例如生产任务码、生产工艺码、零部件码等,都应该参照其他标准化分类和编码的形式来进行。

(5)注意避免引起误解,不要使用易于混淆的字符。如 0、2、1、S、V 与 O、Z、1、5、U 容易混淆;不要把空格作代码;要使用 24 小时制表示时间等。注意尽量采用不易出错的代码结构,例如"字母—字母—数字"的结构(如 WW2)比"字母—数字—字母"的结构(如 W2W)发生错误的机会要少一些。

(6)当代码长于 4 个字母或 5 个数字字符时,应分成小段,以便于读写。如 727－499－6135 比 7274996135 易于记忆,并能更准确地记录下来。

(7)若已知码的位数为 p,每一位上可用字符数为 S_i,则可以组成码的总数为 $C=\prod_{i=1}^{p} S_i$。例如,对每位字符为 0～9 的三位码,共可组成 $C=10\times10\times10=1000$ 种码。

(二)代码系统设计流程

代码系统设计需要企业的相关领导和相关部门的密切配合,需要对企业运作、管理相当熟悉的人员参与。代码系统设计流程如下。

1. 确定代码需求

通常企业中需要设计代码的实体有许多,例如部门、职工、产品、零部件、材料、设备、固定资产、会计科目、客户、供应厂商、外部相关单位等.其中除固定资产、会计科目、外部相关单位外,其他一般是公共代码。

需要设计代码的实体属性也有许多,例如对职工实体来说,其属性有工种、民族、职务等都需要设计代码,至于性别则可以不要代码。

在管理信息系统中,有些代码对象,其代码系统设计不仅要考虑自身的特点(例如层次码要考虑自身是否有层次的分类特点)和管理的要求外,还要兼顾数据模型的设计。

2. 确定代码系统中需要包括的信息

根据代码设计的唯一性、简单性、稳定性等原则,来确定需要在代码系统中包括的信息。

3. 估计需要代码的实例规模

对于不同的代码对象,需要对代码的实例数进行分析与估计,为确定代码系统的容量提供信息。例如设计一个企业的产品入库单的编号,在考虑企业采取月结的前提下,代码系统若为10位数字编码,且第1～6位表示入库发生的年份和月份,最后4位用入库先后次序表示同年同月的入库(取值为0000～9999),则意味着同年同月的入库次数不能超过10 000次。代码系统的实例规模的确定不但需要分析现行代码对象的规模,还需要分析今后可能发展的规模。

4. 代码的校验位设计

在人工录入数据的情况下,代码的校验是非常重要的,代码输入的正确与否影响到整个数据处理工作的质量,因此代码的校验位设计是代码设计中重要的一环。随着计算机技术的发展,数据输入方法种类越来越多、越来越方便,例如鼠标输入、条形码输入、光电笔输入和触摸输入等,因此在管理信息系统中,代码输入的次数很少,通常输入一次即可,代码的校验位设计工作也随之减少。

(三)代码维护

制订代码规则、设计代码和进行代码校验都是系统前期一项繁杂、耗时的工作。这种复杂性和分类水平会给代码维护带来困难。加之代码本身是动态的和发展的,即使代码设计得再好,系统后期的代码维护也是不可避免的。代码维护需要授权专人统一管理。代码维护包括一般性维护、调整维护及校验维护等。

代码一般性维护主要是代码增加、修改、删除、更新、浏览、查询和打印等。尤其是代码的修改、删除等维护作业,涉及使用过该代码的所有其他数据文件,需要同步更新,以保证数据的一致性和完整性。代码分析是为代码维护服务的,主要是代码的唯一性检查和使用频率分析,以确保代码质量和使用的有效性。对很久闲置未用的代码要放在备用码表中,以提高检索处理速度。

可能由于分类不完善、编码规则缺陷或编码空间留得不合理,需要进行局部调整或批量修改。这样的修改需要经过一定的程序,除了修改代码本身以及对所修改的代码重新校验以外,还要同步更新所有使用过该代码的数据文件,打印新的代码表,以免录入时产生错误。代码调整主要是局部代码的成批替换,也可能涉及编码规则的修改。

第四节　数据存储设计

在系统分析阶段进行新系统逻辑模型设计时，已从逻辑角度对数据存储进行了初步设计。到系统设计阶段，就要根据已选用的计算机硬件和软件及使用要求，进一步完成数据存储的详细设计。

一、数据库设计的基础知识

在数据库系统中，对现实世界中数据的抽象、描述以及处理等是通过数据模型来实现的。数据模型是数据库系统设计中用于提供信息表示和操作手段的形式构架，是数据库系统实现的基础。

根据模型应用的不同目的，可以将模型分为两个层次。一个是概念模型（也称信息模型），另一个是数据模型（如网状、层次及关系模型）。

（一）概念模型

概念模型是按用户的观点对数据和信息建模。人们常常首先将现实世界的客观对象抽象为某一种不依赖于计算机系统和某一个数据库管理系统（DBMS）的信息结构即概念模型，然后再把概念模型转换为计算机上某一 DBMS 支持的数据模型。建立概念模型中常涉及的主要概念有：

1. 实体

“实体”即现实世界中存在的对象或事物。实体可以是人，也可以是物或抽象的概念；可以指事物本身，也可以指事物之间的联系，如一个人、一件物品、一个部门等都可以是实体。

2. 属性

“属性”指实体具有的某种特性。属性用来描述一个实体。如学生实体可由学号、姓名、年龄、性别、系、年级等属性来刻画。

3. 联系

现实世界的事物总是存在这样或那样的联系。这种联系必然要在信息世界中得到反映。在信息世界中，事物之间的联系可分为两类：一是实体内部的联系，如组成实体的各属性之间的关系；二是实体之间的联系。这里我们主要讨论实体之间的联系。

实体有个体和总体之分。个体如“张三”“李四”等。总体泛指个体组成的集合。总体又有同质总体（如职工）和异质总体之分。异质总体是由不同性质的个体组成的集合，如一个企业的所有事物的集合。一个异质总体可以分解出多个同质总体，数据文件描述的是同质总体，而数据库描述的是异质总体。

设A、B为两个包含若干个体的总体，其间建立了某种联系，其联系方式可分为三类：

(1)一对一联系(1:1)。如果对于A中的一个实体，B中至多有一个实体与其发生联系，反之，B中的每一实体至多对应A中一个实体，则称A与B是一对一联系。

(2)一对多联系(1:n)。如果对于A中的每一实体，实体B中有一个以上实体与之发生联系，反之，B中的每一实体至多只能对应于A中的一个实体，则称A与B是一对多联系。

(3)多对多联系(m:n)。如果A中至少有一实体对应于B中一个以上实体，反之，B中也至少有一个实体对应于A中一个以上实体，则称A与B为多对多联系。

例如，医院每个病区有一名科室主任，每名主任只能在一个病区任职，则科室主任与病区之间为一对一联系；每个病区有若干名医生，则病区与医生之间为一对多联系；每名医生诊治若干名病人，每个病人由若干名医生管理，则病人和医生之间是多对多联系。

(二)E－R方法

概念模型的最常用的表示方法是实体—联系方法(Entity-Relation Approach，简称E－R方法)。E－R方法是由P. P. S. Chen于1976年提出的，其方法是用E－R图来描述某一组织的信息模型。

我们在考察了客观事物及其联系之后，即可着手建立E－R模型。在模型设计中，首先根据分析阶段收集到的材料，利用分类、聚集、概括等方法抽象出实体，并一一命名，再根据实体的属性描述其间的各种联系。图5－4是工厂物资入库管理的E－R模型。图中用矩形表示实体。实体之间的关系用菱形表示，用无向边把菱形与有关实体连接起来，在边上标明联系的类型。实体的属性可用椭圆表示，并用无向边把实体与属性联系起来。为了图示简明起见，图中未画属性，而在文中用文字列出。

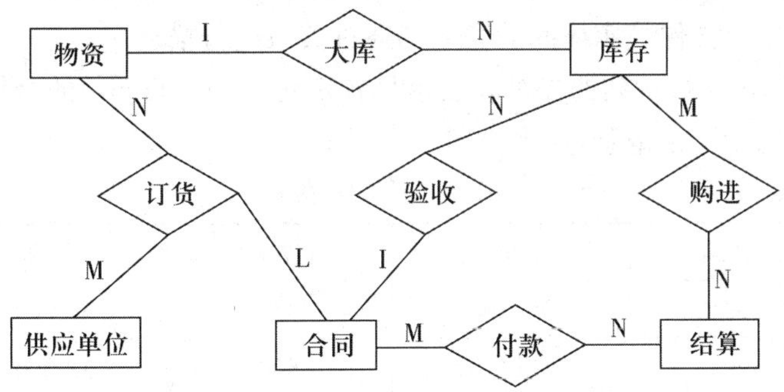

图5－4 物资入库管理的E－R模型

在这里，物资入库管理涉及的实体包括：

(1)供方单位：属性有单位号、单位名、地址、联系人、邮政编码。

(2)物资：属性有物资代码、名称、规格、备注。

(3)库存：属性有入库号、日期、货位、数量。

(4)合同：属性有合同号、数量、金额、备注。

(5)结算:属性有结算编号、用途、金额、经手人。

这些实体之间的联系包括:

(1)入库:一种物资可以分多次入库,所以是1∶n联系。

(2)验收:一份合同订购的物资可以分多次验收,所以是1∶n联系。

(3)购进:一次购进的物资可以经多次结算,而一次结算可以承办多次购进的物资,所以是多对多的联系。其属性为入库号、结算编号、数量、金额。

(4)付款:也是多对多的联系,其属性值为结算编号、合同号、数量、金额。

(5)订货:这是一个数量超过两个的不同类型实体之间的联系。在订货业务中,一种物资可由多家供应,产生多笔合同。反之,一个供应单位可供应多种物资,产生多笔合同,所以,在图中用M∶N∶L的结构来表示。订货联系的属性为物资代码、单位号、合同号、数量、单价。

E-R模型是对现实世界的一种抽象,它抽取了客观事物中人们所关心的信息、忽略了非本质的细节,并对这些信息进行了精确的描述。E-R图所表示的概念模型是各种数据模型的共同基础,因而是抽象和描述现实世界的有力工具。

(三)数据模型

数据模型是相对概念模型而言的,是对客观事物及其联系的数据化描述。在数据库系统中,对现实世界中数据的抽象、描述以及处理等都是通过数据模型来实现的。可以说,数据模型在数据库系统设计中是用来提供信息表示和操作手段的形式构架,是数据库系统实现的基础。

数据模型的种类有层次模型、网状模型、关系模型和面向对象模型等。目前主要应用后两种模型。本节主要介绍关系模型(Relational Model)。

关系模型应用关系代数和关系演算等数学理论来处理数据库系统中的数据关系。

从用户的观点来看,在关系模型下,数据的逻辑结构用二维表表示,即每一个关系为一张二维表,相当于一个文件。实体间的联系均通过关系进行描述。

例如,表5-2用m行n列的二维表表示具有n元组(n-Tuple)的"付款"关系。每一行即一个n元组,相当于一个记录,用来描述一个实体。

表5-2 "付款"关系

结算编码	合 同 号	数量	金额
J0012	HT1008	1 000	30 000
J0024	HT1107	600	12 000
J0036	HT1115	2 000	4 000

关系模型中的主要术语有:

(1)关系。一个关系对应于一张二维表。

(2)元组。表中一行称为一个元组。

(3)属性。表中一列称为一个属性,给每列起一个名即为属性名。

(4)主码(Primary Key),也称主关键字。主码是指表中的某个属性组,它的值唯一地标志一个元组。如在表 5 - 2 中，结算编码和合同号共同组成了主码。

(5)域。它是指属性的取值范围。

(6)分量。它是指元组中的一个属性值。

(7)关系模式。它是指对关系的描述，用关系名(属性 1，属性 2，…，属性 n)来表示。

对于关系模型来说，其数据模型就是一系列用二维表示的关系。

关系模型具有以下特点：

(1)关系模型的概念单一。对于实体和实体之间的联系均以关系来表示。例如：

库存(入库号、日期、货位、数量)。

购进(入库号、结算编号、数量、金额)。

对于关系之间的联系则通过相容(来自同一域)的属性表示。例如上例中的“入库号”。这样表示，逻辑清晰，易于理解。

(2)关系是规范化的关系。规范化是指在关系模型中，关系必须满足一定的给定条件，最基本的要求是关系中的每一个分量都是不可分的数据项，即表不能多于二维。

(3)关系模型中，用户对数据的检索和操作实际上是从原二维表中得到一个子集，该子集仍是一个二维表，因而易于理解，操作直接、方便，而且由于关系模型把存取路径向用户隐藏起来，用户只需指出“做什么”，而不必关心“怎么做”，从而大大提高了数据的独立性。

(四)关系的规范化

前面讨论了数据组织的概念和关系数据模型的概念，但给定一组数据，如何才能构造一个好的关系模式呢？对这一问题的研究出现了关系数据库的规范化理论。规范化理论研究关系模式中各属性之间的依赖关系及其对关系模式性能的影响，探讨关系模式应该具备的性质和设计方法。规范化理论给我们提供了判别关系模式优劣的标准，为数据库设计工作提供了严格的理论依据。

规范化理论是科德(E. F. Codd)在 1971 年提出的。他和后来的研究者为数据结构定义了五种规范化模式(Normal Form)。在前面，我们曾谈到，关系必须是规范化的，应满足一定的约束条件。范式表示的是关系模式的规范化程度，即满足某种约束条件的关系模式，根据满足的约束条件的不同来确定范式。如满足最低要求，则为第一范式(First Normal Form，1NF)。符合 1NF 而又进一步满足一些约束条件的成为第二范式(2NF)，等等。在五种范式中，通常只使用前三种，下面仅介绍这三种范式。

(1)第一范式(1NF)。属于第一范式的关系应满足的基本条件是元组中的每一个分量都必须是不可分割的数据项。简言之，第一范式指在同一表中没有重复项存在。例如，表 5 - 3所示关系不符合第一范式，而表 5 - 4 则是经过规范化处理，去掉了重复项而符合第一范式的关系。

表 5-3　不符合第一范式的关系

教师代码	姓名	工资	
		基本工资	附加工资
1001	张兴	500.00	60.00
1002	李明	799.00	70.00
1003	王进	400.00	50.00

表 5-4　符合第一范式的关系

教师代码	姓名	基本工资	附加工资
1001	张兴	500.00	60.00
1002	李明	799.00	70.00
1003	王进	400.00	50.00

(2)第二范式(2NF)。所谓第二范式，指的是这种关系不仅满足第一范式，而且所有非主属性完全依赖于其主码。例如，表 5-5 所示关系虽满足 1NF，但不满足 2NF，因为它的非主属性不完全依赖于由教师代码和研究课题号组成的主关键字，其中，姓名和职称只依赖于主关键字的一个分量——教师代码，研究课题名只依赖于主关键字的另一个分量——研究课题号。这种关系会引起数据冗余和更新异常，当要插入新的研究课题数据时，往往缺少相应的教师代码，以致无法插入；当删除某位教师的信息时，常会引起丢失有关研究课题信息。解决的方法是将一个非 2NF 的关系模式分解为多个 2NF 的关系模式。

表 5-5　不符合第二范式的教师与研究课题关系

教师代码	姓 名	职 称	研究课题号	研究课题名

在本例中，可将表 5-5 所示关系分解为如下三个关系：

教师关系：教师代码、姓名、职称；

课题关系：研究课题号、研究课题名；

教师与课题关系：教师代码、研究课题号。

这些关系都符合 2NF 要求。

(3)第三范式(3NF)。所谓第三范式，指的是这种关系不仅满足第二范式，而且它的任何一个非主属性都不传递依赖于任何主关键字。例如表 5-6 所示产品关系属第二范式，但不是第三范式。这里，由于生产厂名依赖于产品代码(产品代码唯一确定该产品的生产厂家)，生产厂地址又依赖于生产厂名，因而，生产厂地址传递依赖于产品代码。这样的关系同样存在着高度冗余和更新异常问题。

表 5-6　不符合第三范式的产品关系

产品代码	产品名	生产厂名	生产厂地址

消除传递依赖关系的办法，是将原关系分解为如下几个 3NF 关系：

产品关系：产品代码、产品名、生产厂名。

生产厂关系：生产厂名、生产厂地址。

3NF 消除了插入、删除异常及数据冗余、修改复杂等问题，已经是比较规范的关系。

二、数据库设计

管理信息系统的主要任务是通过大量的数据获得管理所需要的信息，必须存储和管理大量的数据，因此数据库设计是系统设计的重要部分。数据库设计，就是根据数据的不同用途、使用要求、统计渠道、安全保密性等，来决定数据的整体组织形式、表或文件的形式，以及决定数据的结构、类别、载体、组织方式、保密等级等一系列的问题。数据库设计是管理信息系统开发和建设的重要组成部分，是系统开发与建设中的核心技术。

数据库设计是指对于一个给定的应用环境，提供一个确定最佳数据模型与处理模式的逻辑设计，以及一个确定数据库合理存储结构与存取方法的物理设计，建立起既能反映现实世界信息和信息联系，满足各种用户需求（信息要求和处理要求），又能在某个数据库管理系统（DBMS）上实现系统目标并有效存取数据的数据库。

（一）数据库设计的方法

为了使数据库设计更合理更有效，需要有效的指导原则，该指导原则称作数据库设计方法学。一个好的数据库设计方法学，应该能在合理的期限内，以合理的工作量，产生一个有实用价值的数据库结构。这里的实用价值，是指满足用户关于功能、性能、安全性、完整性及发展需求等方面的要求，同时服从特定 DBMS 的约束，且可用简单的数据模型来表示。

数据库设计方法学还应具有足够的灵活性和通用性，不仅能够为具有不同经验的人所使用，而且能够为受不同数据模型及不同 DBMS 限制的人所使用。设计方法学还应使不同的设计者应用同一方法于同一设计问题时，可以得到相同或类似的结果。

数据库设计可分为四个阶段，即需求分析（分析用户需求）、概念设计（信息分析与信息模型）、逻辑设计（设计实施）和物理设计（物理数据库设计）。这种设计方法的基本思想是过程迭代和逐步求精，符合结构化设计的要求。

随着计算机技术、建模技术、数据库技术的不断发展，数据库设计工具日趋实用化与产品化。例如 Dcsign 2000 和 Powcr Designer 分别是 Oracle 公司和 Sybase 公司推出的数据库设计工具软件。这些工具软件可以自动或辅助设计人员完成数据库设计过程中的很多任务。

数据库设计和使用的过程，是信息从现实世界经过人为的加工和计算机处理后又回到现实世界中去的过程。完整的数据库系统的建立过程包含了从需求分析到运行维护的全过程。当数据库设计作为管理信息系统设计的组成环节时，应主要考虑数据库的概念设计、逻辑结构设计和物理结构设计，而将需求分析和数据库实施纳入管理信息系统的需求和应用程序的设计与实施中，从而将数据库设计过程与管理信息系统设计过程进行有效的结合，并去掉重复的设计阶段。

数据库设计步骤见图5-5。

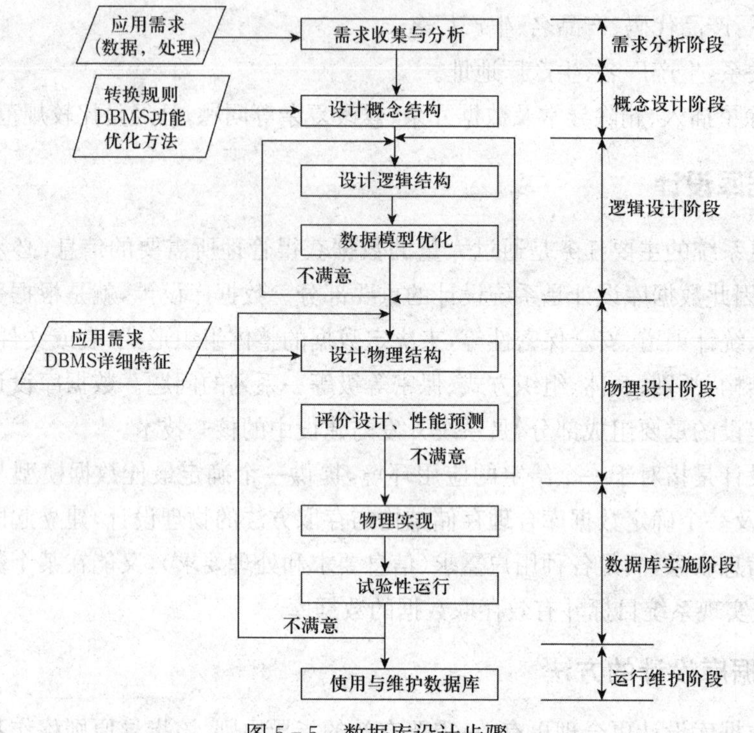

图5-5 数据库设计步骤

(二)数据库设计过程

数据库设计过程包括概念数据库设计、数据库的逻辑结构设计、数据库的物理结构设计等。

1. 概念数据库设计

概念数据库设计的任务是产生反映企业组织信息需求的数据库概念结构。概念结构是对现实世界的一种抽象,即对实际的人、物、事和概念进行人为处理,抽取人们关心的共同特性,忽略其本质的细节。概念结构不依赖于计算机系统和具体的数据库管理系统。

概念数据库设计的主要步骤是,首先根据系统分析的结果(数据流图、数据字典等)对现实世界的数据进行抽象,设计各个局部视图,即局部E-R图,然后将分E-R图进行合并,形成全局E-R图。

在系统分析阶段,对应用环境和要求进行了详尽的调查分析,并用多层数据流图和数据字典描述了整个系统。设计分E-R图的第一步,就是要根据系统的具体情况,在多层的数据流图中选择一个适当层次的数据流图,让这组图中每一部分对应一个局部应用,从这一层次的数据流图出发,设计分E-R图。由于高层的数据流图只能反映系统的概貌,而中层的数据流图能较好地反映系统中各局部应用的子系统组成,因此往往以中层的数据流图作为设计分E-R图的依据。

每个局部应用都对应了一组数据流图,局部应用涉及的数据都已经收集在数据字典中了，设计分E-R图就是要将这些数据从数据字典中抽取出来，参照数据流图，标定局部应用中的实体、实体的属性、标识实体的码，确定实体之间的联系及其类型。

固定资产管理系统的E-R图示例如图5-6和图5-7所示。

各个局部E-R图建好后，还必须进行合并，集成为一个整体的数据概念结构，即全局E-R图。E-R图集成一般采用逐步累积的方式，即首先集成两个局部E-R图(通常是比较关键的两个局部E-R图)，以后每次将一个新的局部E-R图集成进来。如果局部视图简单，也可以一次集成多个局部E-R图。

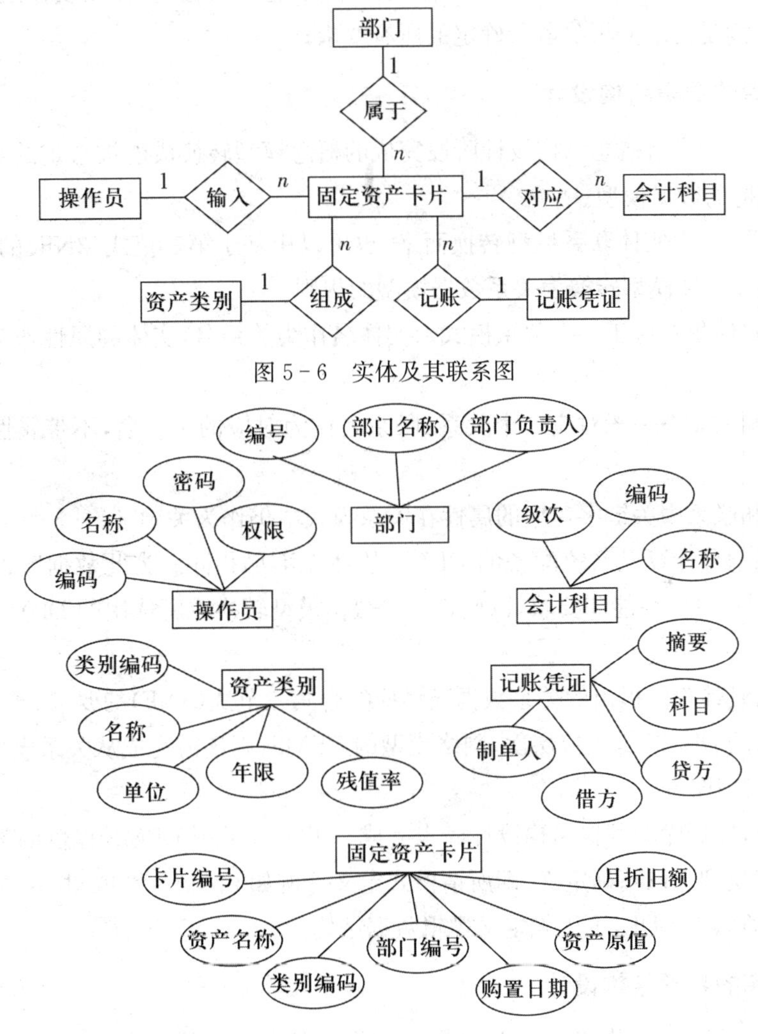

图5-6 实体及其联系图

图5-7 实体及其属性图

一般集成局部E-R图需要合并、修改和重构等步骤。合并局部E-R图不是简单地将所有局部E-R图画到一起，而是要消除局部E-R图中的不一致，以形成一个能为全系统中所有用户共同理解和接受的统一的概念模型。合理消除各局部E-R图的冲突是合并局部E-R图的主要工作与关键所在。

局部E-R图经过合并生成的是初步E-R图，其中可能存在冗余的数据和冗余的实体间联系。冗余数据和冗余联系容易破坏数据库的完整性，给数据库维护增加困难。因此得到初步 E－R 图后，应当进一步检查 E－R 图中是否存在冗余，如果存在则应设法予以消除。有时为了提高某些应用效率，不得不以冗余信息作为代价。在设计数据库概念结构时，需要根据用户的整体需求来确定哪些冗余的信息该消除。

视图集成后形成一个整体的数据库概念结构，对该整体概念结构还必须进一步验证，确保它能够满足以下几个要求：整体概念结构内部必须具有一致性，即不能存在互相矛盾的表达；整体概念结构能准确地反映原来的每个视图结构，包括属性、实体及实体之间的联系；整体概念结构能满足需求分析阶段所确定的所有要求。

2. 数据库的逻辑结构设计

逻辑结构设计是将概念结构设计阶段完成的概念模型转换成能被选定的数据库管理系统(DBMS)支持的数据模型。

数据模型可以由实体联系模型转换而来，也可以用基于第三范式(3NF)的方法来设计。这里先介绍将 E－R 模型转换为关系数据模型的规则。

(1)每一实体集对应于一个关系模式。实体名作为关系名，实体的属性作为对应关系的属性。

(2)实体间的联系一般对应一个关系，联系名作为对应的关系名，不带属性的联系可以去掉。

(3)实体和联系中关键字对应的属性在关系模式中仍作为关键字。

通常不同型号计算机系统配备的 DBMS 的性能不尽相同。为此数据库设计者还需深入了解具体 DBMS 的性能和要求，以便将一般数据模型转换成所选用的 DBMS 能支持的数据模型。

逻辑结构设计阶段提出的关系数据模型应符合第三范式(3NF)的要求。

如果选用的 DBMS 是支持层次、网络模型的 DBMS，则还需完成从关系模型向层次或网络模型转换的工作。

到此为止，数据库的逻辑结构设计尚未完成。下一步是用 DBMS 提供的数据描述语言(DDL)对数据模型予以精确定义，即所谓模式定义。例如 Foxpro 和 Foxbase 中的CREATE 命令，其作用类似于 DDL，可用来定义逻辑数据结构。

3. 数据库的物理结构设计

物理结构设计是为数据模型在设备上选定合适的存储结构和存取方法，以获得数据库的最佳存取效率。物理结构设计的主要内容包括：

(1)库文件的组织形式。如选用顺序文件组织形式、索引文件组织形式等。

(2)存储介质的分配。例如将易变的、存取频繁的数据存放在高速存储器上；稳定的、存取频度小的数据存放在低速存储器上。

(3)存取路径的选择等。

第五节 处理过程设计

系统的处理过程设计是分析如何将系统的输入数据转换为输出数据的过程。其任务是设计出所有模块和它们之间的相互关系(即连接方式),并具体地设计出每个模块内部的功能和处理过程,为程序员提供详细的技术资料。

一、处理过程设计的原则

处理过程设计应当遵循层次分解、耦合力、内聚力、模块说明、适度大小、控制范畴、模块共享等原则。层次分解原则是指系统必须按其功能目标予以分解,将一个大系统按其设定的功能分解成较小的处理模块,使系统成为具有层次关系的结构。耦合力原则是指进行系统功能的层次分解时,要使各处理模块与处理模块间的关联性最小。各处理模块间的关联性越小,就越能降低处理模块之间彼此的相互影响,有助于系统的调试。内聚力原则是指进行系统功能的层次分解时,应尽量使每一个处理模块都具有一个特定的功能目标,即模块内各指令的相关程度最高,以增加各处理模块的独立性。模块说明原则是指对于系统分解后的各项处理功能,应该用有意义的文字加以标示。适度大小原则是指分解后的各项处理功能,其内部指令行数应有利于人员的阅读。控制范畴原则是指在分解系统时,注意上层处理功能所控制的下层处理功能,注意降低处理模块的复杂性。模块共享原则是指尽量使模块的上层调用更多的模块,即希望模块不是单独设立的,而是运用模块化的观念所设计的可共享模块,以达到缩减程序代码的目的。

二、处理模块的基本功能

管理信息系统处理方式的合理选择,就是一个处理过程的设计。选择处理方式就是根据系统的任务、目标和环境条件,合理地选择信息活动的形态及其具体方法。

管理信息系统的基本处理功能有传递、核对、变换、分类(排序)、合并、存储、更新、检索、抽出、分配、生成、计算、表现等方式。

传递、核对、变换等方法的基本功能是完成数据的输入、校验,以及将输入、输出文件变换成格式文件。传递即数据输入。核对就是将两个文件的有关内容进行对比校核。变换主要指介质的变换,即输入或输出介质的转换处理。如软盘、磁带或卡片文件变换为规格化的磁盘。

分类、合并、更新、存储是数据文件的主要处理方式,为数据的检索和再利用提供条件。分类即排序,它是根据数据项目中包含和指定的关键字,将文件项目整理成逻辑序列的一种处理。合并是在同类文件中进行的一种处理方式。它把两个以上文件中的同类数据合并在一个文件中进行处理。更新是把原文件的数据及时加以追加、删除和置换成新数据的处理过程。存储即将数据存储于内存或外存中。

检索、抽出、分配、生成是为数据的利用进行的一些处理方式，也就是检索出所需要的文件记录（检索），然后按一定的要求抽出、分配或生成其他文件。

检索即查找，可以有各种不同的方式，如顺序查找、随机查找等。抽出就是将原文件中有关的数据取出，作为新文件中数据内容的一种处理方式。如从发货文件中抽出已到交货期的记录。分配是把文件按照分配条件，分配为两个或两个以上文件的处理过程。如把销售费用分配到产品销售成本中去。生成是将不同性质的文件的数据按需要配合成新文件数据的处理过程。如用凭证事务文件登账生成明细账文件。

计算即信息处理过程中，如在统计、成本核算中，加、减、乘、除等一系列的数值计算处理。表现即通过输出工具输出文件的格式，如输出报表、处理结果等。

实际上，不同的信息系统可能只含有上述基本处理功能的一部分或大部分，也可能具有所有的处理功能。

三、处理过程的设计工具

处理过程的设计工具很多，常见的有传统的程序流程图、结构化流程图（N－S图）、问题分析图（PAD）、IPO图语言等。

1. 程序流程图

程序流程图又称为框图，它能比较直观和清晰地描述过程的控制流程，易于学习掌握。流程图的不足主要表现在使用灵活性大，程序员可以不受任何约束，随意转移控制，很大程度上影响设计质量，所以应严格地定义流程图所使用的符号，不允许随心所欲地画出各种不规范的流程图。

为描述结构化程序，流程图中使用下述5种基本控制结构（图5－8）。

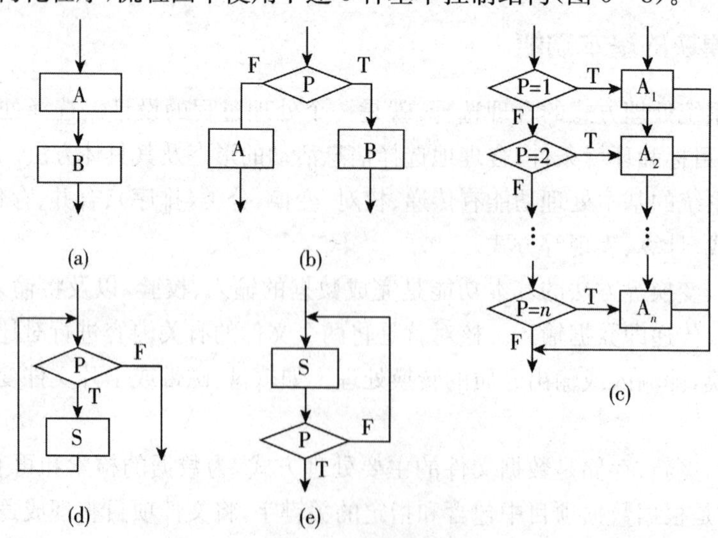

图5－8 程序流程图

（a）顺序型；（b）选择型；（c）多情况选择型；（d）先判定型循环；（e）后判定型循环

2. 结构化流程图

结构化流程图(N－S图)是大西(Nassi)和施奈德曼(Shneiderman)提出的一种符合结构化程序设计原则的图形描述工具,也称为盒图。在N－S图中,为了表示五种基本控制结构,规定了五种图形构件。其基本图例如图5－9所示。

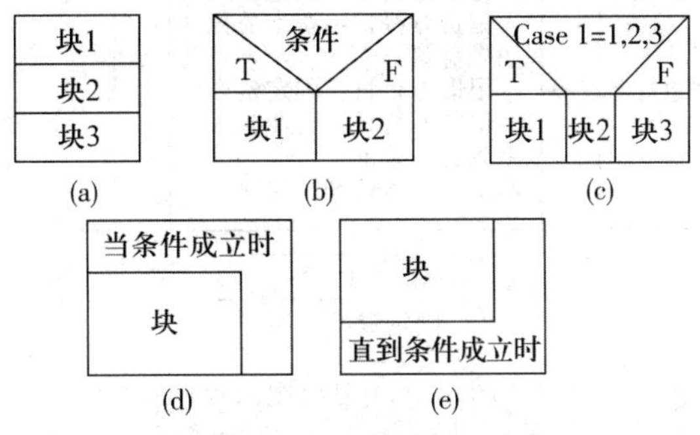

图5－9　N－S图的五种基本控制结构

3. 问题分析图

问题分析图,其基本控制结构如图5－10所示,也由三种基本结构组成。其中选择结构分为两分支和多分支,循环结构分为WHILE型循环和UNTIL型循环两类。

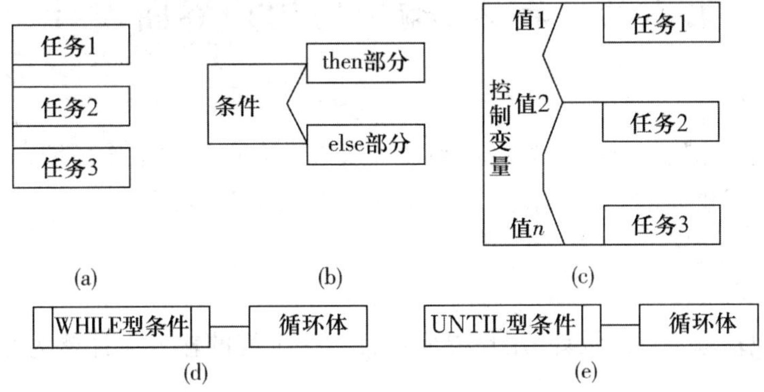

图5－10　PAD的基本控制结构

(a)顺序结构;(b)选择结构;(c)多分支选择结构;(d)先判定型循环结构;(e)后判定型循环结构

4. IPO图

IPO(Input-Process-Output)图是由IBM公司发起并逐渐完善起来的一种工具,用来表述每个模块的输入、输出和数据加工。在系统分析阶段产生数据流图,经转换和优化形成系统模块结构图,此过程中产生大量的模块,IPO帮助开发者为每个模块写出一份说明。

IPO图的设计必须包括输入、处理、输出,以及与之相应的数据库/文件在总体结构中的位置等信息。

例如,图5－11是固定资产管理系统“资产增加”模块的IPO图的一个示例。

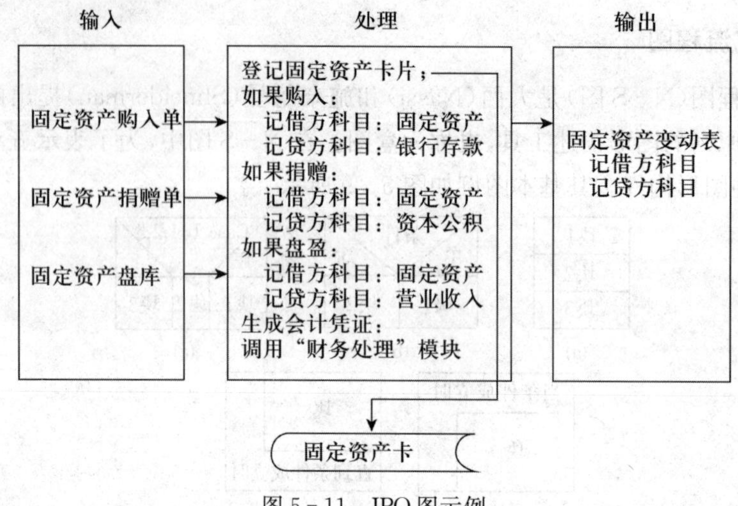

图 5-11　IPO 图示例

IPO 图的主体是处理过程说明。为简明准确地描述模块的执行细节，可以用任一种设计工具来描述，如判断树、判断表，以及问题分析图、控制流程图等。IPO 图是系统设计中一种重要工具。

第六节　输入、输出与用户界面设计

一个好的输入系统设计可以为用户和系统双方带来良好的工作环境，一个好的输出设计可以为管理者提供简洁、明了、有效、实用的管理和控制信息。

一、输入设计

输入设计包括输入方式设计、用户界面设计。一个好的输入设计能为今后系统运行带来很多方便。

(一)输入方式设计

输入方式的设计主要是根据总体设计和数据库设计的要求来确定数据输入的具体形式。常用的输入方式有键盘输入、模/数输入、数/模输入、网络数据传送、磁/光盘读入等。通常在设计新系统的输入方式时，应尽量使输入接近数据源，以减少重复输入次数。

1. 键盘输入

键盘输入方式(key-in)包括联机键盘输入和脱机键盘输入(一种通过键到盘、键到带等设备，将数据输入到磁盘/磁带文件中然后再读入系统的设备)两种方式。它们主要用于和业务处理结合的输入，如银行业务员的输入和少量控制信息的输入。这种方式不大适合大批中间处理性质的数据的输入。

2. 数模/模数转换方式

数模/模数转换方式(A/D、D/A)是一种直接通过光电设备对实际数据进行采集并将其转换成数字信息的方法,是一种既省事又安全可靠的数据输入方式。这种方法最常见的有如下几种。

(1)条码(棒码)输入。即利用标准的商品分类和统一规范化的条码贴(或印)于商品的包装上,然后通过光学符号阅读器(Optical Character Reader,OCR,亦称扫描仪)来采集和统计商品的流通信息。这种数据采集和输入方式现已普遍地用于商业企业、工商、质检、海关等的信息系统中。

(2)用扫描仪输入。这种方式实际上与条码输入是同一类型的。它大量地被使用于图形/图像的输入,文件、报纸的输入,标准考试试卷的自动阅卷,投票和公决的统计等。

(3)传感器输入。即利用各类传感器和电子衡器接收和采集物理信息,然后再通过A/D、D/A 板将其转换为数字信息。这也是一种用来采集和输入生产过程数据的方法。

3. 网络传送数据

网络传送数据既是一种输出信息的方式,又是一种输入信息的方式。对下级子系统它是输出,对上级主系统它是输入。网络传送有两种方式:

(1)利用数字网络直接传送数据。

(2)利用电话网络(Modem)传送数据。

(3)数据存储器传送数据。

数据存储器传送数据即数据输出和接收双方按事先约定好的传送数据文件的标准格式通过移动硬盘/闪存 U 盘/光盘传送数据文件。

(二)输入格式

在实际设计数据输入时,常常遇到统计报表(或文件)结构与数据库文件结构不完全一致的情况。如有可能,应尽量改变统计报表或数据库关系表二者之一的结构,并使其一致,以减少输入格式设计的难度。现在还可采用智能输入方式,由计算机自动将输入送至不同表格。

(三)校对方式

在输入时针对数字、金额数等字段,没有适当的校对措施作保证是很危险的。因为从理论上来说,操作员输入数据时所发生的随机错误在各个数位上都是等概率的。如果错误出现在财会记录的高位,则势必酿成大事故。所以对一些重要的报表,输入设计一定要考虑适当的校对措施,以减少出错的可能性。但应指出的是绝对保证不出错的校对方式是没有的。

常用校对方式有以下几种。

1. 人工校对

人工校对即输入数据后再显示或打印出来,由人来进行校对。这种方法效率太低,在实际系统中很少有人使用。

2. 二次键入校对

二次键入是指同一批数据两次键入系统的方法。输入后系统内部再比较这两批数据，如果完全一致则可认为输入正确；反之，则将不同部分显示出来由人有针对性地来进行校对。该方法最大的好处是方便、快捷，而且可以用于任何类型的数据符号。尽管该方法中二次键入在同一个地方出错，并且错误一致的可能性是存在的，但是这种可能性出现的概率极小。该输入校对方式的缺点是工作量加倍。

3. 数据平衡校对

这种校对方法常用在对财务报表和统计报表等这类完全数字型报表的输入校对中。具体做法是在原始报表每行每列中增加一位数字小计字段（在这类报表中一般本来就有），然后在设计新系统的输入时再另设一个累加值，系统可将输入的数据累加起来，与原始报表中的小计自动比较。如果一致，则可认为输入正确；反之，则拒绝接收该数据记录。这是一种非常有效的方法。但该方法也不是十全十美的，当同一记录中几个数同时输错，而累加后结果仍正确时，就无法检测出错误之处，这种情况在实际中出现的可能性也是很小的。

二、用户界面设计

用户界面设计应坚持友好、简便、实用、易于操作的原则，尽量避免过于烦琐和花哨。例如，在设计菜单时应尽量避免菜单嵌套层次过多和每选择一次还需确认一次的设计方式。菜单二、三级就够了。又如，在设计大批数据输入屏幕界面时应避免颜色过于丰富多变，因为这样对操作员眼睛压力太大，会降低输入系统的实用性。界面设计包括菜单方式、会话管理方式、操作提示方式以及操作权限管理方式等。

（一）菜单方式

菜单（menu）是信息系统功能选择操作的最常用方式。按目前软件所提出的菜单设计工具，菜单的形式有下拉式、弹出式、按钮式等。菜单选择的方式也可以是移动光棒、选择数字（或字母）、鼠标驱动或直接用手在屏幕上选择等多种方式，甚至还可以是声音系统加电话键盘驱动的菜单选择方式。

菜单设计时一般应安排在同一层菜单选择中，功能尽可能多，而进入最终操作层次尽可能少。一般功能选择最好就是一次，只有少数重要操作时，才提醒用户再选择一次确认。例如，选择删除操作，程序尚未执行完毕前执行退出操作等。

菜单设计时，在两个邻近的功能选择之间，可以考虑交替使用深浅不同的对比色调，以使它们之间的变化更加醒目。

在系统开发工作中，常常用下拉式菜单来描述系统或子系统的功能。下拉式菜单的好处是方便、灵活，便于统一处理。在实际系统开发时，编制一个统一的菜单程序，而将菜单内的具体内容以数据的方式存于一个菜单文件中，使用时先打开这个文件，读出相应的信息，这个系统的菜单就建立起来了。按这个方法，只要在系统初始化时简单输入几个汉字，定义各自的菜单项，一个大系统的几十个菜单就都建立起来了。

(二)会话管理方式

在所有的用户界面中，几乎毫无例外地会遇到有人机会话问题。最为常见的有：当用户操作错误时，系统向用户发出提示性和警告性的信息；当系统执行用户操作指令遇到两种以上的可能时，系统提请用户进一步地说明；系统定量分析的结果通过屏幕向用户发出控制型的信息等。这类会话通常的处理方式是让系统开发人员根据实际系统操作过程将会话语句写在程序中。

这里所要说的是另一类形式的会话管理，如在开发决策支持系统时常常会遇到大量的具有一定因果逻辑关系的会话。对于这类会话显然不能再像前面所说的一样，简单地将它们罗列于程序之中。因为这类会话往往反映了一定的因果关系，它具有一定的内涵，是双向式的，前一次人机会话的结果，决定了下一步系统将要执行的动作以及下一句问话的内容。对于这一种会话，常常将它们设计成数据文件中的一条条记录(一句话一条记录)。在系统运行时首先接收用户对第 i 句会话的回答，然后执行相应的判断处理。如果有必要，系统通过简单推理再从会话文件中调出相应内容的下一句会话，并显示在屏幕上。依次反复，直到最终问题得到满意的解决。

这种会话管理方式的另一个好处就是方便、灵活，与程序不直接相关，如果想要改动会话内容，不需改变程序而只需改变会话文件中相应的记录即可。它的缺点是，一般分析和判断推理过程较为复杂，故一般只用于少数决策支持系统、专家系统或基于知识的分析推理系统中。

(三)操作提示方式与操作权限管理方式

为了操作使用方便，在系统设计时，常常把操作提示和要点同时显示在屏幕的旁边。这是当前比较流行的用户界面设计方式。另一种操作提示设计方式则是将整个系统操作说明书全输入到系统文件之中，并设置系统运行状态指针。当系统运行操作时，指针随着系统运行状态来改变，当用户按“帮助”键时，系统则立刻根据当前指针调出相应的操作说明。

与操作方式有关的另一个内容就是对数据操作权限的管理。权限管理一般都是通过入网口令和建网时定义该节点级别相结合来实现的。对于单机系统的用户来说只需简单规定系统的上机口令(password)即可。所以在设计系统对数据操作权限的管理方式时，一定要结合实际情况综合确定。

三、输出方式

相对于输入方式来说，输出方式的设计要简单得多，常用的只有两种：一种是报表输出，另一种是图形输出。究竟采用哪种输出形式，应根据系统分析和管理业务的要求而定。一般来说对于基层或具体事物的管理者，应用报表方式给出详细的记录数据，而对于高层领导或宏观、综合管理部门,则应该使用图形方式给出比例或综合发展趋势的信息。

(一)报表生成器设计

报表是一般系统中用得最多的信息输出工具。通常一个覆盖整个组织的信息系统,输出报表的种类都在上百种。这样庞大的工作量对系统开发工作的压力是很大的。所以在实际工作时常常是在确定了报表的种类和格式之后,开发出一个报表模块,并由它来产生和打印所有的报表。这个报表模块的原理如图 5-12 所示。该图分两部分,左边是定义一个报表格式部分,定义完后将其格式以一个记录的方式存于报表格式文件中;右边是打印报表部分,它首先打开文件读出已定义的报表,列于菜单中,供用户选择,当用户选中某个报表后,系统读出该报表的格式和数据并打印。

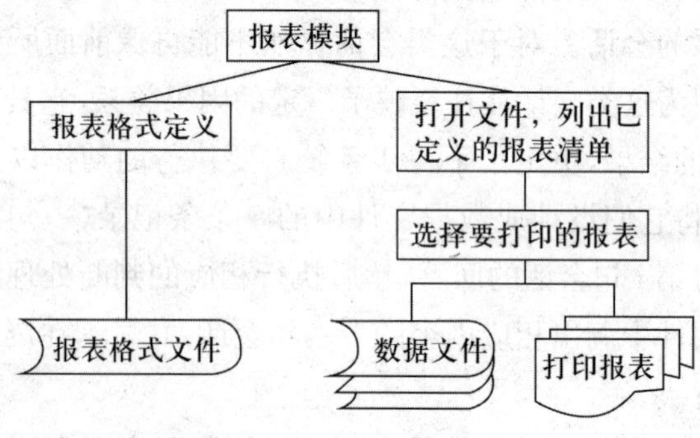

图 5-12 报表生成器设计

(二)图形方式

就目前的计算机技术来说,将系统的各类统计分析结果用图形方式输出已经是件很容易办到的事。大多数的软件编程工作都提供了作图工具或图形函数等。例如 BASIC 语言、C 语言、LOTUS、FoxGraph 等,利用这些工具就可产生出系统所需要的图形。但是如用这些工具绘图,它要求开发者具有一定的技术基础,而且开发工作量也较大。因此,推荐大家借用 Excel 来产生各种分析图形。具体方法如图 5-13 所示。动态数据交换功能(Dynamic Data Exchange,DDE),借用 Excel 来完成统计分析和图形输出的功能。

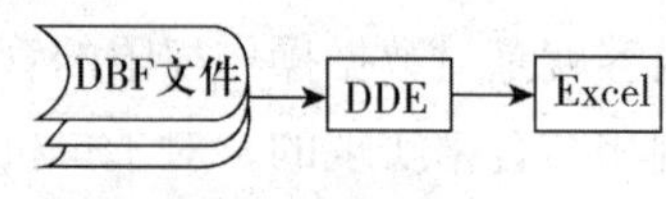

图 5-13 Excel 的图形方式

第七节　编写程序设计说明书和系统设计报告

程序设计说明书是用来给处理过程下定义的书面文件。它以每个处理过程作为单位。这种说明书由系统设计员编写，交给程序员使用。程序员根据说明书指示内容进行程序设计。

说明书的编写必须清楚明确，系统设计员所设想的处理内容应整理得使别人能够正确理解。程序设计说明书应包括以下内容：程序名、所属系统及子系统名、程序的功能、程序的输入输出数据关系图、输入文件和输出文件的格式、程序处理说明（包括计算公式、决策表以及控制方法等）。程序设计说明书的实例如图 5－14 所示。

程序设计说明书

系统名	财务系统	子系统名	工资子系统
程序名	更新工资主文件	程序标识符	GXCL. PRG
语　言	FOXBASE	日　　期	2004. 8. 6

一、输入

文件名	文件标识	设备	备注
上月主文件	GZ1. DBF	D1	
主处理文件	GZCL. DBF	D_2	

二、输出

文件名	文件标识	设备	备注
本月主文件	GZ2. DBF	D1	

三、程序功能：更新主文件

四、程序处理过程说明

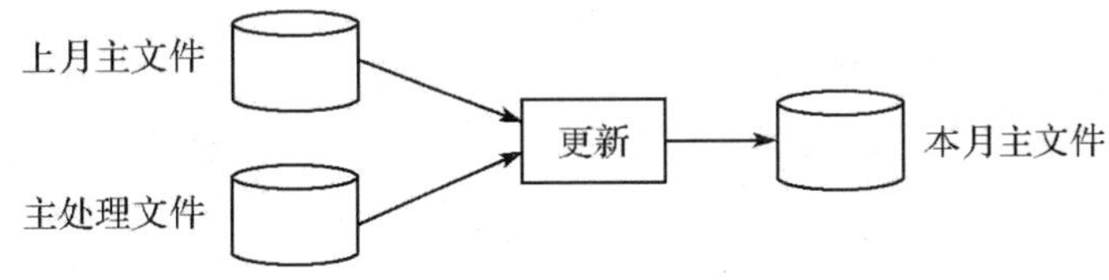

图 5－14　程序设计说明书

系统设计工作结束后，要提交系统设计报告。其内容包括：

(1)系统总体设计方案。

(2)代码设计方案。

(3)输入和输出设计方案。

(4)文件设计方案。

(5)程序模块说明书。

一旦系统设计被审查批准，整个系统开发工作便进入系统实施阶段。

关键术语

代码	Code	功能结构图	Structure Chart
流程图	Flow Chart	文件组织	File Organization
规范化	Normal Form	处理流程图	Process Diagram
概念模型	Conlceptual Model	关系模型	Relatioinal Model
实体	Entity		
实体关系图	Entity-Relationship Diagram		
实体—联系方法	Entity-Relation Approach(E-R 方法)		
程序设计说明书	Program Design Manual		

思考题

1. 系统设计的主要任务和内容是什么?
2. 评价和衡量系统目标实现程度的指标主要有哪些?
3. 数据流导出控制结构图的方法有哪几类?
4. 代码系统的设计原则是什么?设计代码系统有哪些步骤?
5. 处理过程设计要达到的目标是什么?实现工具有哪些?各有哪些特点?
6. 某系统设计要求对话界面采用图形菜单、导航条、简单提问和弹出式选择等友好的对话元素,请设计一个符合要求的界面。

第六章　管理信息系统的系统实施

开发一个管理信息系统好像建造一座大厦，系统分析与系统设计就是根据要求画出大厦建造的图纸，而系统实施则是调集各类人员、设备、材料，在现场根据图纸按实施方案的要求把大厦建起来。系统实施阶段需要投入大量人力、物力和财力，实现的任务繁杂，需要认真准备，合理安排。

第一节　系统实施的任务与方法

系统分析阶段完成系统“做什么”，系统设计阶段完成系统“如何做”，系统实施阶段的任务是解决系统“具体做”的问题，这是实现在计算机上实际运行系统的过程。

一、系统实施的任务

系统实施的主要任务有以下几个方面。

1. 设备的购置与安装

根据系统配置方案选购计算机网络设备、计算机硬件及软件，需要考虑的问题有：系统是否有合理的性能价格比，是否有良好的可扩充性，是否有良好的售后服务与技术支持。在安装这些设备后，需要对这些设备进行调试，并由供应商对用户进行培训，使用户熟悉设备的性能与使用方法。网络设备的安装包括大楼的智能布线、主干线的通信线路的铺设、楼宇之间的连接、与公共网络的连接等，并要进行网络性能调试，使整个网络正常运行。

2. 程序的编制与测试

选择开发环境及开发工具，或选择成熟的软件产品，对系统进行编程或在软件产品的基础上进行二次开发。对已实现的系统进行全面的软件测试，排除一些设计中的错误和不完善的地方。

3. 数据整理与录入

一般说来，确定数据库物理模型之后，就应进行数据的整理、录入。选择适当的数据库管理系统，建立系统数据库系统并进行测试。

4. 系统调试与试运行

程序设计完成后，要进行全面的系统调试。通过调试后，将现场数据装载到系统中，对系统进行试运行，对不符合用户实际要求的地方进行局部调整，同时要编写相应的技术手册及用户手册，制订系统的管理制度及操作制度，对系统操作与维护人员、终端用户及管理人员进行进一步的培训。

5. 系统转换

将旧的信息系统转换成新的信息系统，一般采取的方式是先并轨运行，即旧系统与新系统同时运行比较，直到新系统能够替代旧系统为止。其中，转换过程也可以采用分批方式转换，成熟一个投入实际运行一个，直至新系统全部代替旧系统为止。

6. 系统评价

管理信息系统投入使用后，是否达到了设计要求，是否实现了使用者所提出的目标，是否真正实现了为管理、决策提供服务的目的，需要进行全面的检验和分析，需要根据运行的实际效果给出真实、客观的评价。

7. 系统验收

在系统完成并试运行了一段时间之后，要进行必要的验收。系统评价是专业人员分别对各项指标进行的技术评定，而系统验收则是投资项目并使用系统的企业同时聘请有关专家和主管部门人员参加，按照系统总体规划和合同书、计划任务书进行的全面检查和综合评定。其内容不仅包括系统评价的各项指标，还包括企业的相应管理措施和应用水平，检查是否达到建立管理信息系统的目标。系统通过验收，标志着整个开发阶段的结束。

(二)系统实施的方法

为了降低风险，在实施过程中尽可能地选择成熟的软件产品，并选择好管理信息系统的开发工具。选择成熟的软件产品，以保证系统的高性能及高可靠性。选择基础软件或软件产品时，需要考察软件的功能，它的扩充性、模块性、稳定性，它为二次开发所提供的工具及售后服务与技术支持等，在此基础上再考虑价格因素及所需运行的平台等。

选择适宜的系统开发工具，是保证效率和质量的根本途径，在选择工具时，要着重考虑如下因素：保证开发环境及工具符合应用系统的环境，最好可以适应跨平台的工作环境；开发工具的功能及性能，如对数据管理的能力，能否处理多媒体信息，用户界面的生成能力，报表制作的能力，与其他系统接口的能力，对事务处理的开发能力等；当应用系统要扩充时，开发工具应支持对原系统的修改与功能的增加。同时，要使用符合国际标准的接口和有关协议，使得能与其他系统集成为一个系统；采用面向对象的方法，减少编程的工作量，提高系统的开发效率，缩短开发周期，开发出的系统便于测试和维护。

(三)系统实施关键因素

系统的实施具有一定的风险，尤其是大型的管理信息系统，实施阶段的任务比较复杂，风险程度更大。很多系统的失败或部分失败都是在实施过程中出现的，如组织上领导更换而对系统建设不重视，购置的设备不能正常运行，软件开发环境不好，主要技术人员离开企业，基础数据不准确或不规范，管理模式的变化等，都会导致系统不能成功地实施。因此。在系统实施的过程中，要特别注意领导的亲自参与，人员的培训与组织，抓好系统的软、硬件的选型与采购，做好基础数据规范及制订管理制度等基础性的工作。在此基础上，制订出实施计划，确定进度及所需费用，并且监督计划的执行，保证资金到位。

影响系统实施的因素众多，人员的组织、任务的分解和开发环境的建立是系统实施阶段的关键因素。

1. 合理的人员组织

系统开发的成功必须有一个结构合理、团结协作的开发小组。系统实施中需要的人员涉及多方面，包括网络实施、计算机硬件安装和配置、软件开发特别是程序设计等方面。

程序编码是实施阶段的主要任务，它需要较大数量熟悉某种或几种程序设计语言或软件开发工具的人员。由于大型应用软件具有很大的开发工作量，必须由多个人员共同合作来完成彼此紧密联系和相关的程序任务，因此要求参与编码的程序人员能遵守软件开发的共同规范，以开发出具有统一风格的软件。达到上述目标的方法是开展早期培训，在培训中建立起统一的方法，通用规范的技术手段，乃至采用统一的开发工具来完成各自负责的任务。要达到成果的风格一致，除要求参与人员对设计文档的理解和领会统一外，还要求能用统一的方式、方法和工具来实现程序的开发。

2. 任务分解与时间安排

系统实施阶段所面临的可能是一个庞大而复杂的系统，在系统设计阶段已将其分解为子系统和模块。在实际实施中，仍然需要将不同技术内容的工作、同一类工作中不同性质、有完成顺序要求的工作加以进一步分析并排列好先后顺序。任务分解和排序后，才可能按任务的性质和技术内容分配给能完成相应任务的人员。在任务分解中除按已经在分析和设计中明确的划分外，还会在实施中遇到必须完成的，而在系统分析和设计中却未明确的任务，如数据的收集和准备、系统的调试和测试、业务人员的培训等，也应列入任务并排列在进度表中。

做好实施阶段的计划安排是完成实施的基本保证。由于任务复杂和工作量大，因此要求计划的编制应运用科学的方法，并着重于提高效率的同时能保证质量。

3. 系统环境的准备与实施

任何一个管理信息系统的运行都离不开特定的系统环境，这个环境通常包括硬件环境、软件环境和网络环境等。

按照系统物理配置方案的要求，选择购置该系统所必需的硬件设备。硬件设备包括主机、外围设备、稳压电源、空调装置、机房的配套设施以及通信设备等，软件系统包括操作系统、数据库管理系统、各种应用软件和工具软件等。计算机硬件设备选择的基本原则是在功能、容量、性能等方面能够满足所开发的信息系统的设计要求。

在建立硬件环境的基础上，还需建立适合系统运行的软件环境，包括购置系统软件和应用软件包。按照设计要求配置的系统软件包括操作系统、数据库管理系统、程序设计语言处理系统等。在企业管理系统中，有些模块可能有商品化软件可供选择，也可以提前购置，其他则需自行编写。在购买或配置这些软件前应先了解其功能、适用范围、接口及运行环境等，以便做好选购工作。

计算机硬件和软件环境的配置应当与计算机技术发展的趋势相一致，硬件选型要兼顾升级和维护的要求；软件选择特别是数据库管理系统，应选择 C/S 或 B/S 模式下的主流软件产品，为提高系统的可扩展性奠定基础。

计算机网络是现代管理信息系统建设的基础，网络环境的建立应根据所开发的系统对计算机网络环境的要求，选择合适的网络操作系统产品，并按照目标系统将采用的 C/S 或 B/S 工作模式，进行有关的网络通信设备与通信线路的架构与连接、网络操作系统软件的安装和调试、整个网络系统的运行性能与安全性测试及网络用户权限管理体系的实施等。

四、程序设计

系统实施阶段最主要的工作是程序设计。程序设计就是按系统设计中规定的系统各模块的功能、要求进行程序的编制工作。程序的编写可以利用最新的技术、软件和方法，也可以采用购买成套软件或平台，再编写一些接口程序的方式来完成。

程序设计就是根据系统设计报告中模块处理过程描述以及数据库结构，选择合适的程序设计语言和软件开发工具，编制出正确、清晰、容易理解、容易维护、工作效率高的程序源代码。

为保证顺利完成每个程序的设计，应该遵循以下步骤。

1. 明确条件和要求

设计人员接到一项程序设计任务时，首先要根据系统设计及其他有关资料，弄清楚该程序设计的条件和设计要求，如硬件、软件的状况和采用的语言、编码、输入、输出、文件设置、数据处理等方面的要求，以及和其他各项程序的关系等。只有明确这些方面的情况后，才能进一步考虑程序的设计。

2. 分析数据

数据是加工处理的对象。要设计好一个程序，必须对要处理的数据进行仔细分析，弄清数据的详细内容和特点，才能进一步按照要求确定数据的数量和层次结构，安排输入、输出、存储、加工处理的步骤，以及一些具体的计算方法等。

3. 确定流程

确定流程是为完成规定的任务给计算机安排的具体操作步骤，一般用统一规定的符号，把数据的输入、输出、存储加工运算等处理过程绘成程序流程图，简称框图。作为编写程序的依据。

4. 编写程序

编写程序采用一种程序设计语言，按其规定的语法规则把确定的流程描写出来。在程序的编写过程中，必须仔细考虑处理过程中的每个细小环节，严格遵守语法规则，准确地使用各种语句，才能编写出符合要求的程序，稍有疏忽大意就会影响计算机的正常运行，就不能取得预期的结果。

5. 检查和调试

程序编好以后，还要经过反复仔细的检查。检查内容包括程序结构安排是否得当，语句的选用和组织是否合理，语法是否规范，语义是否准确等。发现问题，应及时进行修改。一个程序往往需要经过反复多次的检查、调试、修改。

6. 编写程序使用说明书

说明执行该程序需要使用的设备，输入、输出的安排，操作的步骤，以及出现意外情况时应采取的应变措施等，以便程序运行有条不紊地进行。

要设计出功能正确、结构良好、层次分明的程序，正确的设计思想和良好的方法学指导是非常重要的。传统的结构化程序设计思想、面向对象程序设计方法是管理信息系统程序设计的有效方法。此外，程序的通用性设计技术、可重用技术等都是管理信息系统程序设计中经常运用的方法。

第二节　物理系统的实施

MIS 物理系统的实施包括计算机系统和通信网络系统设备的订购、机房的准备和设备的安装调试等一系列活动。

一、计算机系统的实施

随着信息产业的发展，计算机技术的发展可谓日新月异，不同厂家、型号的计算机产品为信息系统的应用提供了广阔的舞台，但也给系统的实施带来了一定的复杂性。我们必须从这些计算机产品中选择最适合应用需要的品牌。购置计算机系统的基本原则是能够满足 MIS 的设计要求。此外，还应当考虑以下问题。

(1)计算机系统是否具有合理的性能价格比。

(2)系统是否具有良好的可扩充性。

(3)能否得到来自供应商的售后服务和技术支持等。

作为精密电子设备，计算机对周围环境相当敏感，尤其在安全性较高的应用场合，对机房的温度、湿度等都有特殊的要求。通常，机房要安装双层玻璃门窗，并且要求无尘。硬件通过电缆线连接至电源，电缆走线要安放在防止静电感应的耐压有脚的活动地板下面。另外，为了防止由于突然停电造成的事故发生，应安装备用电源设备，如功率足够的不间断电源(UPS)。

当计算机设备到货后，应该马上按订货合同进行开箱验收。计算机系统的安装与调试任务主要应由供货方负责完成。系统运行用的常规诊断校验系统也应由供货方提供，并负责操作人员的培训。

二、网络系统的实施

MIS 通常是一个由通信线路把各种设备连接起来组成的网络系统。MIS 网络有局域网(LAN)和广域网(WAN)两种。局域网通常指一定范围内的网络，可以实现楼宇内部和邻近的几座大楼之间的内部联系。广域网设备之间的通信，通常利用公共电信网络，实现远程设备之间的通信。

网络系统的实施主要是通信设备的安装、电缆线的铺设及网络性能的调试等工作。常用的通信线路有双绞线、同轴电缆、光纤电缆以及微波和卫星通信等。

第三节 软件测试

测试是为发现程序中的错误而执行程序的过程。好的测试方案是很可能发现迄今为止尚未发现错误的测试方案。成功的测试是发现至今尚未发现的错误的测试。

在软件实现过程中，程序员不但要编写程序代码，还要对程序代码进行静态测试和动态测试，即模块测试或部件测试。为了实现软件的产品化，IT 企业要建立自己独立的测试部门，在企业内部制订自己的测试规范，形成自己的软件产品测试提问单。

一、软件测试的作用

软件测试输入的是测试用例(数据)，输出的是测试报告(或 Bug 报告)，如图 6-1 所示。

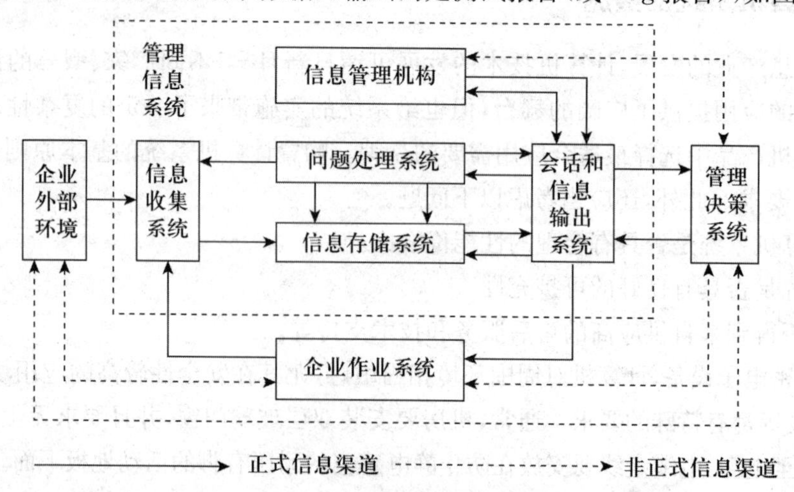

图 6-1 软件测试示意图

软件组织中的软件测试团队是软件生产过程中软件质量的过滤网。优秀的测试团队可在早期发现错误,使软件维护的费用降到最低点。

一般来说,软件测试的作用表现在以下三个方面。

(1)使软件满足客户的需求。不管是为客户定制软件项目还是开发通用软件产品,都是为了满足客户的需求。以定裁软件为例,需求报告中双方确认的软件功能、性能和接口就是客户验收测试的依据。若通过验收测试满足了功能、性能和接口的需求,就可以向客户交付产品。

(2)便于控制开发团队的工作状态和工作进度。计划质量管理部门只有通过对文档或程序的测试才能掌握开发团队真正的工作状态和工作进度,避免犯主观主义和官僚主义的错误。

(3)便于控制版本的发布。版本控制是软件配置管理的主要内容之一。对市场发布的新版本,事先必须通过一系列的测试,如单元测试、集成测试、Alpha 测试和 Beta 测试,形成测试文档和测试管理文档,甚至建立测试数据库。这样才达到了预期的要求,新版本才能对外发布。

二、软件测试的原则

软件测试从不同的角度出发会有不同的测试原则。从用户角度出发,就是希望通过测试能充分暴露软件中存在的问题和缺陷,从而考虑是否可以接受该产品;从开发者的角度出发,就是希望测试能表明软件产品已经正确实现了用户的需求;确立人们对软件质量的信心。为了达到上述原则,在测试中,应处理好如下问题。

(一)测试计划与实施

由于原始问题的复杂性,软件本身的复杂性和抽象性,软件开发各个阶段工作的多样,以及参加开发各类层次人员之间的配合关系等因素,软件开发的各个环节都可能产生错误,所以不应当把软件测试看成软件开发的一个阶段,而应当把它贯穿到软件开发的各个阶段中,将出现的错误克服在早期,以提高软件质量,还应制订测试计划并严格执行,因为这样可以排除随意性。

除了检查程序是否做了它应该做的事,还应该检查程序是否做了它不应该做的事,因为如果程序做了它不应该做的事,即使程序能做它应该做的事,程序也是错误的。

对发现错误较多的程序段,应进行更深入的测试。因为发现错误较多的程序段,其质量较差,同时在修改错误过程中又容易引入新的错误。

从心理学角度讲,程序员大多对自己编写的程序存有偏爱,总认为没有错误或错误不大,另外程序员对用户需求的理解而引入的错误则更难发现,由别人或其他的机构来测试会更客观、更有效。

(二)测试用例设计

测试用例(Test Case)由测试输入数据和与之对应的预期输出结果两部分组成。测试前应当根据测试的要求选择测试用例,以便在测试过程中使用。测试用例用来检验程序员编制的程序,因此,不但要有测试输入数据,也要有与之对应的预期输出结果,以便对照检查。

设计测试用例,不仅包括有效的输入条件,还要选择无效的输入条件。有效的输入条件是指能验证程序正确的输入条件,而无效的输入条件是指异常的、临界的、可能引起问题异变的输入条件。因为当以特殊方式使用程序时,会突然发现程序中有许多错误,故使用预期的无效的输入条件进行程序测试,往往比用有效的输入条件收获要大,能更多地发现错误,提高程序的可靠性。

测试用例设计耗费很大的工作量,而修改后的程序可能有新的错误需要进行回归测试,所以必须将测试用例作为文档保存,使测试具有可重复性。同时,测试用例是将来系统维护测试与确认的依据,保存测试用例能够为以后的维护提供方便。

三、软件测试的过程

软件测试是一个规则的过程,包括测试设计、测试执行以及测试结果比较等。测试设计根据软件开发各阶段的文档资料和程序的内部结构,利用各种设计技术精心设计测试用例。测试执行利用这些测试用例执行程序,得到测试结果。测试结果比较将预期的结果与实际测试结果进行比较,如果二者不符合,就应对于出现的错误进行纠错,并修改相应文档。修改后的程序还要进行再次测试,直到满意为止。

软件测试过程一般有单元测试、集成测试、确认测试和系统测试等几个部分。单元测试、集成测试和确认测试是顺序实现的。单元测试对各个模块进行测试,集成测试以单元测试为基础,将所有已测模块按照设计要求组装成一个完整的系统,对模块组合的功能和软件结构检验进行测试,确认测试则以集成测试为基础,测试集成的软件是否满足系统要求。

除了常规测试外,有时根据系统需求还可进行一些特殊测试,如峰值负载测试、容量测试、响应时间测试、恢复能力测试等。另外,交付使用之前,还可进行实况测试,以考察系统在实际运行环境下的运行合理性与可靠性。

(一)单元测试

单元测试也称为模块测试或程序测试,其主要目标是检查各个模块是否正确实现规定功能,发现模块在编码中或算法中的错误。单元测试集中于单个模块的功能和结构检验,主要包括模块接口、局部数据结构、重要的执行路径、错误处理和边界测试。

单元测试通常要经过人工测试和计算机测试两种类型的测试。测试工作由编写者本人和审查小组进行。审查之前,小组成员应该先研究设计说明书,力求理解这个设计。为了帮助理解,可以先由设计者简明扼要地介绍设计。在审查会上由程序的编写者解释是怎样用程序代码实现这个设计的,小组其他成员仔细倾听他的讲解,并力图发现其中的错误。审查会上还可以对照程序设计常见错误清单,分析审查程序,并记录发现的错误。审查小组的任务是发现错误而不是改正错误。

人工测试和计算机测试是互相补充、相辅相成的,缺少任何一种方法都会使查找错误的效率降低。

模块并不是一个独立的程序，因此，必须为每个单元测试开发驱动软件和存根软件。通常驱动软件也就是一个“主程序”，它接收测试数据，把这些数据传送给被测试的模块。存根软件也称为“虚拟子程序”，用来代替被测试的模块所调用的模块。它使用被它代替的模块的接口，可能做最少量的数据操作，得出对入口的检验或操作结果，并且，把控制归还给调用它的模块。

(二)集成测试

集成测试也称为组合测试或子系统测试，其主要目标是检查与设计相关的软件体系结构问题。集成测试集中于模块组合的功能和软件结构检验，主要包括模块组装中可能出现的问题，即数据穿过接口可能丢失、一个模块可能破坏另一个模块的内容、子功能组装可能不等于主功能、全程数据结构问题、误差累积问题等。

集成测试有两种方法。一种方法是先分别测试每个模块，再把所有模块按设计要求放在一起结合成所要的程序，这种方法称为非渐增式测试方法；另一种方法是把下一个要测试的模块同已经测试好的那些模块结合起来进行测试，测试完后再把下一个应该测试的模块结合进来测试，这种每次增加一个模块的方法称为渐增式测试，这种方法实际上同时完成单元测试试和集成测试。

在实际测试一个软件系统时，没有必要机械地按照上述某一种方法进行。如果大部分模块可以用简单的测试软件充分测试，则可以先测试好这些模块，再用渐增的(或接近渐增的)方式把它们逐渐结合到软件系统中。当把一个已经充分测试过的模块结合进来时，可以只着重测试模块之间的接口；当一个没有充分测试过的模块结合进来时，则需要利用已测试过的模块充分测试它。

(三)确认测试

确认测试即验收测试，其主要目标是检查已实现的软件是否满足系统分析确定的各种需求。确认测试必须有用户积极参与，或者以用户为主进行。用户应该参加设计测试方案，使用用户接口输入测试数据，并且分析评价测试的输出结果。

确认测试要仔细设计测试计划和测试过程。测试计划包括进行的测试的种类和进度安排，测试过程规定用来检验软件是否与需求一致的测试方案。通过测试要保证软件能满足所有功能要求，能达到每个性能要求，文档资料是准确而完整的，此外，还应该保证软件能满足其他预定的要求，如可移植性、兼容性和可维护性等。

在确认测试阶段发现的问题往往和需求分析阶段的差错有关，涉及面比较广，因此，解决起来也比较困难。为了解决确认测试过程中发现的软件缺陷或错误，通常需要和用户充分协商。

确认测试的另一个重要内容是复查软件配置。复查的目的是保证软件配置的所有成分都齐全，各方面的质量都符合要求，文档与程序一致，具有维护阶段所必需的细节，而且，已经编排好目录。

在确认测试的过程中应该严格遵循用户指南以及其他操作程序，以便检验这些使用手册的完整性和正确性。必须仔细记录发现的遗漏或错误，并且适当地补充和改正。

（四）系统测试

系统测试是对整体性能的测试，主要解决各子系统之间的数据通信和数据共享问题以及检测系统是否达到用户的实际要求。系统测试的依据是系统分析报告。系统测试应在系统的整个范围内进行。这种测试不是只对软件进行，而是对构成系统的软、硬件一起进行。系统测试需要确认从头到尾的功能正常才算完成，应当尽量避免系统测试延到项目末尾进行。

四、系统测试的方法

测试任何产品都有两种方法，如果已经知道产品应该具有的功能，可以通过测试来检验是否每个功能都能正常使用；如果知道产品内部工作过程，可以通过测试来检验产品内部动作是否按规格说明书规定的正常动作进行。前一种方法称为黑盒测试，后一种方法称为白盒测试。

（一）白盒测试

白盒测试（White-box Testing）指把测试对象看成一个打开的盒子，测试人员需了解程序的内部结构和处理过程，以检查处理过程的细节为基础，对程序中尽可能多的逻辑路径进行测试，检验内部控制结构和数据结构是否有错，实际的运行状态与预期的状态是否一致。

白盒测试是对软件的过程性细节进行检查。因此。可以通过对程序内部结构和逻辑的分析来设计测试用例。白盒测试用例的最常用的设计方法是逻辑覆盖法。

所谓逻辑覆盖，就是以程序内部的逻辑结构为基础的测试技术，其主要思想就是，通过程序执行测试数据，反映出数据覆盖其内部的逻辑程度。一般希望覆盖程度越高越好，这样就可以测试到对应程序内部的大部分乃至全部。根据具体的覆盖情况的不同，逻辑覆盖可分为语句覆盖、判断覆盖、条件覆盖、判断/条件覆盖、条件组合覆盖和路径覆盖等。

语句覆盖是通过设计若干测试用例，使程序中的每条语句至少被执行一次。判断覆盖使程序中的每个判断的取真和取假分支均至少被执行一次。条件覆盖指利用若干测试用例，使被测试的程序中，对应每个判断中每个条件的所有可能情形均至少执行一次。判断/条件覆盖指设计的若干测试用例可以使程序中每个判断的取真和取假分支至少被执行一次，且每个条件的所有可能情况均至少被执行一次。条件组合覆盖指设计足够多的测试用例，使每个判断条件中各种条件组合均至少被执行一次。路径覆盖指设计足够多的测试用例，使程序中的所有可能路径均至少被执行一次。

上述方法仅讨论了语句、分支、条件及它们的组合，而对于程序或算法而言.循环也是重要的基本结构之一，因此，也应该进行测试。而对循环的测试，主要检查其结构的有效性。一般，可将循环分为简单循环、串联循环、嵌套循环和非结构循环等类型，测试时可以根据不同的结构设计不同的测试用例。

不同的覆盖技术需要的测试用例是不同的。越严格的测试要求测试用例越多，在实际应用中应注意权衡。

例如，某商场在节日期间，顾客购物时收费有四种情况：普通顾客一次购物累计少于100元，按A类标准收费（不打折）；一次购物累计多于或等于100元，按B类标准收费（打9折）。会员顾客一次购物累计少于1000元，按C类标准收费（打8折）；一次购物累计等于或多于1000元，按D类标准收费（打7折）。测试对象是按以上要求计算顾客收费的模块，按照路径覆盖法设计测试用例。

被测模块的程序流程图如图6－2所示。

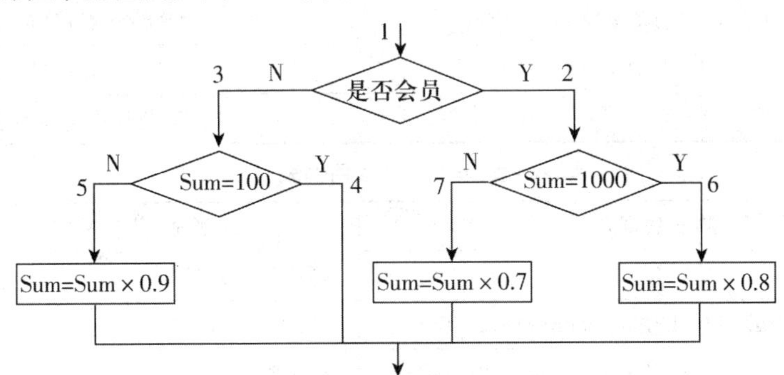

图6－2 被测模块的程序流程图

按照路径覆盖法设计测试用例如下：

是会员，累计消费900元，覆盖路径126。

是会员，累计消费2000元，覆盖路径127。

不是会员，累计消费80元，覆盖路径134。

不是会员，累计消费300元，覆盖路径135。

（二）黑盒测试

黑盒测试（Black-box Testing）指把测试对象看成一个黑盒子，测试人员完全不考虑程序的内部结构和处理过程，只在软件的接口处进行测试，依据需求规格说明书，检查程序是否满足功能要求，又称为功能测试或数据驱动测试。

黑盒测试的测试用例设计应针对系统功能进行。常用的有等价类划分法、边界值分析法等。

等价类划分的主要思想是，程序的输入数据都可以按照程序说明划分为若干个等价类，每一个等价类对于输入条件也可以分为有效的输入和无效的输入两种。因此，可以对每一个有效的或无效的等价类设计测试用例。如果用某个等价类的一组测试数据进行测试时，不产生错误，则说明对于同一类的其他数据也不会出错；反之，则肯定出错。因而，测试时只需从每个类中任取一种输入数据进行测试即可。

例如，变量的命名规则一般规定如下：变量名的长度不多于40个字符，第一个字符必须为英文字母,其他字符可以英文字母、数字以及下划线的任意组合。用等价分类法设计测试用例。

划分等价类见表 6-1,设计测试用例见表 6-2。

表 6-1 等价类划分表

输入条件	合理等价类	不合理等价类
长度	(1)小于 40 个字符 (2)等于 40 个字符	(5)大于 40 个字符
第一个字符	(3)英文字母	(6)非英文字母
其他字符	(4)英文字母、数字或下划线的任意组合	(7)空格
		(8)标点符号
		(9)运算符号
		(10)其他可显示字符

表 6-2 测试用例表

测试数据	测试范围	期望结果
(1)s_namel2	等价类(1),(3),(4)	有效
(2)a1b2c3d4e5f6g7h8i9j1k2l3m4n5o6p7q8r9s_tr	等价类(2),(3),(4)	有效
(3)a1b2c3d4e5f6g7h8i9j1k2l3m4n5g6p7q8r9s_trff	等价类(5)	无效
(4)234name	等价类(6)	无效
(5)ab gh	等价类(7)	无效
(6)ab! 2f	等价类(8)	无效
(7)fg+ghh	等价类(9)	无效
(8)H@gh	等价类(10)	无效

边界值分析是等价类划分的一种补充。通常,程序在处理边界时容易发生错误,而等价类划分技术是在某一等价类中任取一组数据进行测试,不一定代表边界状态。因此,在测试过程中以刚好等于、小于及大于边界值的数据作为测试数据,容易发现程序中的错误。例如,某模块的有效值是 0~100,则可以取-0.1、0.1、99.9、100.1 作为测试数据。

第四节 管理信息系统的运行管理

一、系统转换与评价

(一)系统转换

系统实施的最后一步就是新系统的试运行和新旧系统的转换。它是系统调试和检测工作的延续。它很容易被人忽视,但对最终使用的安全、可靠、准确性来说,它又是十分重要的工作。下面大致地谈一下这步工作的要点。

1. 系统的试运行

在系统联调时我们使用的是系统测试数据,而这些数据很难测试出系统在实际运行中可能出现的问题。所以一个系统开发完成后让它实际运行一段时间(即试运行),才是对系统最好的检验和测试方式。

系统试运行阶段的工作主要包括:

(1)对系统进行初始化,输入各原始数据记录。

(2)记录系统运行的数据和状况。

(3)核对新系统输出和旧系统(人工或计算机系统)输出的结果。

(4)对实际系统的输入方式进行考察(方便性、效率、安全可靠性、误操作保护等)。

(5)对系统实际运行、响应速度(包括运算速度、传递速度、查询速度、输出速度等)进行实际测试。

2. 基础数据准备

按照系统分析所规定的详细内容,组织和统计系统所需的数据。基础数据准备包括如下几个方面的内容:

(1)基础数据统计工作要严格科学化,具体方法要程序化、规范化。

(2)计量工具、计量方法、数据采集渠道和程序都应该固定,以确保新系统运行有稳定可靠的数据来源。

(3)各类统计和数据采集报表要标准化、规范化。

3. 系统切换

系统切换是指系统开发完成后新旧系统之间转换。它有三种方式,如图 6-3 所示。

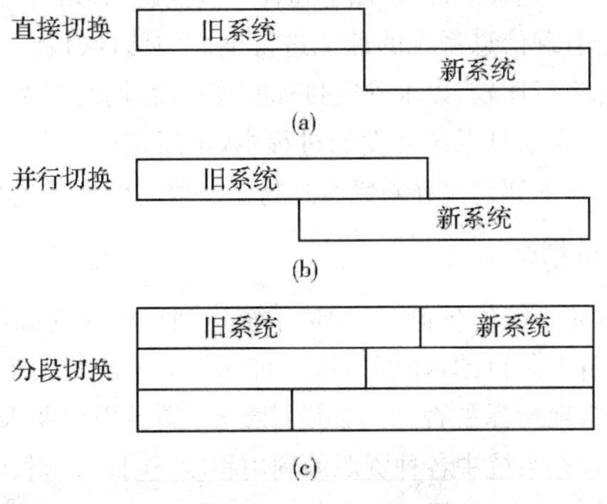

图 6-3　系统切换

(1)直接切换,就是在确定新系统运行准确无误时,立刻启用新系统,终止旧系统运行。

这种方式对人员、设备费用很节省。这种方式一般适用于一些处理过程不太复杂，数据不很重要的场合。如图 6-3(a)所示。

(2)并行切换，这种切换方式是新旧系统并行工作一段时间，经过一段时间的考验以后，新系统正式替代旧系统。如图 6-3(b)所示。

对于较复杂的大型系统，它提供了一个与旧系统运行结果进行比较的机会，可以对新旧两个系统的时间要求、出错次数和工作效率给予公正的评价。当然由于与旧系统并行工作，消除了尚未认识新系统之前的惊慌与不安。

在银行、财务和一些企业的核心系统中，这是一种经常使用的切换方式。它的主要特点是安全、可靠。但费用和工作量都很大，因为在相当长时间内系统要两套班子并行工作。

(3)分段切换，又叫向导切换。这种切换方式实际上是以上两种切换方式的结合。在新系统正式运行前，一部分一部分地替代旧系统。如图 6-3(c)所示。一般在切换过程中没有正式运行的那部分，可以在一个模拟环境中进行考验。这种方式既保证了可靠性，又不至于费用太大。但是这种分段切换对系统的设计和实现都有一定的要求，否则是无法实现这种分段切换的设想的。

总之，第一种方式简单，但风险大，万一新系统运行不起来，就会给工作造成混乱，这只在系统小，且不重要或时间要求不高的情况下采用。第二种方式无论从工作安全上，还是从心理状态上均是较好的。这种方式的缺点就是费用大，所以系统太大时，费用开销更大。第三种方式是为克服第二种方式缺点的混合方式，因而在较大系统使用较合适，当系统较小时不如用第二种方便。

(二)系统评价

管理信息系统，特别是对一些复杂、大型的管理信息系统，其开发是一项系统工程项目，需要花费大量的资金、人力、物力和时间，因而无论对于开发者还是使用者，在系统建成后，都希望了解系统对组织的贡献有多大，系统运行的效果如何，系统性能怎样，是否达到了系统设计的目标，存在哪些不足，等等。要回答这样一些问题，必须进行系统评价工作。

系统评价是对一个管理信息系统的性能进行全面的估计、检查、测试分析和评审，包括用实际指标与计划指标进行比较，以求确定目标实现程度，同时对系统建成后产生的效果进行全面评估。严格来说，在信息系统开发的过程中，每当完成一个工作阶段或步骤，都应该进行评价。对新系统的全面评价是在新系统运行了一段时间之后进行的。

1. 系统评价及评价指标

系统评价即试图确定系统的价值，是测量系统达到目标或完成任务的能力。系统评价必须有目的，但评价本身不是目的，评价的最终目标是为了决策。系统评价的目的具体为：检查系统目标、功能及各项指标是否达到了设计要求，满足用户要求的程度如何；检查系统的质量是否达到要求；检查系统中各种资源的利用程度，包括人、财、物，以及硬件、软件资源等的使用情况；检查系统的使用效果；检查评审和分析的结果，找出系统的薄弱环节，提出改进意见。

在新系统完成之后，应该进行各种指标的全面评价，而在系统开发的不同阶段，则可根据不同重点进行部分指标的评价。

系统评价的指标是进行系统评价、新旧系统对比分析的依据。对一个管理信息系统来说，有些性能无法用经济效益来衡量，因此评价指标可分为经济指标、性能指标和管理指标三个方面。

（1）经济指标。经济指标包括以下几项：系统费用，即系统开发费用与运行费用的总和；系统收益，如工资及劳动费用的减少，生产率的提高，成本的下降，库存资金的减少，对成功的决策影响的估计，管理费用的节约等；投资回收期；系统后备需求的规模与费用。

在进行经济评价时，常采用费用—效益分析的方法，即对费用（或成本）及效益分析进行估计，然后将两者进行比较。

（2）性能指标。系统性能的评价是管理信息系统的各个组成部分有机地结合在一起，并作为一个总体对使用者所表现出来的技术特性。系统性能的评价指标包括系统的可靠性、系统的效率、系统功能的有效性和实用性、系统的可维护性、系统的可扩充性、系统的可移植性、系统的适应性、系统安全的保密性。

（3）管理指标。管理指标主要反映用户对系统的意见，包括用户对信息系统操作、管理和运行状况的满意程度、系统功能的应用程度、外部环境对系统的评价、领导、管理人员对系统的态度。

2. 技术性能评价

在系统评价内容中，系统的技术性能评价和经济效益评价是整个系统评价的主要内容。

系统技术性能方面的评价主要是评价现有系统硬件和软件在技术性能上是否能够满足应用系统的要求。主要评价内容有如下方面。

（1）对信息系统的功能评价。在新系统的开发规划中，已经明确地规定了新系统要实现的功能目标。因此，对新系统的功能评价，就是按照规划来检查新系统的功能实现情况。比如，预期的功能是否已经全部实现，是否能够满足用户的要求，服务质量如何，人员组织和安全及保密措施是否完善，等等。

（2）系统操作方面的评价。系统操作方面的评价主要是根据输入、出错率、输出的及时性和利用情况等进行评价。例如，是否能够正确地提供输入数据，输出结果是否可用或适用，等等。

（3）对现有硬件和软件的评价。对管理信息系统中现有硬件和软件进行评价的目的是：检查系统内是否有未被充分利用的资源，或者由于某些资源不足与性能不够完善而影响了系统的功能和效率的提高。对硬/软件系统评价的方法和工具是硬件监控器、软件监控程序、系统运行记录和现场实际观测记录。

硬件监控器既能收集到CPU工作情况的数据，也能收集到外部设备工作情况的数据。软件监控程序可以记录特定程序或程序模块执行情况的数据。因此，利用监控器和监控程序可以对闲置的资源、瓶颈设备以及负荷不均匀情况及时进行检测，从而帮助人们识别系统工作效率过低的各种原因。

新系统的日常运行记录是进行系统评价的主要参考资料。通过对运行记录的分析，可以检查使用得最多、最频繁的软件设计是否合理、目前效果如何，以及系统的故障率等其他问题。另外。通过对计算机运行情况的现场观测，可以有效地观察系统资源安排是否合理。

3. 系统经济效益评价

对管理信息系统进行经济效益评价时，要处理好宏观经济效益与微观经济效益、目前经济效益与长远经济效益、直接经济效益与间接经济效益的关系。

宏观经济效益是系统带给社会的全部利益，包括直接的和间接的效益，其费用包括系统自身用的和系统外为此付出的相关费用；微观经济效益是从企业角度出发得到的系统实际经济效益。目前经济效益是指近期可得到的，长远经济效益是指未来才显示出来的。直接经济效益主要是指可以用货币或定量计算的经济效益；然而，有些效益无法定量分析，只能定性分析，称其为间接经济效益。评价时，应该做到直接和间接经济效益的统一。

管理信息系统经济效益的基本指标是年经济效益的变化，主要取决于下列要素：系统正式投入运行后，由于合理地利用现有的生产资源，使产品产量有了增加；因减少工时损失和生产设备停工损失，使劳动生产率提高，缩短了产品生产周期；由于改善了组织管理，减少了物资储备，提高了产品质量，降低了非生产费用，等等。这些因素可由一些综合性指标进行计算，常用的评价指标有年利润增长额(年节约额)、年经济效益、系统的投资效益系数、投资回收期等。

信息系统同其他先进技术的应用一样，必然会给企业带来一系列的变化，促进管理工作的进一步科学化，这类综合性的经济效益称为系统的间接经济效益，这种效益是无法用具体统计数字计算出来的，只能做定性分析。因此，衡量信息系统的间接经济效益应从以下五个方面进行评价。

(1)管理体制是否进一步合理化。任何一个企业都是由技术、生产、经济、组织等多个子系统组成的复杂的整体系统；企业的各个环节都是相互衔接、相互配合和相互制约的。我国现行的企业管理体制和组织机构中还存在着诸多弊端。信息系统实行了信息资源的集中管理，应该加强垂直和横向的业务联系，做到纵横结合，使各职能部门在分工的基础上相互协调一致。由于管理信息系统实质上是实现完善的信息管理，它与现行的管理系统是有区别的，管理信息系统在实现信息管理的同时，也对企业的管理体制进一步合理化。

(2)管理方法是否进一步科学化。管理信息系统的建立，应该使企业的经济管理由静态管理变为动态管理。因此，评价时尚需审查信息系统是否辅助和加强了以计划和控制为核心的动态管理。

(3)管理基础数据是否进一步科学化。和手工信息处理系统不同，进入信息系统的数据应该及时和正确。反过来，信息系统的运行，应该促进管理基础数据向统一化、规范化的方向发展。

(4)管理效果是否进一步最佳化。管理信息系统辅助企业管理，应当促使管理人员更多地应用经济数学方法和定量分析技术，如生产计划的方案优化和产品销售的统计预测等，从而由定性决策变为定量决策。对此亦应做出评价。

(5)管理人员的劳动性质是否发生变化。评价主要是看信息系统建立之后，是否把管理人员真正地从繁杂的数据处理(如记账、汇总)中解脱出来，并且能帮助管理人员去从事更有创造意义的分析与决策活动。

为了对管理信息系统的间接经济效益做出评价，可以采用专家评估或直接调查的方式进行。

二、系统运行管理及维护

MIS 正式投入运行后，为了让 MIS 长期高效地工作，必须加强对 MIS 运行的日常管理。

MIS 运行的日常管理绝不仅仅是对机房环境和设施的管理，更主要的是对系统每天的运行状况、数据输入和输出情况以及系统的安全性与完备性进行及时、如实的记录和处置。这些工作主要由系统管理员完成。

(1)系统运行的日常维护。这包括数据收集、数据整理、数据录入及处理结果的整理与分发。此外，还包括简单的硬件管理和设施管理。

(2)系统运行情况的记录。整个系统运行情况的记录能够反映出系统在大多数情况下的状态和工作效率，对于系统的评价与改进具有重要的参考价值。因此，对 MIS 的运行情况一定要及时、准确、完整地记录下来。除了记录正常情况(如处理效率、文件存取率、更新率)外，还要记录意外情况发生的时间、原因与处理结果。

记录 MIS 运行情况是一件细致而又烦琐的工作，从系统开始投入运行就要抓好。

系统刚建成时所编制的程序和数据很少能一字不改地沿用下去。系统人员应根据 MIS 运行的外部环境的变更和业务量的改变，及时对系统进行维护。维护的内容包括：

(1)程序的维护。程序维护指根据需求变化或硬件环境的变化对程序进行部分或全部的修改。修改时应充分利用原程序，修改后要填写程序修改登记表，并在程序变更通知书上写明新老程序的不同之处。

(2)数据文件的维护。数据文件的维护(主文件的定期更新不算在内)有许多是不定期的，必须在现场要求的时间内维护好。维护时一般使用开发商提供的文件维护程序，也可自行编制专用的文件维护程序。

(3)代码的维护。代码的维护(如订正、添加、删除至重新设计)应由代码管理小组(由业务人员和计算机技术人员组成)进行。变更代码应经过详细的讨论，确定之后应用书面形式写清并实施。代码维护的困难往往不在于代码本身的变更，而在于新代码的贯彻。为此，除了成立专门的代码管理小组外，各业务部门要指定专人进行代码管理，通过他们贯彻使用新代码。这样做的目的是要明确管理职责，有助于防止和订正错误。

管理信息系统的开发与实施涉及面广、时间长、过程复杂，本身就是一个需要统筹和协调好的系统工程，需要多方面人员的密切配合和科学的项目管理。项目管理技术可以使管理人员事先对可能发生的情况做出预测，在问题发生之前及时进行控制和调整，从而使项目管理工作由被动的事后解决变为主动的事前控制，使项目开发工作少出差错、少走弯路，使管理工作不再被动。

MIS投入运行后，要在日常运行管理工作的基础上，定期对其运行状况进行集中评价。系统评价的目的是通过对系统运行过程和绩效的审查，来检查系统是否达到了预期的目标，是否充分利用了系统内各种资源（包括计算机资源、信息资源），系统的管理工作是否完善，并提出今后系统改进和扩展的方向。

关键术语

系统维护　System Maintenance　　项目管理　Project Management
系统实施　System Implementation　　结构化程序设计方法　Structured Programming
自顶向下的模块化设计方法　Top-down Programming

思考题

1. 系统实施的基本任务是什么？
2. 程序设计的基本方法有哪些？
3. 软件测试的作用是什么？软件测试有哪些步骤？

第七章　面向对象的系统开发

面向对象的概念源于20世纪70年代的程序设计方法学，以模块封装和内部信息掩藏为主要特征。70年代末80年代初，人们提出了面向对象的模型，它是一种可扩充的数据模型，由用户根据需要定义新的数据类型以及相应的约束和操作。以面向对象数据库模型为基础的数据库管理系统称为ODMS(Object Database Management System)。1991年，美国国家标准学会(American National Standard Institute，ANSI)的一个面向对象数据库提出了第一个有关面向对象数据库标准化的报告。

面向对象的开发方法是随着各种面向对象的程序设计方法的逐步发展而建立的，它克服了功能分解法只能反映管理功能的结构状态，数据流程模型只侧重反映事物的信息特征和流程等缺点，以构成系统的对象为研究中心，为管理信息系统的开发提供了一种全新的开发方法。

第一节　面向对象的基础理论

一、面向对象的基本概念

客观世界可以看成由许多不同种类的对象构成。每个对象都有其内部状态和运动规律，不同对象间存在联系和互动。“面向对象”是人类从客观事物组织结构的角度认识并模拟客观世界，即建立适应一般思维方式的问题域描述模型的一种方法。

(一)对象(object)

对象泛指所要研究的具体事物、抽象概念等。不同应用领域中的对象称为问题对象。在面向对象的系统中，问题对象是基本的运行实体，由一组数据和施加于这些数据上的一组操作封装而成的。构成对象的基本要素包括：①标识，即对象的名称，用来在问题域中区分其他对象；②数据，也称状态，描述对象属性的存储或数据结构；③操作，即对象的行为，对象运动特性的描述；④接口，是指对象接受外部消息所指定的操作名称集合。

记录对象静止特征的数据包括公共数据与私有数据两部分。公共数据对外界是可见的，用于对象间信息的传递；私有数据则是对象操作实现过程中的局部信息，外界不可见。

封装的数据和操作之间亦相互作用。数据刻画对象的属性，操作表示对象的功能。对象属性决定对象可能行为，而对象行为又能改变对象自身的属性，即对象状态发生变迁。图 7-1说明了对象的内部组织以及与其他对象的联系机制。

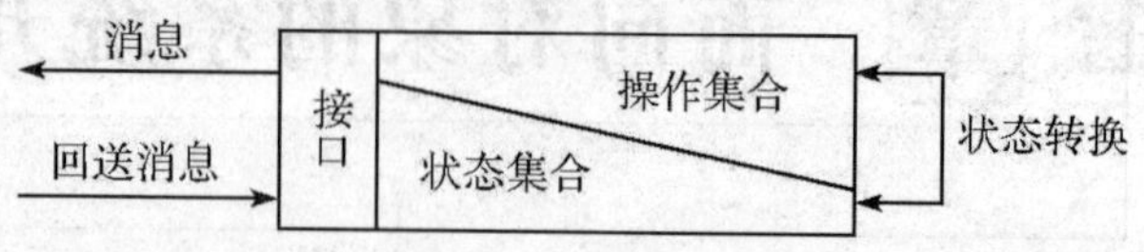

图 7-1　对象的内部组织以及与其他对象的联系机制

(二)类(class)

类是相似对象的集合。在现实世界中有许多内部状态和外部行为相似的对象，由这些对象构成的集合就是类。类定义包括：①标识。即类的名称，用以区分其他类。②继承。描述子类承袭父类的名称，以及结构与功能。③数据结构。对该类数据包含数据项的描述。④操作。该类通用功能的具体实现方法。⑤接口。面向其他类的统一的外部通信协议。

(三)消息(message)

系统是由若干相互关联的对象组成，并通过对象之间的相互联系共同来完成问题求解。消息是实现对象与对象间相互合作的通信载体，是连接对象的纽带。从实现的角度看，消息就是请求对象执行某个处理或提供某些信息的要求，既可以是数据流，又可以是控制流。

同一对象可以接收不同形式的多个消息，产生不同响应；一条消息可以发送给不同的对象，消息的解释完全由接收对象完成，不同的对象对相同形式的消息可以有不同的解释；与传统程序的调用不同，对于传来的消息，对象可以返回相应的回答信息，也可以不返回，即消息响应不是必需的。

当一个消息发送给某个对象时，包含要求接收对象去执行某些活动的信息，接收到消息的对象经过解释予以响应，对象间的这种相互合作需要一个机制协助进行，这样的机制称为“消息传递”。消息传递过程中，由发送消息的对象(sender)的使动操作产生输出结果，作为消息(message)传送至接受消息的对象(receiver)，引发接受消息的对象一系列的操作。所传送的消息实质上是接受对象所具有的操作/方法名称等参数，图 7-2 就表示了这样的概念。发送消息的对象不需要知道接收消息的对象如何对请求予以响应。

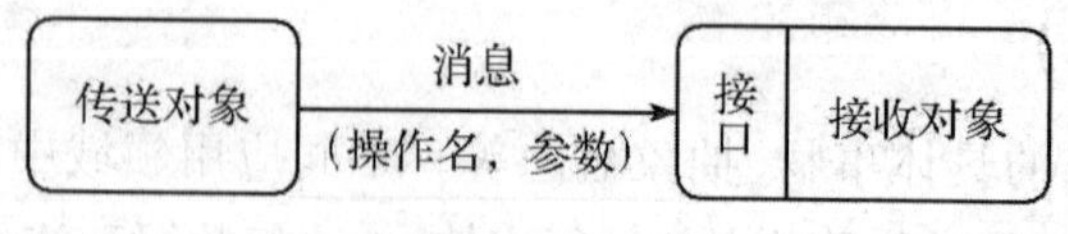

图 7-2　消息传递模型

(四)继承(inheritance)

实际应用中，事物分类很难一蹴而就，往往要先进行粗分类，然后进一步细分，最终使分类相互联系而形成完整系统的有机机制。继承是类之间的重要关系。依赖继承机制，可由类产生对象，或由已知类定义其他类。

继承是指一个类(即称子类)因承袭而具有另一个类(或称父类)的能力和特征的机制或关系。继承是一种联结类的层次模型,允许并鼓励类的重用。整个层次结构的上部(或祖先类)是最具有通用性的,而下部——后代,则具有特殊性。类可以从它的祖先那里继承方法和属性,并且类可以修改或增加新的属性、方法使之更符合特殊的需要。继承关系经常也被称为"is - a"关系,用来表示应用领域中的抽象和结构。概括来说,有继承关系的类之间应具有如下特性:共享性(包括数据和程序代码的共享)、差异性(包括非共享程序代码和数据)、层次性。

继承可以避免由于对象封装而造成数据和操作的冗余,其最重要的优点在于支持重用,传统的"过程调用"远远比不上继承。利用继承可迅速开发原型系统,还可利用可重用成分构造软件系统或进行系统扩充。

从本质上讲,"面向对象"是一种认识客观世界的认知方法学。这种认知方法将客观世界看成是由许许多多不同对象构成的,每一个对象都有自己的运动规律和内部状态,不同对象间的相互作用和通信构成了完整的客观世界,因而,从人们思维模型和认识事物的角度,面向对象很自然地与客观世界的固有特征相对应。

面向对象亦是一种解决问题的思维方法。它从组织结构模型化客观世界,将观察焦点放在客观世界的构成成分——对象上,将对象作为需求分析和系统设计的核心或主体,把整个问题域抽象成为相互通信的一组对象集合。在此基础上,引用科学方法论中的分类思想,将相似或相近的一组对象聚合成类,采用各种手段将相似的类组织起来,实现问题空间到解空间的映射。这种方法描述的现实世界模型贴切合理,符合人们认识世界的思维方法。

二、面向对象的开发流程

根据面向对象的开发思想,可以将面向对象的系统开发流程分为用户需求分析(UDA)、面向对象分析(OOA)、面向对象设计(OOD)和面向对象实施(主要包括 OOP 和 OOT)四个阶段。如图 8 - 4 所示。

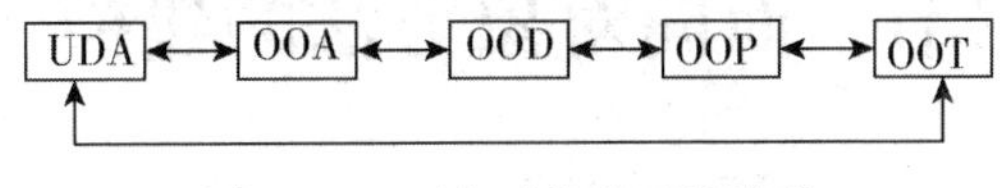

图 8 - 4　面向对象的开发流程

(一)用户需求分析

用户需求分析(User Demand Analysis,UDA)的任务是,对问题空间进行调查与了解,进行信息系统的可行性分析,并在此基础上针对相关问题空间加以深入研究、精确定义,以确定系统开发的功能目标和系统范围。

对客观世界的调查与结构化开发方法相类似,是在与用户不断交互的基础上对企业所处的环境、发展的目标、现行系统状况的调查分析确定待开发的信息系统的开发条件以及建设中所受到的约束条件。系统的可行性分析也与结构化的开发方法一致,主要是对系统开发的技术可行性、经济可行性和管理可行性进行分析，以探讨将要开发的项目的可实现性、必要性和合理性。需求分析要研究如何从企业的问题空间中寻找用户的真实需求，制订出系统的目的和范围，确定系统所需要提供的服务和功能。

(二)面向对象分析

面向对象分析(Object-Oriented Analysis，OOA)的主要任务是利用在需求分析中所得到的系统需求、目的和范围，运用统一的建模技术和方法，在问题空间中建立以对象为基本单元的系统逻辑模型，即解决系统做什么的问题。

(三)面向对象设计

面向对象设计(Object-Oriented Design，OOD)是 OOA 的一个逐渐扩充的过程，是对 OOA 模型化了的问题空间的物理实现，即在 OOD 中必须解决如何去实现的问题。OOD 的主要任务是针对 OOA 的结果，加入接口对象，以构成更完整的模型，并进行子系统的划分，确定各子系统之间相互往来的关系，以建立子系统的整体结构图。设计阶段面临的另一个任务就是对系统的软件和硬件资源做出合理规划，确定子系统的软件和硬件配置，并根据子系统对象的数据种类和特性进行数据结构设计。

(四)面向对象的系统实施

面向对象的系统实施主要包括三个内容，即面向对象的程序设计(Object-Orienied Program，OOP)、面向对象的程序测试(Object-Oriented Test，OOT)和系统转换。OOP 需要选择面向对象的程序开发语言，并在这种语言的平台上进行编码；OOT 是要设计测试方案，进行测试修改，以便得到我们所需要的软件系统；最后通过系统转换将此系统投入现实管理工作中。

第二节　面向对象方法的建模工具

自 20 世纪 90 年代，各种支持面向对象系统开发过程的工具不断涌现。统一建模语言(Unified Modeling Language，UML)就是其中应用最广泛的工具之一。

一、UML 的产生及发展

面向对象建模语言出现于 20 世纪 70 年代中期。到 1994 年，建模语言的种类激增至 50 多种。这些建模语言各有千秋，为系统分析、设计提供不同的模型，模型表述元素也各不相同。最突出的问题是，缺乏支持分析、设计及实施各阶段成果有效交流的公共平台。这极大地妨碍了用户及开发人员之间的交流，导致开发各阶段出现错误或阻滞。格雷迪·布切

(Grady Booch)、詹姆士·鲁博(James Rumbaugh)和伊瓦·雅各布森(Ivar Jacabson)三人在原有各自进行的面向对象分析与设计方法学研究的基础上,相互借鉴与合作,共同推出了标准建模语言 UML。自 1995 年开始,许多公司纷纷支持 UML 标准,逐渐形成 UML 联盟,包括 DEC、Hewlett-Packard、Intellicorp、Microsoft、Oracle、Texas Instruments、Rational 等公司。1998 年 OMG 接手 UML 标准的维护工作,并且制订了若干新的 UML 修订版。

作为一种定义良好、易于表达、功能强大且普遍适用的建模语言,UML 的作用域不仅局限于面向对象的分析与设计阶段,还支持系统开发的全过程。UML 为开发人员提供了标准的、易于理解的表达方式用于构建系统蓝图,便于不同的开发人员共享和交流工作结果。例如,对于客户,能够理解开发人员的工作及进度,当开发人员没有充分理解客户需求时,或客户突然改变需求时,还能够指出变化的需求。在 UML 提供的平台上,系统分析员、客户、程序员和其他系统开发人员能够相互理解,并以一致的方式来组织系统分析与设计的过程。目前,UML 已成为行业事实标准,广泛地应用在信息系统相关领域。

二、UML 的基本模型

UML 提供一套相互组合的图表元素,支持以图形方式对系统需求、功能、结构等内容进行建模,描述系统组成结构、功能结构及实现细节,为开发者或开发工具使用这些图形符号和文本语法进行系统建模提供了标准。从组成结构角度看,UML 包括以下若干种图。

(一)类图

类图几乎是所有面向对象开发方法的支柱。类图描述类和类之间的静态关系,比如关联、聚类、组成和继承等关系。与数据模型不同,类图不仅显示了信息的结构,同时还描述了系统的行为。类图是定义其他图的基础。

图 7-4 是一个类图示例。其中,矩形方框代表类的图标,它被分成三个区域。最上面的区域中是类名,中间区域是类的属性,最下面区域里列的是类的操作。

洗衣机(类名称)
型号(类属性)
漂洗(类操作)

图 7-4 类图

类图为开发人员提供了模仿现实世界的表达方式,它允许分析员使用客户采用的术语与其交流,促使客户提出所要解决问题的相关细节。

(二)对象图

对象是类的实例,具有具体属性值和行为。例如,某个洗衣机的品牌可能是“海尔”,型号为“XDL500”,序列号为“OL57774”,一次最多洗涤重量为 4 kg 的衣物。UML 中,对象图可以看作是类图的一个实例，对象图常用于表示复杂的类图的一个实例，对象之间的链(link)是类之间的关联的实例。与类的图形表示相似，UML表示对象的图标也是个矩形，只是对象名下面要带下划线。具体实例的名字位于冒号的左边而该实例所属的类名位于冒号的右边，比如，海尔:洗衣机。

(三)用例图

用例(Use Case)这一概念是第二代面向对象技术的标志，是从用户的角度对系统行为或系统使用场景的描述。一个用例是用户与计算机之间的一次典型交互作用。对于系统开发人员来说，用例很有实用价值，可以帮助其从用户的观察角度收集可靠的系统需求。这对于建立人机交互的信息系统尤为重要。图7-5说明了如何通过用例图来描述使用一台洗衣机洗衣服。代表洗衣机用户的直立小人形被称为参与者(actor)，椭圆形代表用例，值得注意的是，参与者(发起用例的实体)可以是人，也可以是系统。

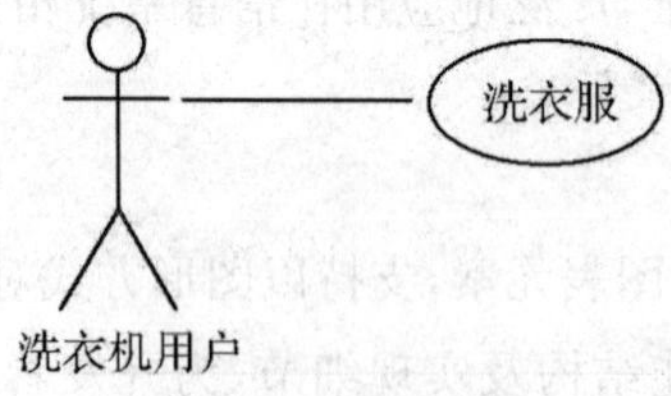

图7-5 用例图

需求分析阶段的用例模型是系统开发者和用户反复讨论的结果，表明了开发者和用户对需求规格达成的共识。首先，它描述了待开发系统的功能需求；其次，它将系统看作黑匣子，从外部执行者的角度来理解系统；最后，它不仅驱动了需求分析之后各阶段的开发工作，而且被用于验证和检测所开发的系统。

(四)状态图

在任何给定的时刻，一个对象总处于某一特定的状态。比如，一部电梯可以处于上升、停止或下降状态。洗衣机可以处于浸泡、洗涤、漂洗、脱水或关机等状态。一个状态图包括一系列的状态以及状态之间的转移(图7-6)。图中最顶端的符号代表起始状态，而底端的符号表示终止状态。

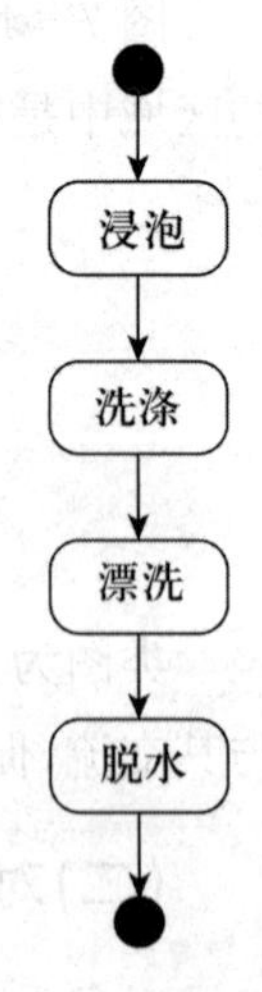

图7-6 状态图

(五)顺序图

运行的系统中，对象之间要发生交互，且这些交互要经历一定的时间阶段。顺序图所表达的则是这种对象之间的基于时间的动态交互关系，着重体现对象间消息传递的时间顺序。顺序图存在两个轴:水平轴表示不同的对象，垂直轴表示时间。图中的对象用一个带有垂直虚线的矩形框表示，并标有对象名和类名。垂直虚线是对象的生命线，用于表示在某段时间内对象处于活动状态。对象间的通信通过在对象的生命线间的消息来表示。

图 7－7 是顺序图的示例。图中注水管、洗涤缸和排水管三个对象用矩形图标表示。整个图反映了各对象随时间变化所经历的交互过程。图中进程是从上到下的，对象之间发送的消息有注入净水、保持静止、停止、旋转洗涤、排污水等。

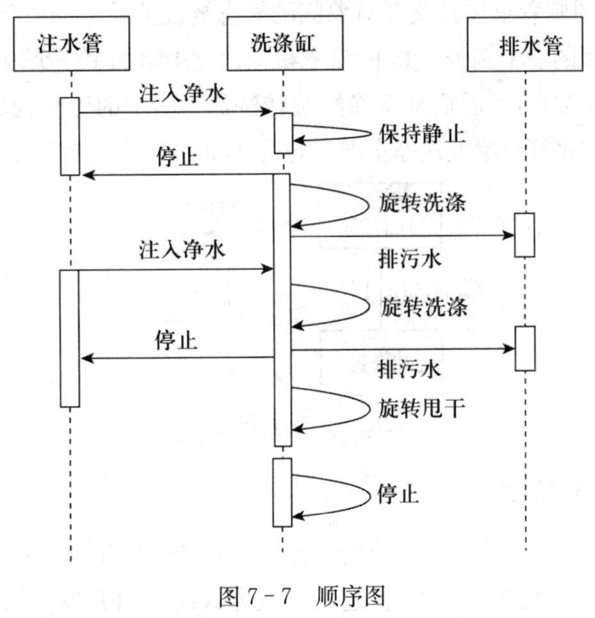

图 7－7　顺序图

(六)活动图

活动图的应用非常广泛，既可用来描述操作(类的方法)的行为，也可以描述用例和对象内部的工作过程。活动图依据对象状态的变化来捕获动作(将要执行的工作或活动)与动作的结果。活动图中一个活动结束后将立即进入下一个活动(在状态图中状态的变迁可能需要事件的触发)。

用例和对象行为的各个活动之间通常也具有时间顺序。如图 7－8 所示。

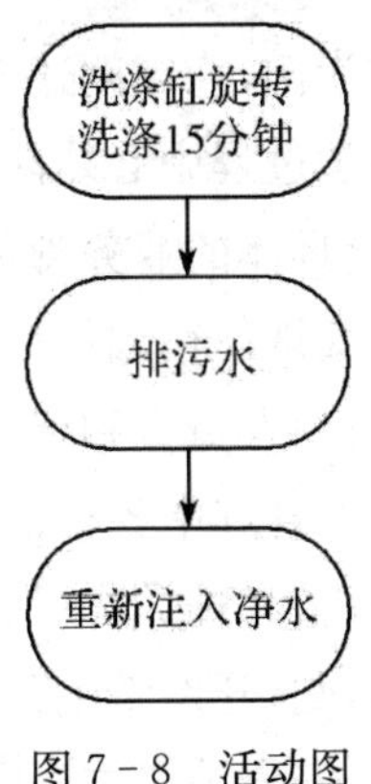

图 7－8　活动图

(七)协作图

协作图表达为完成系统的工作目标,系统中相互合作的对象间的交互关系和链接关系。虽然时序图和协作图都用来描述对象间的交互关系,但侧重点不一样。顺序图着重体现交互的时间顺序,协作图则着重体现交互对象间的静态链接关系。

图 7-9 是协作图的一个例子。其中,洗衣机构件类中增加了一个内部计时器。在经过某段时间后,定时器停止注水,然后启动洗涤缸旋转洗涤。图中的序号代表命令消息的发送顺序,计时器对象先向注水管对象发送停止进水的消息,再向洗涤缸对象发送旋转洗涤的消息。

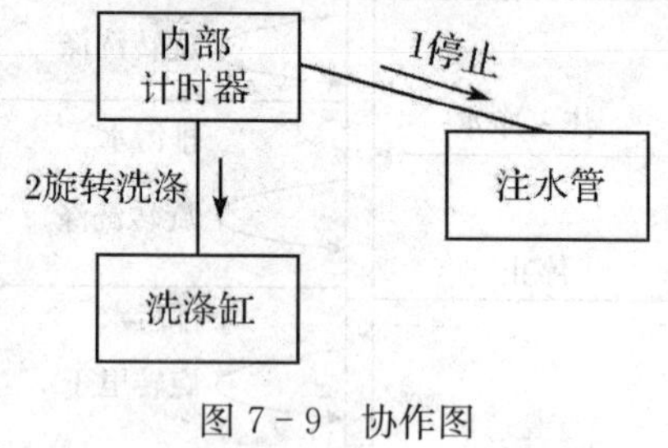

图 7-9 协作图

(八)组件图与配置图

组件图与配置图与整个计算机系统密切相关。UML 用组件图表示信息系统的软件结构,由于现代软件开发多是基于构件的,这种开发方式对群组开发尤为重要。UML 的配置图显示信息系统的物理体系结构。它可以描述计算机和设备,展示其间的连接以及驻留在每台机器中的软件。

第三节 面向对象的系统开发实例

我们以学生公寓管理系统的开发为例,详细阐述面向对象的系统开发流程。

学生公寓管理是每所高等院校办学过程中必须涉及的学生管理问题。它一般由各校学生处负责,由学生处的公寓管理科负责具体的业务管理。以前,学生公寓的管理工作是一个手工管理系统,从新、老生每年的更替安排住宿到每周进行的宿舍卫生检查、日常维修、防火防盗、资产管理、公寓管理收费等,都由专人负责和统计,这样对公寓管理信息的收集效率低下,对信息的管理也缺乏连贯性,对公寓管理中各种信息的统计处理既烦琐又容易出错。随着高校扩招政策的出台,高校学生的数量和种类都得到了不同程度的增加,原有的公寓管理方式越来越不适应高校的发展需求,因此,开发学生公寓管理系统非常具有现实意义。学生公寓管理系统涉及对人员、宿舍、卫生、安全等多方面的管理,它的开发是一个较为复杂的系统工程,限于篇幅,我们对系统的规模和功能做了一定程度的限制和简化。

一、用户需求分析

（一）用户需求的确定

用户需求（User Demands）即用户对所要开发的信息系统所提出的各种要求，不但包括对系统的功能、性能、可靠程度、交互方式、保密性等技术方面的要求，而且包括对交付时间、资金投入、资源使用限制等非技术方面的要求。其中，对系统的功能要求是用户需求分析的重点。

用户需求分析从用户需求资料开始到确定能够被分析人员所理解和表达的真正的用户需求为止，其确定过程如图 7－10 所示。

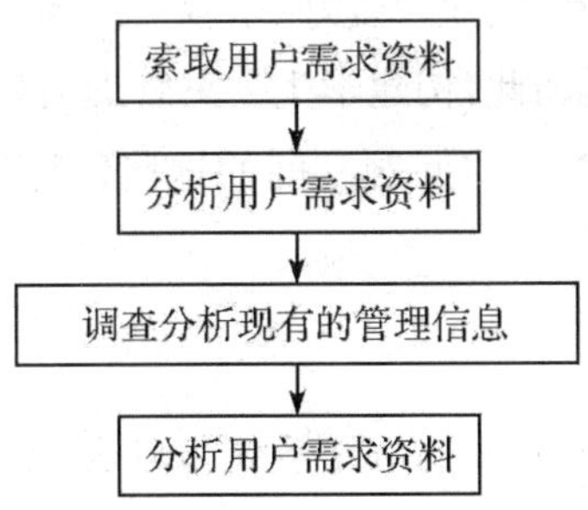

图 7－10 用户需求的分析过程

分析始于用户提交的需求资料，这些资料来源于企业，是用户对新系统的要求。这些要求往往不是用专业术语描述的，通常既不详细，又不准确，更谈不上符合标准规划，有些用户甚至根本提不出符合实际需要的功能要求。因此，在接到用户需求资料后，系统分析员要通过调查与分析，对资料进行进一步的研究、校正和增删，以确定用户的真正需求。

系统分析员通过阅读用户提供的需求资料以及所有相关资料来充分理解用户的想法；同时，对用户需求资料中不明确的地方、不明确的表达、不切实际的需求，通过与用户的不断沟通来进行修改、校正和增删。但是，系统分析员所面临的一个困难是：其往往对其所研究的企业的业务流程并不是很了解，造成了分析中的障碍。解决这一障碍要求系统分析员深入企业，熟悉企业的管理流程和业务流程，充分了解研究对象。另外，对用户需求的确定要考虑企业发展动态性的特点，使最终得到的是既符合当前用户需求，又有一定弹性和适应未来变化需要的、规范化的、易于理解和表达的用户需求。

（二）问题空间的分析

问题空间是指所要开发的信息系统所对应的企业业务范围。例如，需要开发教学管理软件，则教学管理所包含的教师管理、教务管理、学生管理等都属于教学管理的问题空间。问题空间分析的主要目的是解决问题空间的范围、领域及边界。从技术上讲，问题空间分析是根据用户需求，从企业的实际问题空间出发寻找需求来源，通过相互映射，得到符合问题空间实际情况、满足用户需求的分析模型。问题空间分析包括以下步骤。

1. 通过实际调查,获取问题空间中的所有信息

要确切了解企业的问题空间,最可靠而简单的办法就是深入企业实际中去调查或亲自参与业务实践活动,通过亲身体验及与用户的不断交流,可以最大限度地获得问题空间的信息,避免信息遗漏。这样,可以确定系统中应该设立哪些对象、对象具有哪些属性和操作、对象的外部结构与连接如何等。

2. 根据系统开发的目标,确定信息系统的责任

信息系统的责任是指信息系统问题空间必须包含的信息内容,分析问题空间及系统责任是发现对象的基础。例如,在建立学生公寓管理系统时,学生作为该系统中的个体,拥有很多信息,如学号、姓名、年龄、专业、业余爱好、宗教信仰等,其中,业余爱好和宗教信仰对学生的公寓管理并没有什么影响,因此,构建学生公寓管理信息系统时可以排除这些信息。这样,通过分析和与用户的反复讨论,对问题空间的这些信息进行合理取舍,最后留下的就是系统的责任。

3. 规定系统的边界

规定系统的边界就是确定要开发的信息系统和与该信息系统有关的外部实体之间的明确界限,并确定它们之间的接口。在信息系统以内的是经过问题空间的分析所确定的信息系统本身所包含的对象,在信息系统边界以外的是与系统有关的外部实体,包括有关的人、设备和系统。它们可以向系统发出指令或提供输入信息,也可以从系统中获得输出信息。在规定系统边界的过程中,要注意系统内的人员和设备与外部实体的区别。一般来讲,仅由系统管理其信息和模拟其行为的人或者事物都应被认为是系统以内的对象,否则就是外部实体。划分好系统的边界就是为了明确地表达系统的范围和外部接口。系统以内的事物使用系统中的对象来表达,建立问题空间与系统对象之间的映射关系;系统以外的与系统有关的事物通过其与系统的接口实现交互,在系统分析时统一不加以考虑(图 7-6)。

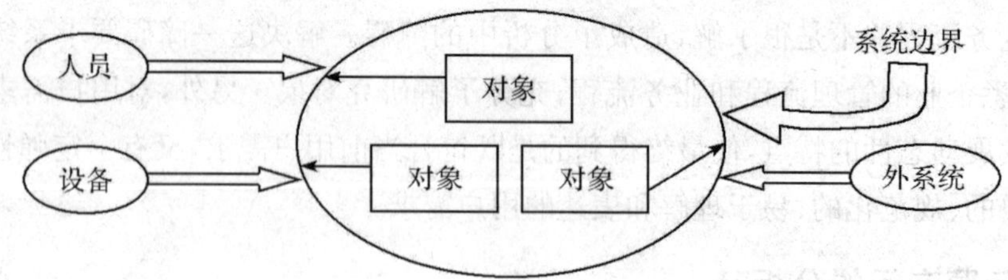

图 7-6 系统的问题空间和系统边界

(三)需求模型的建立

系统分析员在对用户需求进行初步确定的基础上,通过对问题空间及系统责任、系统边界接口的分析研究,进一步与用户交流,确认用户的关键需求、用户需求的有效性和正确性,最终得出系统的需求模型。系统的需求模型是所有要建立的系统功能性需求及所提供的服

务的具体描述，它可由任务描述、目的、商业目标、商业策略、信息系统目标和具体目标六个部分构成。

任务描述是以简单的语句说明所要建立的系统存在的理由，目的是对这些理由的具体描述；商业目标是论述信息系统的建立所能够完成的商业性指标，如提高了多少工作效率、使事物管理的时数减少了多少等；商业策略是描述如何通过管理信息系统和管理业务的变更来实现商业目标；信息系统的目标是论述信息系统的功能。因此可以说，系统需求模型是以文字形式对系统任务、目标等的具体描述，它主要反映了用户对未来改建的信息系统的真正需求。在现实应用中，这一要求不可能很详细、很精确，一般情况下只对用户需求的功能进行详细分析。尽管用户需求已经在这部分确定，但在以后的开发阶段还会不断地产生新的需求，因此，也不排除在分析、设计和运行阶段再修改或增删用户需求。

（四）学生公寓管理系统的需求分析

按照上面介绍的步骤，通过调查分析得到学生公寓管理系统的用户需求如下：

（1）对宿舍和其他财产信息进行管理。

（2）在宿舍库、财产库和学生库的支持下，能方便地进行宿舍安排，并能存储相关信息。

（3）学生、教师和来客可通过该系统进行人员查询、住宿安排查询和各种收费情况查询。

（4）利用该系统可方便地进行各种数据的统计汇总、打印上报及汇总数据的保存。

（5）管理人员通过该系统可以对宿舍的卫生状况进行检查、登记和评比。

（6）通过该系统，管理人员可以收到学生的维护请求，也可以保存各种维护方面的相关数据信息。

OOA 较为全面地体现了面向对象方法的主要概念，它可以有效地对客观世界的事物及其联系进行抽象，运用 OOA 系统模型实现对现实管理系统及其运行特性的描述。OOA 模型包括基本模型、补充模型和系统的详细说明三大部分。

基本模型以类图的形式表达系统最重要的信息，而类图则由类、属性、操作、一般—特殊结构，整体部分结构、实例连接和消息连接等主要成分构成。这些成分所表达的信息模型可分为对象层、特征层和关系层三个层次。对象层给出了系统中所有反映问题空间及系统责任的对象，用类的符号表达属于每一类的对象。特征层给出每一类及其所代表的对象的内部特征，即每一类的属性与操作。关系层给出各类及其所代表的对象彼此之间的关系。概括地说，基本模型的三个层次描述了系统三个方面的内容：系统中应该有哪几类对象？每一类对象的属性和操作是什么？各类对象与外部的联系如何？

补充模型是基本模型的延伸，由主题层、使用实例和交互图构成。主题是具有较强联系的类组织的集合体，它是对系统类图的进一步抽象。主题图描述了系统的主题构成。使用实例是对系统功能使用情况的文字描述，每个使用实例对应着系统中的一个功能，它描述系统的外部实体与系统之间的信息交流关系。交互图是一个使用实例与完成功能的系统成分之间的对照图，它具体表明了使用实例中陈述的事件是由系统中的哪个操作来响应和完成，以及这个操作在执行过程中又进一步用到哪些其他对象的操作。

系统的详细说明是按照面向对象方法的要求格式对系统模型作出进一步的解释，它主要由类描述模板构成。对于OOA系统模型的每一个类，一般都要建立一个类描述模板。类描述模板的主要构成有对整个类及其对象的进一步说明、对每个属性和操作的进一步和其他必要的说明。类描述模板主要以文字方式给出，有时也附加一些图表说明。

基本模型、补充模型和系统的详细说明组合起来，就构成了OOA文档的主要内容，也是OOA的主要工具，OOA就是根据这一结构框架来开展工作的。OOA分析过程就是围绕建立这三大部分进行的，具体分为建立对象层、建立特征层、建立关系层、建立主题层、绘制交互图和编制OOA文档六个步骤。

需要指出的是，OOA分析中的各项活动不如结构化方法需要按严格的顺序，它没有固定的次序要求，并且分析中，可以交互进行，也可以回溯。在本节实例分析中，我们按照建立对象层、建立特征层、建立关系层、建立主题层、绘制交互图和编制OOA文档的顺序进行介绍。

(一)确定对象及对象类(对象层)

1. 确定对象

确定对象由系统分析员和用户共同完成，分三个步骤，即发现对象、筛选对象和构建对象。

(1)发现对象。发现对象是从问题空间、系统边界、系统责任和用户需求资料等入手，尽可能全面地发现系统组成中的候选对象。发现对象并不意味着罗列问题空间中出现的所有事物，而是要正确运用抽象原则，紧紧围绕系统责任去筛选与系统有关的事物作为对象，而舍弃那些与系统责任无关的事物。判断事物是否与系统责任有关，一是要看该事物是否向系统提供了有用的信息或需要系统为其保存和管理某些信息；二是要看该事物是否向系统提供了某些服务，或该事物需要系统描述其某些行为。只要符合其中任何一条的事物，都可以列为系统的候选对象。发现对象要尽可能地寻找到候选对象清单，尽可能防止遗漏，最后得到一个问题空间中所有的用文字来描述其名称的对象清单。

(2)筛选对象。筛选对象是指对所得到的对象清单进行全面审查，从中舍弃那些无用的对象，精减、合并一些有用的对象，所得到的对象集就是系统应该确定的对象。筛选对象的原则见表7-1。

表7-1 筛选对象的原则

对象特征	筛选操作原则
不相关、含糊的对象	对系统仅有一点甚至毫无关系的对象，定义不明确、容易产生混淆的对象，可考虑删除
重复、多余的对象	对显示相同属性和服务的两个对象可保留具有代表性的一个，删除另一个

续表

对象特征	筛选操作原则
可能是某个对象属性的对象	有些对象事实上可能是某些对象的属性，当该对象对系统而言不是很重要时，可考虑精减、合并；当该对象重要时，可将其视为单独的对象而非其他对象的属性
一个对象的描述只是其他对象的运算	若对象的运算不是对自己本身的运算，则把运算删除
只有一个属性或一个操作的对象	可考虑将这两种类型的对象合并到其他对象中，而把该对象删除

(3)构建对象。构建对象即命名对象，封装对象的属性与操作。命名时，尽可能选择反映主题的标准词汇，含义应具体、明确且无二性。命名对象时不是以其扮演的角色为考虑重点，而是以对象内部的自然结构为重点命名。确定对象后，可得到信息系统的对象层，对象层可用对象层图表示。

2. 确定类

(1)确定类的原则。把具有相同特性的对象归为一类，定义为一个类，并用类符号表示；同时，把类的属性和操作填入类符号中。在对象进一步抽象为类的过程中，必须把握以下原则：

第一，从集合到类采用的是抽象原则。类是对象的抽象，对象是类的实例，每个对象总属于一个类。

第二，类名、属性和服务中所有涉及的英文字母的首字母大写，且所有名字均是单数，并对应着一定的含义。

第三，在定义对象类时，必须对所出现的异常情况做出检查、修改和调整。当类的属性或操作不适合该类的全部对象时，应重新进行分类，并考虑建立一般—特殊结构；当类的属性及操作相同时，则考虑进行合并。对属性和操作相似的类，可建立一般—特殊结构和整体—部分结构，以利于超类/子类的继承及派生特性简化类的定义。在遇到对同一事物进行重复描述的类时，应对某一类进行适当的调整，消除冗余的类。

第四，区分被动对象(普通对象)和主动对象。被动对象是指对象的每个操作都是响应从外部发来的消息而被动执行，对象的行为是对消息的被动反应。主动对象是指对象中至少有一个操作不需要接受外部消息就能主动执行，即对象中存在主动操作。

(2)建立类图。为每个对象抽象一个类。用类符号表达所定义的类，其中，主动对象名前应加上标记“@”，这样就可以形成 OOA 基本模型中的对象层。

3. 学生公寓管理系统的对象层

根据上述论述，我们对学生公寓管理系统的对象(类)进行分析，确定该系统的对象有：

(1)宿舍。这是系统中管理和使用的一类重要事物，它封装了与宿舍有关的数据。

(2)管理人员。这是系统中的一类人员，系统要模拟和支持他们的行为，它封装了与管理人员有关的数据。

(3)学生。这是系统中的另一类人员，它封装了与学生有关的数据及学生在宿舍中的一些相关行为。

(4)宿舍安排事件。学生被录取后，需要安排到公寓楼中的某个床位，这个安排过程就被称为宿舍安排事件，这个事件需要在系统中保留到学生毕业。

(5)宿舍安排表。考虑到系统的责任，为了能在宿舍安排或查询时快速找到相应的宿舍信息和人员信息，需要设立“宿舍安排表”，它封装了宿舍的有关数据和住宿学生的有关信息。

(6)维护人员。这是系统中的另一类人员，他们要利用系统查询学生的维护请求，并在系统中登记自己的维修行为与结果。

(7)维护记录。这个对象封装了与维护有关的数据，如维护日期、维护人员、维护内容、维护涉及的宿舍等。

(8)卫生记录。这是利用系统进行管理的对象，它主要封装了与宿舍卫生有关的数据。以上 8 类对象中，管理人员和学生都在系统中呈现一些主动行为，其他对象的行为都是根据这两类对象的主动行为而被动执行的，所以，该系统有两类主动对象，其余为被动对象。根据以上分析，得到学生公寓管理系统的对象层如图 7-11 所示。

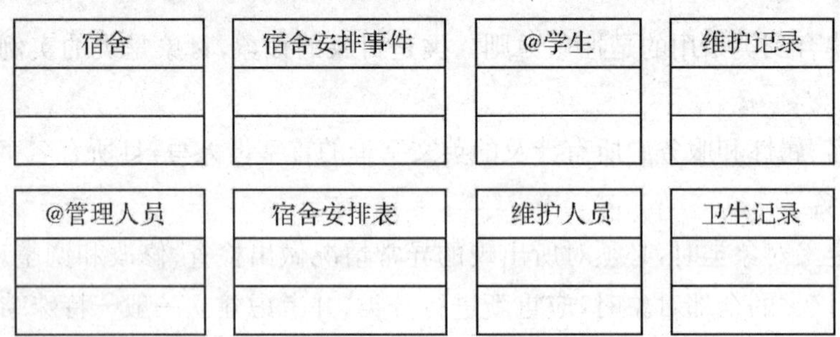

图 7-11　学生公寓管理系统 OOA 模型的对象

(二)确定对象的内部特征

1. 确定对象的属性

确定属性分为四步，即寻找属性、筛选属性、属性命名和定位、属性说明。确定好的属性封装在对象栏的中间一栏即可。

(1)寻找属性。寻找属性的方法一般有两种：一是根据实体关系图(E-R 图)中需要存储的属性确定；二是根据对象的描述确定。无论哪一种方法都要集中每个对象，通过提问并与用户反复不断的交互来发现对象应该具有的属性。寻找对象应从以下角度进行：①根据问题空间的特征来确定每个对象应该拥有的单值属性，即任何时刻都是一个值或一种状态的属性；②根据系统责任的要求来探讨对象的定义性属性；③按照对象在问题空间中的一般常识来确定对象常用的描述性属性；④按照对象必须记忆的要求来了解一些通过前面寻找没有发现的不明显的属性、单值属性或多值属性；⑤从整体部分结构和实例连接的要求出发，在有关对象中设置相应的属性。

通过以上步骤和分析，可以得到对象的候选属性。这些属性可能有重复，也可能有遗漏。在得到这些属性后，还要不断与用户讨论，以尽可能收集到对象必备的属性。

(2)筛选属性。对于初步寻找到的属性，是否是对象表达中所必需的，还需要经过重新审查和筛选。属性筛选应考虑以下原则：①适用性原则，即选择的属性对表达对象的实例是适用的，对所考察的客观世界中的事物是必不可少的；②原子性原则，即选择的属性在概念上是不可分的，在实际中对应着事物的一个原子性特征；③无冗余的原则，即属性在对象类中不允许重复出现，也不允许一个属性的值通过另一个属性或另外几个属性的值推导而出，否则这个属性应该删除以保持属性中没有冗余。继承是减少或消除冗余最好的办法，在确定属性时应很好地应用。

(3)属性的命名和定位。属性的命名原则为：使用名词或带定语的名词以及规范的行业领域通用的词汇名，避免使用无意义的字符、符号或数字，且命名应无二性。

确定属性的位置采用的是继承的原则，主要针对的是分类结构，即一般特殊结构。如果属性中有共有属性，把共有属性放在一般类(上层)，特殊属性放在特殊类(下层)。如果一个属性适用于每个类中的大多数对象，则可将其放在共同地方，而在不需要的地方把它覆盖起来。

(4)属性说明。属性说明是在其类描述模板中对每个属性的详细结构和进一步了解的描述，包括以下主要信息：①以简练的文字对属性的意义和作用进行描述；②确定属性的数据类型，常用的有整数、实数、字符串、数组、结构和指针等；③对于表示整体—部分关系或实例连接关系的属性，应做出进一步的解释说明；④对属性的某些特征值进行详细定义，如属性的取值范围、初始值、峰值、精度、度量单位、数据完整及安全性、保密性和存取的条件等进行说明。

2. 确定对象的操作

确定对象是为了建立对象之间的协作和系统运作的动态关系。操作的确定也是由系统分析员与用户合作完成的，它分为以下四步：

(1)寻找操作。寻找信息系统中所需要的操作有很多方法，但还没有成熟的技术，除了可以借鉴同类系统中的 OOA 结果外，还须具备一定的经验。寻找操作应从以下角度考虑。

第一，从系统责任和问题空间出发去发现对象的操作，即探讨系统的每一个责任或用户需求的每一项功能是由哪一个对象提供的，在该对象中设立相应的操作。

第二，从确定的对象入手去发现对象的操作。根据所确定的对象，分析该对象设置的目的、应该具有的功能、设置什么服务来完成，从中发现对象的操作；也可以从对象不同状态的转换出发，探讨每个状态下对象可能发生的行为、应具备的服务，以及从一种状态转换到另一种状态所需要执行的操作和应具备的相应服务。

第三，追踪操作在对象模型中的动态轨迹去发现操作。从一个对象的操作出发，探讨完成这个操作所需要其他对象提供的操作。据此操作转换到下一个对象中，考察该对象是否定义了该操作；若没有，则补充添加，依次类推，直到全部服务都被分析完成。

第四，从所确定的对象属性入手寻找操作。确定的属性一定关联一个操作，否则该属性永远不会被访问。对于典型的属性有两个标准的操作：一个是获取操作，另一个是设备操作。查询操作是获取操作的一个例子，它可以改变系统状态。对于只读属性则不需要设置操作。

(2)筛选操作。对于初步寻找到的操作，必须经过筛选，以确定最终对象所封装的服务。筛选服务时，应注意以下几点。

第一，操作应是对象所映射的事物固有的行为，如果这种映射关系不存在，则要考虑所设置的操作是否有必要。

第二，操作应是满足系统责任(功能)所要求的，或能够响应其他对象请求的有用操作，无用操作应排除。

第三，一个操作应完成一项定义明确、完整而功能单一的服务，若一个操作中包含了可能独立定义的功能，则应将该操作分解；如果一个独立的功能分割到多个对象中去完成，则应加以合并。

按照以上原则，对操作进行筛选，得到操作清单，这一清单还必须与用户探讨，以得到系统对象所必需的、应予以确定的操作。

(3)操作的命名和定位。操作的命名采用“动词＋名词”组成的动宾词组结构，命名应能准确反映该操作的职能。在相关对象中，操作名应该是唯一的。操作名在类结构中应前后一致。

操作的定位应与问题空间中拥有这种行为的事物相符。在一般—特殊结构中，通用操作放在上层的一般类中，专用操作放在下层的特殊类中。一个类中的操作应适合这个类及其所有特殊类的每一个对象实例。

(4)操作说明。对操作的说明包括以下主要信息：①对操作的作用及功能进行进一步解释；②说明请求该操作的消息格式，包括操作名、输入输出参数和参数类型；③表明该操作执行时需要其他对象的操作；④对操作的执行前置、后置条件以及执行时间进行说明；⑤对于实现较复杂的操作，需要画出操作流程图，目的是告诉程序员如何实现。

3. 建立OOA模型的特征层

把以上确定的对象属性和操作填写到相应的类符号中，就构成了OOA模型(类图)的特征层，它也是组成OOA基本模型的重要部分，这样即可完成对象内部特征的定义和说明。

4. 学生公寓管理系统的特征层建立

(1)确定学生公寓管理系统的属性和操作。根据以上原理和方法，我们针对所确定的学生公寓管理系统的对象层来确定对象的属性和操作。学生公寓管理系统的特征层分析如下：

“宿舍”对象的属性有宿舍编号、舍内物品和管理人员姓名等。

“管理人员”对象的属性包括：管理人员的个人信息，如姓名、性别等；负责的具体管理业务也可以通过属性表达，如管理任务。“管理人员”在系统中的任务是负责安排学生的住宿、检查宿舍卫生、进行查询和统计汇总数据等。这是一个主动对象。

“学生”对象的属性有学号、姓名、性别、籍贯、所在院校、专业和班级等。“学生”在系统中的主要行为有：申请住宿，即向公寓管理科申请宿舍；维护请求，即向公寓管理科申请对宿舍中某种物品的维护；事件汇报，即向管理员汇报日常生活中发生的需要管理人员协助的一些突发事件；打扫卫生，这是学生的一种行为，通过“卫生记录”反映。“学生”对象也是一个主动对象。

“宿舍分配事件”对象的属性有负责人，具体负责这一分配事件的管理人员；学生姓名属性，记录参与这一事件的学生的姓名或宿舍的分配对象；宿舍编号，该学生分配到的宿舍编号(隐含有楼号和层号)；安排时间，表明了这一分配事件发生的时间等。该对象的操作有“宿舍统计”，记录了发生宿舍分配事件后，已经安排了学生的宿舍量和剩余宿舍量；“登记”，将本次宿舍分配事件的信息记录在“宿舍安排表”中。

“宿舍安排表”对象的属性汇总了宿舍安排事件，包括宿舍信息、住宿人员信息及宿舍安排信息等。它的操作有“检索”，即通过学号、姓名查询学生的住宿信息，通过宿舍编号检索该宿舍中所住的学生信息；“项目增删”，即在学生毕业后删除宿舍安排，并将腾空的宿舍归类统计，在新生入校时增加宿舍分配。

“维护人员”是管理人员的特殊类，它继承了“管理人员”的全部属性和操作，其特殊属性有：“维修专业”，用于指明其所从事的维修活动的专业。“维护人员”特殊的操作是“维护”，它表明维护人员所从事的维护活动。

“维护记录”对象的属性有维护请求日期、宿舍编号、请求人员姓名、维护内容、维护日期和维护结果等。它的操作有：“请求登记”，即将学生的维护请求登记在维护请求表中；“维护登记”，即由管理人员将维护的结果记录在维修档案中。

“卫生记录”对象的属性有卫生检查日期、检查人和检查结果等。它的操作有：“卫生登记”，即将卫生检查的情况记录到卫生记录中；“卫生评比”，即针对检查的结果确定卫生检查的排序。

(2)画出学生公寓管理系统 OOA 模型的特征层。根据以上分析活动，我们确定了每个对象所封装的属性和操作，在图 7－11 所示的对象图中相应的位置填写它们，即可得到学生公寓管理系统 OOA 基本模型的特征层(如图 7－12 所示)。

宿舍	宿舍分配事件	@学生	维护记录
宿舍编号 舍内物品 管理人员 姓名	负责人 学生 宿舍编号 安排时间	学号 姓名 性别 所在学院 班级 专业	请求日期 姓名 宿舍编号 维护内容 维护日期
	宿舍统计 登记	申请住宿 维护申请 事件汇报	请求登记 维护登记

@管理人员	宿舍安排表	维护人员	卫生记录
姓名 性别 管理业务	宿舍编号 宿舍物品 宿舍人员 班级	维修专业	检查日期 检查人 检查结果
住宿分配 卫生检查 查询 统计汇总	检索 项目增删	维修	卫生评比 卫生登记

图 7-12　学生公寓管理系统 OOA 模型的特征层

(三)确定对象的外部特征

以上我们确定了系统中每一类对象以及他们的内部特征，画出了对象类图，这些只是事物静态特征的描述。然而，系统是由对象及对象之间的相互作用构成的一个动态、完整的有机系统，这一动态特征体现在对象之间的相互关系上。对象(以及对象类)与外部之间的关系有四种结构形式：一般—特殊结构、整体—部分结构、实例连接和消息连接。

1. 确定一般—特殊结构

(1)一般—特殊结构的概念。一般—特殊结构是一个层次式的父子结构，也称分类结构，它通过刻画问题空间的类成员层次，把类的公共特性扩充到实例之中来呈现客观世界事件的通用性及专用性。一般—特殊结构的定义为：设有两类，即 A 类和 B 类，如果 A 类具有 B 类的全部属性和操作，而且 A 类也具有自身特有的一些属性和操作，则把 A 类称为 B 类的特殊类，而 B 类称为 A 类的一般类。一般—特殊结构只连接类而不连接对象。一般—特殊结构的表示方法如图 7-13 所示。

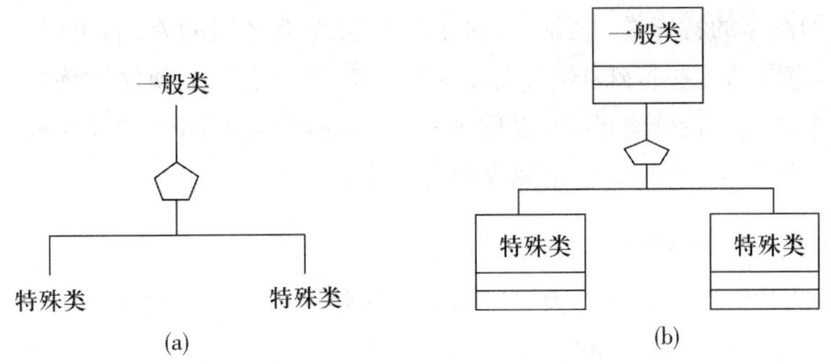

图 7-13　一般—特殊结构的表示

(a)一般—特殊结构的连接符号;(b)一般—特殊结构的形式

(2)寻找一般—特殊结构。寻找一般—特殊结构可借助以往的 OOA 成果,发现可以复用的其他系统的合理成分。除此之外,在寻找中应采取如下策略。

第一,从当前行业领域中已有的行业知识和分类知识中寻找与问题空间相对应的一般—特殊结构。

第二,根据常识,从各种不同的角度考虑事物的分类,从而发现一般—特殊结构。

第三,研究分析类的属性与操作。若一个类的属性和操作只适合该类的一部分对象,不适合另一部分对象,则应从类中划分出一些特殊类;若两个或两个以上的类含有一些共同的属性和操作,则可以考虑将这些共同的属性和操作提取出来,构成一个超越原先这两个类的一般类。

第四,考虑到问题领域内的复用,应在更高水平上运用一般—特殊结构,使本系统的开发能贡献一些可复用性更强的构件。

从以上策略可以看出,在寻找一般—特殊结构时也可能追加一些尚未被确定的对象,或创建一个新的类,虽然可能增加对象或类的数目,但却更加确切地表达了事物之间的关系,使系统模型得到简化。

(3)调整确定的一般—特殊结构。寻找到能反映问题空间的分类结构后,还要对得到的这些结构进行合理性审查,从而舍弃那些错误的结构,调整那些不合理的结构。调整一般—特殊结构要把握以下原则。

第一,与现实系统中客观事物之间的关系相吻合的原则。我们所确定的结构,应是描述问题空间真正需要的结构,它映射了现实系统中客观事物之间的相互关系;如若不是描述问题空间所需要的,则应考虑将其删除。

第二,应符合系统责任要求。系统的责任可体现在一般—特殊结构中,形成了对类层次结构的要求。一般特殊结构应符合这样的要求,否则,应删除这一结构。

第三,一般—特殊结构中各类之间的关系应符合人类的日常思维习惯,否则会产生一些难以理解的结构。

第四,检查层次是否符合类层次之间的继承原则,若类之间没有继承关系,则失去了建立一般—特殊结构的意义。因此,对不符合继承关系的分类结构也要进行修改和归并。

第五,应符合简单化原则。使用一般特殊结构描述类之间的层次关系时,对于一些没有自己特殊属性和操作的特殊类，应删除；对于那些特殊类之间的差别，可以用一般类的某个属性来表示的，应取消这些特殊类，而在相应的一般类中增加某项属性确定；对于一个一般类之下只有一个唯一的特殊类的，可以取消一般类，而把它的属性和操作放到特殊类中；对于多层继承层次的分类结构，应尽量减少中间层次。

2. 确定整体—部分结构

(1)整体—部分结构的概念。为了清晰地表达整体—部分结构，设有三个对象 a、b 和 c，如果对象 a 和对象 b 是对象 c 的两个组成部分，则把对象 a 和对象 b 称为部分对象，对象 c 是整体对象，对象 a、b、c 之间的关系形成整体—部分结构。当表达对象类之间的组成关系时，其整体—部分结构是指把一组具有整体—部分关系的类组织起来而形成的结构，这个结构是以类为节点，以整体—部分关系为边的连通有向图，如图 7－14 所示。

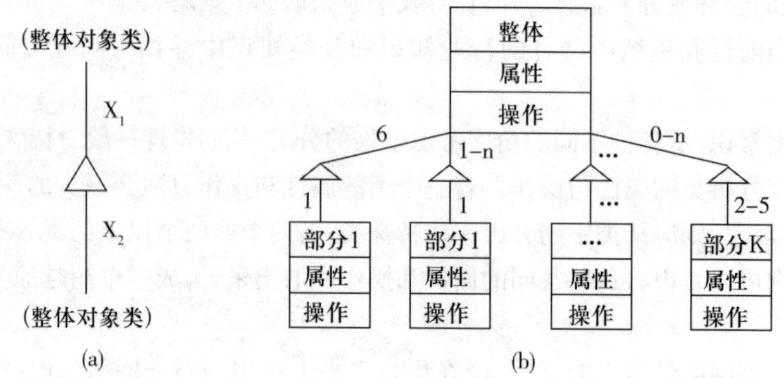

图 7－14　整体—部分结构的表示法

(a)连接符；(b)表示法

图 7－14 中的(a)表示整体与部分之间的联结关系，其中，“△”号的上部为整体，下部为部分。两端的符号 X_1 和 X_2 表示了对象联结限制，它用数字或数字对表示从整体到部分或从部分到整体，每个对象了解其他对象的数目，如 0－n 对象、1－n 对象、1－6 对象、1 个对象、25 个对象等。图 7－14 中的(b)表示对象联结限制，其左分支的数字 1 和 6 表明一个整体对象了解 6 个部分 1 对象，或者说 1 个整体可由 6 个部分 1 组成；右分支的数字对 0－n 表示 1 个整体了解 0 个或多个部分对象，数字对 2－5 表示一个部分可以同时成为 2 个或 5 个整体的组成。

(2)寻找整体—部分结构。寻找整体—部分结构应按以下策略进行。

第一，寻找整体—部分结构的基本出发点是对象或对象类，通过查看对象名进行。

第二，寻找的基本原则是先从整体向部分考虑，再从部分向整体考虑。对于一个对象，首先要把它作为一个整体来看，再看它在问题空间中可能包含的部分。

第三，寻找整体—部分结构应从现实问题空间事物组成的多种形式和角度考虑，即主要从总装与零件、容器与内容物、组织与成员等方面考虑，如人体与构成人体的躯干、四肢，机房包括计算机、电源、空调等，组织和构成组织的各职能部门等，都是整体—部分结构。

第四，从抽象事物的概念组成和具体事物的抽象方面出发，也可以发现存在于这些事物中的整体—部分结构,如专业计划与专业目录等。

(3)筛选所确定的整体部分结构。对所确定的整体部分结构,应按以下原则进行审查,并确定最终需要的整体—部分结构。

第一,对描述问题空间事物组成结构有用的原则。若所确定的整体—部分结构不能够描述和反映问题空间的事物关系,则应舍去。

第二,对系统责任有效的原则。建立的整体部分结构应是系统责任所需求的,能够体现现实中整体对象与部分对象之间的关系的,需要在信息系统中保持。

第三,满足对特殊性要求的原则。例如,当部分对象具有一个属性时,应采用合并部分对象到整体对象中去以简化系统结构。当整体—部分结构之间的关系不太明确时,不应采用这种结构表示。

第四,在确定整体—部分结构时,还可能涉及调整对象层和属性层的问题,因为在这一活动过程中可能会发现一些新的对象类,或者从整体对象类的定义中可分割出一些部分对象类的定义,这时应把它们加入对象层中并给出详细说明。对每一个整体—部分结构,整体对象中应增加一个属性来表明它的部分对象,且该属性的详细说明要给出这个属性的数据类型。

3. 建立结构层

(1)结构层概述。结构层是指由一般—特殊结构和整体—部分结构组合而成的对象模型结构,它确定了对象之间的组装和继承关系,这些关系是处理 OOA 模型的复杂机制之一。前面介绍了一般—特殊结构和整体部分结构的确定,要知道确定结构总会增加一些尚未被确定的对象,且确定出来的结构应在应用范围内具有实际意义。基于前面介绍的理论,我们可以建立 OOA 模型的结构层。

(2)学生公寓管理系统的结构层。在学生公寓管理系统中,最明显的一般—特殊关系就是管理人员与维护人员之间的关系,如图 7-15 所示。维护人员除了具有管理人员的公共特性外,还具有特殊属性和服务。

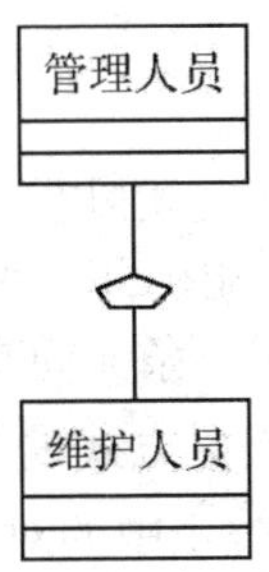

图 7-15 学生公寓管理系统的一般—特殊结构

管理档案是这里增加的一个新类,“维护记录”和“卫生记录”是它的组成部分。管理档案、维护记录和卫生记录三者之间体现整体—部分关系。它的属性有“维护记录”“卫生记录”以及“记录日期”(记录和档案的记载日期)。“记录人”是指档案的建立人员,它的操作有“输入”和“检索”。“宿舍安排表”与“宿舍”之间是整体—部分关系,这一关系是基于总装和组成。实际上,“宿舍安排表”还包含与学生信息和宿舍分配有关的信息,如图 7-16 所示。

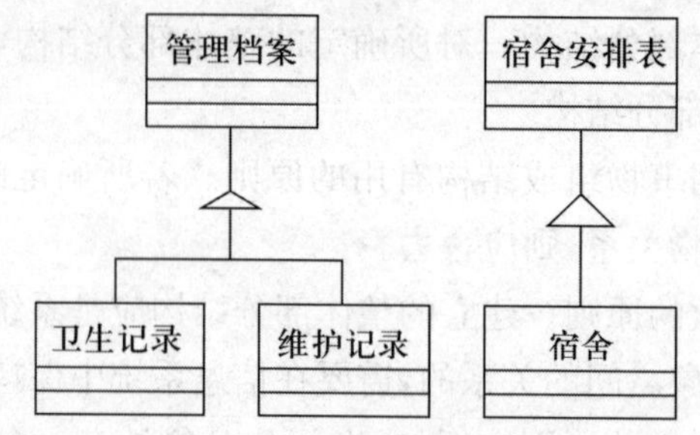

图 7-16　学生公寓管理系统的整体—部分结构

4. 确定实例连接

(1)实例连接的概念。实例连接是一个对象与另一个对象的对应关系,它表达了对象之间的静态关系,即通过对象属性表示一个对象对另一个对象的依赖关系和基于消息的通信机制。实例连接和属性构成了 OOA 模型的属性层。确定实例连接是要在每一对具有这样关系的对象实例之间用实例连接符号连接起来,并对这种连接的语义进行定义。但在大多数情况下,我们不可能做出如此精确面具体的实例连接,只需要在具有这种实例连接的对象类之间统一确定这种关系即可。因此,实例连接是指两类对象之间建立实例连接方式,即一对一的连接(1∶1)、一对多的连接(1∶M)和多对多的连接(M∶N)三种不同方式,这些方式体现在表示实例连接的无向连线两端的数字上。在表达对象类实例之间的静态关系时,根据应用系统的要求,有时只需标明对象之间的联系关系,有时则还需要标明连接拥有的属性或操作,因此,可以把实例连接表示如图 7-17 所示。

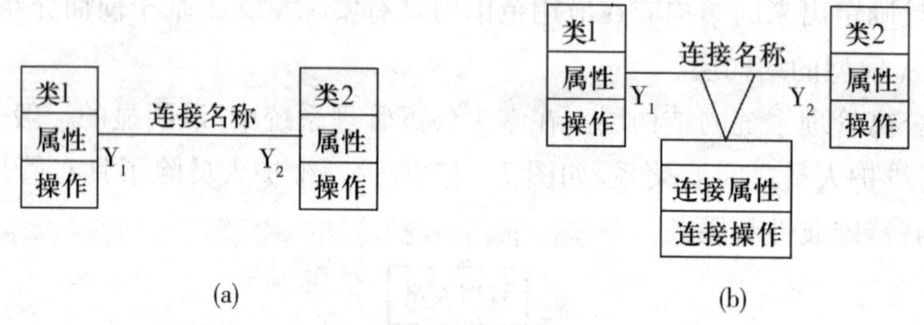

图 7-17　实例连接的表示

(a)简单表示法;(b)带有连接属性和操作的表示方法

图 7-17 中表示实例连接关系时,用一条无向直线连接两个类,并在连接线的上部标出其连接的名称,连接线的两端标上表明连接方式的数字 Y_1 及 Y_2。Y_1 及 Y_2 可以是确定的数值,也可以是一个范围。Y_1 表示一个类 1 中的对象与类 2 中连接对象的个数,Y_2 表示一个类 2 中的对象与类 1 中连接对象的个数。

(2)实例连接的实现方式。两类之间的实例连接表达了客观世界中事物对象之间的静态关联特征,这一特征的实现能体现 OOA 方法中用于完成对象之间静态联系的技术手段。实例连接的实现方式如下。

对于简单的实例连接,一般可用对象指针或对象确定来实现,即在被连接的两个类中选择一个，在它的对象中设立一个指针类型的属性，用于指向另一类中与它有连接关系的对象实例。选择设立属性对象时，应选择连接线两端中多重性固定（即为一单一值）且值较小的一端对象为设立属性的对象。

对于多对多的复杂性实例连接，可以通过增加第三个对象类，分解多对多为两个一对多的实例连接，再对任一个一对多实例连接按上述方式实现。

对于连接关系中带有属性的实例连接，实现实例连接时，可在一个类中设置一组属性，其中，一个属性是指向实例连接另一端对象的指针，其余的属性是连接关系中所列出的连接属性；另外，也可以根据连接关系来定义一个结构数据类型，用域变量来指向一端对象类或两端对象类，其余域变量是连接的属性，以此来实现对象的连接。

对于连接关系中既带有属性又带有操作实例的连接，可以对连接创建一个新类，再根据两个类之间的连接方式，利用上述手段实现。

(3)建立实例连接。由于实例连接与应用领域有关，它反映了问题空间及系统责任中对象之间的静态关系，是实现任意两件事物之间联系的具体表现，因此，建立实例连接应进行以下分析活动：①从问题空间和系统责任出发，分析对象之间的静态关系，以确定必须建立的实例连接；②对所确定的每个实例连接，分析其连接关系应具有的属性和操作，并探讨是否增加新的对象类来表达这一连接关系；③进一步分析实例连接的多重性，并在连接线的下方填写相应的数值；④对于所确定的实例连接，若含有多元关联或多对多的实例连接，则应增设新的对象类，转化现有的实例连接为二元连接和一对多连接。

确定了连接以后，还需要对实例连接进行命名和定位，进行实例连接说明和增补类图。命名采用动词或动宾词的形式；定位时，当连接成有一端为一个一般—特殊结构时，要把适合每一个的对象类画到一般类上，而把适合其中某些特殊类的画到相应的特殊类上。在建立实例连接的过程中，也有可能增加一些新的对象类，需要及时把它们补充到类图的对象中去。

(4)学生公寓管理系统的实例连接。根据以上分析，学生公寓管理系统的实例连接如图 7-18所示。“管理人员”和“宿舍”两类对象之间存在一对多联系，这种联系体现在管理人员的属性“管理宿舍”中。“维护人员”和“维护记录”两类对象之间存在一对多联系，这种联系体现在“维修记录”中的“维护人员”属性中。“管理人员”和“宿舍分配事件”两类对象之间存在一对多联系，这种联系体现在“宿舍分配事件”对象的属性中。“宿舍”和“学生”两类对象之间存在一对多联系，“学生”对象的属性“分配宿舍”体现这种关系。“学生”和“管理人员”两类对象之间存在多对多联系，“管理学生”是在这两个对象中间增加的一个新对象，它把多对多关系转换成两个一对多关系，其属性有班级管理、班级宿舍和管理人数等。

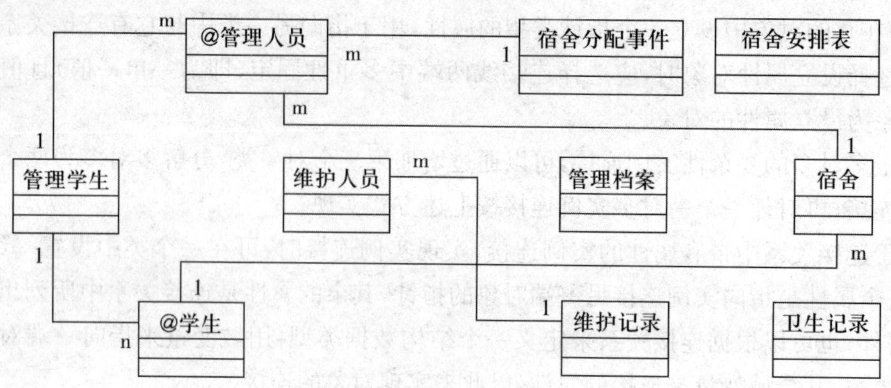

图 7-18　学生公寓管理系统的实例连接

5. 确定消息连接

(1)消息连接的概念。消息连接是指对象之间的消息通信,它结合了事件响应和数据流两个方面。一条消息连接既表示发送者发送一条信息,也表示接受者收到一条信息后作出一个响应。在 OOA 中,消息连接体现了对象行为之间的依赖关系,它是实现对象之间的动态联系,使系统成为一个动态活动的整体,并能使系统各组成部分协调工作。

消息连接存在于顺序系统和并发系统中。顺序系统是指 OOA 模型中只有一个主动对象、一切操作都是顺序执行的系统。并发系统是指 OOA 模型中含有多个主动对象和多个任务并发执行的系统。在一个顺序系统中的消息连接称为控制线程内部连接,而在并发系统中存在多个控制线程。控制线程之间进行的消息连接是不同控制线程之间的唯一联系方式。两者的表示方法如图 7-19 所示。

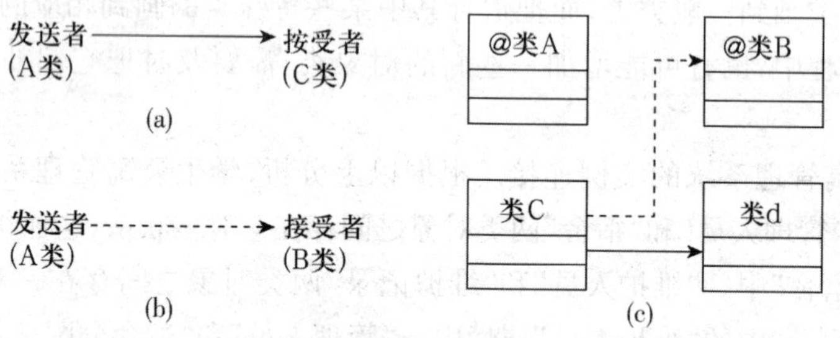

图 7-19　消息连接的表示方法

(a)控制线程内部的消息连接;(b)控制线程外部的消息连接;(c)消息连接实例

消息连接的符号有两种,即控制线程内部的消息连接和控制线程之间的消息连接。连接线中带箭头的一端表示消息的接受者,无箭头的一端表示信息的发送者。若连线两端都有箭头,表明连线两端的每一端都既是消息接受者,又是消息发送者。

(2)建立消息连接。根据以上分析,建立消息连接时可以分以下两步进行。

①建立控制线程内部消息连接。

第一,分析类图中每个对象的操作和属性,对象的每个属性必须关联到某个操作,否则会导致属性的无用。

第二,从主动对象开始访问每个对象,研究这个对象是如何建立的?下一步要做什么工作?做此工作需要请求其他对象提供什么操作?不同对象之间的操作需求形成了对象之间的消息连接,依次可以建立对象之间的消息通信路径。

第三,从系统的行为(事件)出发,寻找每个事件产生的消息,探求这些消息发送给哪些对象,这些对象产生了什么反应。这样,从每个消息追踪到该消息的操作对象,在有消息交换的对象之间画出消息连线。依次类推,直到把每一个消息都经历一遍。

第四,建立了全部的消息连接后,要针对系统中的每个对象类和每个操作进行检查,以探讨每个操作是否在以上过程中被分析过;否则,这个服务就可能是多余的或遗漏了向这个操作发出消息。如果确系无用的服务,则应删除;如果有遗漏,则要及时补充,这样才能得到全控制线程内的消息连接模型。

②建立控制线程之间的消息连接。

在完成了控制线程内部的消息连接之后,我们可以着手建立各控制线程之间的消息连接。由于多控制线程存在于并发系统中,因此,分析员在建立控制线程之间的连接时,需要从并发系统的全局出发,发现控制线程之间所需要的消息连接。分析时以每个控制线程为基本单位,探讨以下主要问题。

第一,某控制线程在执行时是否需要请求其他控制线程中的对象为其提供操作?是否与其他控制线程的对象之间有数据信息的交换关系?是否产生了对其他控制线程执行有影响的事件?

第二,如果第一条成立,则寻找该控制线程执行时的操作请求由哪个控制线程中的哪个对象提供?与该线程有数据交换的控制线程和对象是哪个?该线程的结果作用到哪个线程中的哪个对象上?以此确定需要连接的控制线程和对象。

第三,除上面的基本步骤外,还可以从该控制线程执行时需要同步传递的控制信号、该线程的终止条件和由其他控制线程启动的条件等,建立不同控制线程之间的消息连接。

运用以上方式,把建立的不同线程之间的不同对象用消息连接符连接起来,并在类描述板中对每个发送消息的操作做出详细说明。说明每个操作中传递消息的内容和格式、每个接收者所处的类名、处理该消息的操作名,以及操作执行的类型等。这样即可得到OOA基本模型中所需要的消息连接。

(3)学生公寓管理系统的消息连接。根据上面介绍的步骤,我们可以建立学生公寓管理系统的消息连接。确定消息连接时,首先讨论对象的分布方案。以两类主动对象为中心,将对象类划分为两组,“管理人员”“宿舍分配事件”“维护人员”“宿舍安排表”“宿舍”为一组;“学生”“管理档案”“维护记录”“卫生记录”为另一组,每一组对象都放在同一台处理机中,各组之间既可分离也可合并,那么,在同一组类内部的消息传送都是在同一个控制线程内部,两个组之间的消息传递则是在控制线程外部。

各个控制线程内部的消息包括:“管理人员”向“宿舍分配事件”对象发送消息,执行“宿舍分配”操作;“学生”对象向“维护记录”对象发送消息,执行“维护请求”操作;“学生”对象向“卫生记录”对象发送消息,执行“卫生检查”操作。不同控制线程之间的消息包括“学生”对象向“管理人员”对象发送消息，“管理人员”对象执行“维修”“查询”“检查评比”等操作。“管理人员”中的“维护人员”在进行“维护”操作时，还要向“维护记录”对象发送消息，以查询“维护请求事件”资料和登记维修有关的数据。学生公寓管理系统的消息连接如图 7-20 所示。

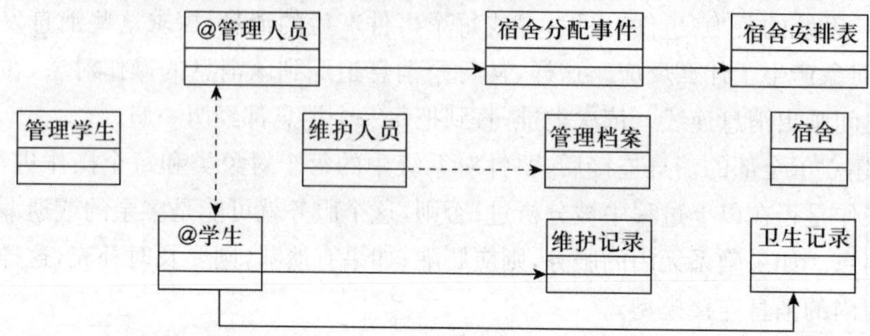

图 7-20 学生公寓管理系统的消息连接

6. 学生公寓管理系统关系层的建立

对以上分析进行综合，我们可以得到学生公寓管理系统的关系层，如图 7-21 所示。此图是由确定结构层的一般—特殊关系和整体—部分关系，实例连接和消息连接综合而成。

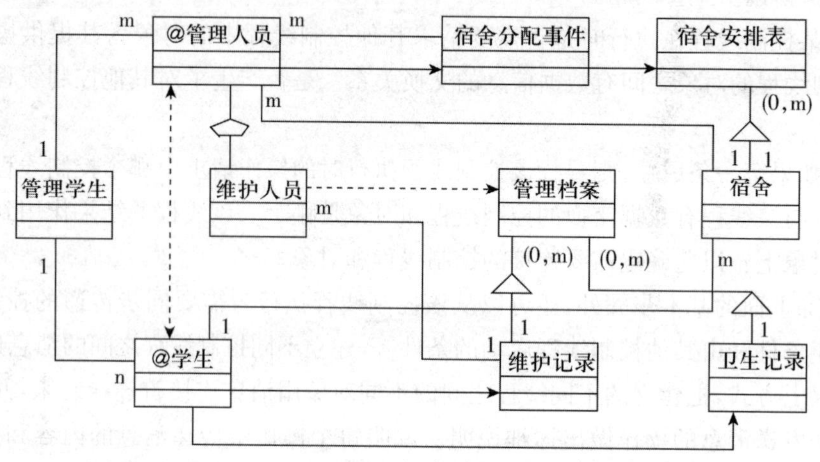

图 7-21 学生公寓管理系统的关系层

(四)建立主题层

补充模型是对 OOA 基本模型的补充和完善，它包括建立主题层和建立交互图两个主要活动。在实际分析中，这一步可以根据研究的问题加以取舍，因此，在 OOA 中建立补充模型是可选项。这里只研究主题层的建立。

1. 主题层的概念

(1)主题层的含义。主题层是在 OOA 中对一个或几个类共有特性的概括描述，是具有较强联系的集合。主题层用主题层图来描述，它比对象和类的抽象层次高。在开发一个现实的系统时，OOA 模型中可能包括几十个甚至上百个类，这些类表达的关系错综复杂，会使人们难以理解和把握。主题层使人们可以对众多的类进行概括和抽象，以较少的主题站在宏观的角度来表达所要研究的复杂系统。

掌握主题层的概念，要注意以下几点：

第一，主题层是由一组相互关联的类所组成的类的集合，但其本身并不是一个类（即没有属性和操作）。

第二，主题层的内容应是高内聚的，即关联性强；而主题之间应是低耦合的，即相互的联系应尽可能少。

第三，主题层可以分层，即如果对类抽象以后得到的主题数目较多，我们还可以继续在此基础上向上抽象，形成上一级主题层。一般，最上层的主题数目应为5～9个。

第四，主题名与对象名相似，它用名词或名词短语命名，其名称往往是一个主题或一个系统的特征的概括。

（2）主题层的表示。主题可用主题图来表示，常用的主题图有简单表示法和复杂表示法，如图7－22所示。表达主题时还应填上主题的编号。主题的编号应能体现主题的层次。对于规模庞大的系统，可能有多层次的主题；对于规模较小的系统，可以没有主题层。

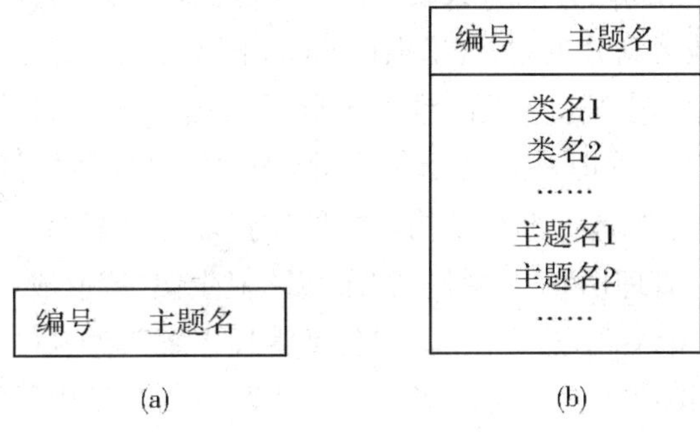

图7－22　主题的表示法

（a）主题的简单表示法；（b）主题的复杂表示法

2. 主题层的建立

划分主题的策略有两种：一个是自上向下划分策略；另一个是自下向上划分策略。通过划分，形成开发系统所需要的主题图。

（1）划分主题的策略。自上向下的策略是先把问题空间划分成一些小的应用领域或子系统，每一个子系统就是一个主题，针对每一个主题建立模型。这种策略适合于开发较为庞大的系统。而自下向上的策略是先确定系统的类图，在类图的基础上采用抽象的手段概括划分类图以形成主题图，这种策略适合开发较小的系统。这里主要介绍小系统主题的建立。

（2）划分主题的方法：①划分主题时以OOA模型中所得到的类图为基础；②从类图中一般特殊结构和整体—部分结构入手确定主题，一般可考虑把每个一般—特殊结构和每个整体—部分结构分别作为一个主题，结构中交叉的部分可根据需要划分；③把类图中通过实例连接相互联系起来的类划分在一个主题中。

通过以上划分，可以得到一个初步的低层主题层。若所得到的主题数目太多（多于9个），则可考虑对一些主题进行合并。

(3)合并主题的原则:①对于一些概念上比较接近,或有很强相关性的主题,应合并成为一个主题;②对于主题中所涉及的功能类似,体现系统责任有较大相关性的主题,也要合并成一个主题;③对主题之间具有较强耦合性的主题,可以合并成为一个大的主题。

通过运用以上合并原则,即可以对低层主题进一步抽象和合并,从而形成上一层的主题层,若该层主题数目较多,还可按上述方法继续向上合并,直到形成的主题数目符合要求为止。但经过多层主题划分以后,可能形成较多层次的主题层,这时要尝试去掉中间某一主题层,最多不超过两层;而对于大型系统,可考虑设两个主题层。

(4)主题图的建立。划分出主题以后,还需要把它以图形的方式表示出来,形成主题图。主题表达可采用图 7-22 所示的两种方式。对每个主题的命名应合理,一般情况下不必画出主题之间的各种连线。这样,我们可以得到 OOA 基本模型的补充模型的主题图。

3. 学生公寓管理系统主题层的建立

根据主题层的划分策略,在建立对象类之后,可采用自下向上的方法建立主题,即对对象进行抽象和综合,把具有相同内容的对象放在同一主题内。实际划分主题可根据问题空间特征、子系统甚至组织或地区划分主题,这里根据 OOA 模型中的关系层中的一般—特殊结构和整体—部分结构来划分。“管理人员”和“维护人员”是一个一般—特殊结构,这个结构可组成一个主题。由于这个类属于管理人员的活动,因此,该主题可取名“管理人员”,编号为 1。“宿舍安排表”与“宿舍”是一个整体—部分结构,它可以与“宿舍分配事件”形成一个主题,可取名“住宿管理”,编号为 2。“管理档案”与“维护记录”及“卫生记录”形成一个整体—部分结构,因此,可把这三个类组成一个主题,这个主题与“公寓管理档案”有关,可用此抽象三类行为的共同特征,因此,该主题可取名为“公寓管理档案”,编号为 4。将“学生”类单独作为一个主题,并以类名为主题名,编号为 3。由此得到学生公寓管理系统的主题图,如图 7-23所示。

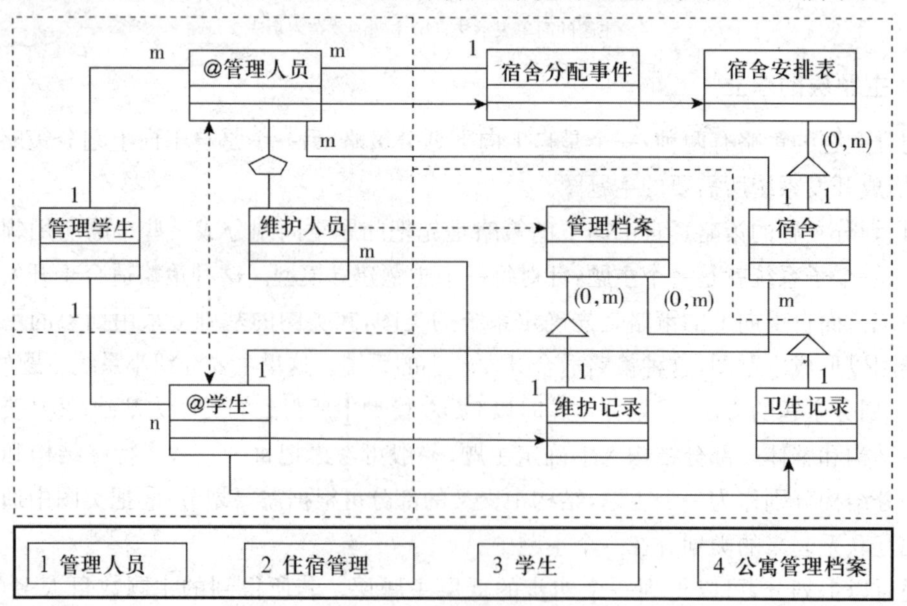

图 7-23 学生公寓管理系统的主题图

(五)编制 OOA 文档

前面介绍了 OOA 的主要活动并建立了必要的 OOA 模型，在完成这些工作以后，根据系统开发的要求，还应建立 OOA 文档。OOA 文档不但是为最终用户提供软件资料的必备附件，而且是建立 OOA 模型以及实现该目标的系统设计者、程序员所要求的。因此，OOA 文档的内容不仅是 OOA 活动中所产生文档的总汇，而且可能还有一些不属于 OOA 的附加信息。归纳起来，OOA 文档包括以下主要内容：

1. 系统概述

这部分说明该系统开发的目标、功能、背景和作用等。

2. OOA 的基本模型

通过对系统的分析研究，建立系统类图的三个层次模型，即对象层、特征层和关系层。其中，特征层由属性层和操作层构成。属性层由对象的属性加上对象之间的实例连接组成，操作层由对象的操作加上对象实例之间的消息连接构成。

3. 主题说明

建立信息系统的主题层，以简式、复杂方式展开主题图，并简要说明每个主题的构成和作用。

4. 详细说明

利用类描述模板，对类、属性和操作等进行详细说明，对结构和连接的说明也包含其中。类、属性和操作说明的基本格式如图 7－24 所示。

类的说明：
类名：(中文类名)，(英文类名)；
解释：[(文字描述)]；
一般类：[(类名)]{类名}；
主动性：Yes／No；
永久性：Yes／No；
其他：[(文字描述)]；

属性说明：
属性名：　(中文属性名)，(英文属性名)；
多态性：[*]；
属性解释：[(文字描述)]；
数据类型：[(类型名)]；
整体—部分：Yes(文字描述)／No；
实例连接：Yes(文字描述)／N0；
实现要求：[类属性儿取值范围：(下限)，(上限)][精度(数)][初值：值][其他：(文字描述)]；

操作说明：
操作名：(中文操作名)，(英文操作名)；
主动性：Yes／No；
解释：[(文字描述)]；
多态性：[*]
控制线程：[(文字描述)]；
消息接收：(消息名)({(参数名)：(类型名)，})
(消息名)({(参数名)：(类型名)，})；
其他：[(文字描述)]；

图 7－24　类、属性和操作的描述模板

三、面向对象设计

在建立 OOA 的基本模型和补充模型之后，就可以进入面向对象的设计阶段。OOA 在问题空间建立了包括五个层次的系统模型，即对象层、结构层、属性层、操作层和主题层，模型化了现实中的问题空间。但对于一个计算机应用系统而言，却没有说明用户最终将如何与其所描述的系统进行交互，系统如何应用于某一计算机平台以及其他一些实现问题，即缺乏“问题空间”的实现部分，这正是 OOD 阶段要解决的问题。也可以说，OOD 是对 OOA 分析模型的累进扩充过程，它是在 OOA 分析模型的基础上，增补了计算机系统实现时所需要的组成部分，这样就形成了一个较为完整的系统物理实现技术方案。

在面向对象方法的实践中，OOD 与 OOA 之间的界限并不十分明确，从 OOA 过渡到 OOD 是平滑的、无间隙的，因为 OOD 全面采用了 OOA 的结果，无须经过转换和解释，OOD 阶段是对 OOA 模型不断地优化、补充和细化的阶段。因此，OOA 和 OOD 两个阶段所面对的始终是同一个模型。

OOD 的系统模型由四个部件组成：问题空间（Problem Domain，PD），人机交互（Human Interaction，HI），任务管理（Task Management，TM）和数据管理（Data Management，DM）。这四个部件对应于组成目标系统的四个子系统。在不同的软件中，这四个部件的大小和重要程度可能差异较大，因此，在不同的软件中，对于这四个子系统可以根据需要做出进一步的合并与分解。在由这四个子系统构成的系统中，问题空间部件主要负责对系统边界内现实系统的描述，它在 OOA 中建立，在 OOD 中改进；人机交互部件负责人与计算机的交互界面；任务管理部件是对系统中各项任务进行合理的组织与管理；数据管理部件负责数据的存储、更新和恢复。在设计这四个子系统时，各子系统应尽可能具有简单而明确的接口，子系统之间的依赖性应较小。

OOD 的活动按照问题空间部件的设计、人机交互部件的设计、任务管理部件的设计、数据管理部件的设计和 OOD 文档的建立五个步骤依次进行。

（一）问题空间部件的设计

OOD 模型的构造首先从问题空间部件开始，其各个部分的构造是不断循环反复迭代进行的，而不是一个一个按顺序构造的。在 OOD 中，OOA 模型的结果正好符合 OOD 问题空间的部件，可以直接作为 OOD 体系结构中的 PD 部件，而不需要做进一步改动。因此，完整的、未经改动的 OOA 模型可成为初始 OOD 模型的 PD 部分，但是，由于实际技术以及现实方面的限制，一般还需要对初始 OOD 模型的 PD 部分在保留 OOA 模型所捕获的基本系统行为的前提下进行一些改进和增补。这样，我们可以把它分为以下几个步骤。

1. 建立 OOD 模型的初始 PD 部分

建立 OOD 模型的初始 PD 部分，应直接从复制 OOA 模型开始，把 OOA 模型作为 OOD 模型的问题空间，这一部分也是建立 OOD 模型的初始 PD 部分（如图 7 - 15 和图 7 - 16 所示），是从面向对象的分析中得到的初始 PD 部分。

2. 修改和增补初始 PD 部分

从 OOA 中得到的初始 PD 部分，根据实现的需要，还要做一定的修改和增补，必须从以下几个方面入手：

(1)对于可复用的设计/编程方面的类，也是初始 PD 中出现的类，可利用实现库中既有的类和对象来形容它，即对初始 PD 中的类和对象，可将其作为实现库中类的子类，并充分继承那些已存在于库中的类的属性和操作。这个过程意味着对初始 PD 的修改。

(2)将与空间有关的类组成一组，利用抽象原则来建立公开协议，这样形成一个新的超类(父类)。将这些类作为该超类的子类。这个超类给出了众多子类的公共部分，用来与数据管理或外部系统进行通信，众多类的组合为库的管理提供了方便。

(3)对初始 PD 部分的继承进行调整。如果初始 PD 模型中过多地依赖多重继承且设计者发现最终用于系统的程序设计语言只能支持单继承，那么，这时需要调整初始 PD 部分中的类层次结构。调整方法为:将原来的多重层次结构映射成整体—部分结构或若干单继承层次结构，再对其进行实例连接。如图 7－25 所示，将多继承转化为单继承。

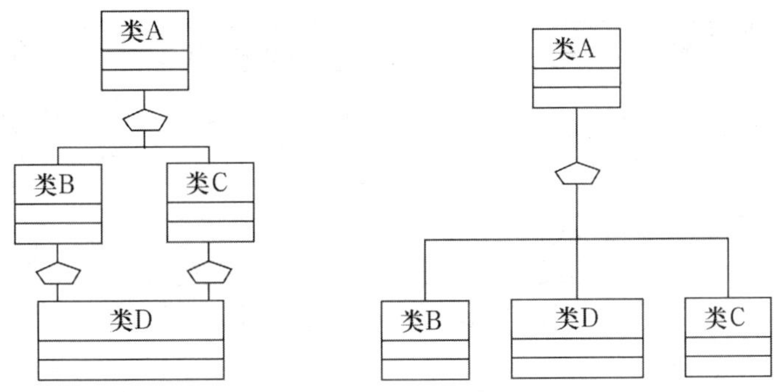

图 7－25　将多继承转化成单继承

(4)修改设计以提高性能。如果在对象之间存在大量消息传递，而程序语言无法实现继承时，性能就成为大家关注的热点。设计者解决这类性能问题，通常采用的一种方法是将两个类结合在一起(这样，通信就成为对象类通信而不是对象间通信)，另一种办法是利用全局数据作用域，打破封装原则。

(5)在使用初始 PD 部分时，若考虑利用一些商品化的特定空间的类库或其他地方的类来实现对初始 PD 部分中类的修改时，应首先对这些类中的属性和操作进行识别，尽量使不需要的属性和操作最小化，并在转换(修改)中加入一般　特殊关系的规格说明。

(6)为了提高系统的工作效率，可以合并一些高度耦合的类，还可能在类及对象中扩充一些保存临时结果的属性或低层控制块。

(7)提供数据管理部分，增加属性和操作使对象能够被保存。保存的数据可以是对象本身的，也可以是数据管理部分或面向对象的数据管理系统。

(8)增补一些类来反映系统底层的逻辑细节。

3. 建立学生公寓管理系统的 PD 部分

根据以上方法，在对初始 PD 部分进行必要的修改和增补后，即可得到 OOD 模型中的

PD部分。首先，在OOA模型分析的基础上增加了一个对象“检查”，其目的是监控数据库的完整性，监测非授权人员进入学生公寓管理系统的企图。这个实体应是一个独立的对象，而不能将其分散到其他对象之中，也没有必要将这个类分配到独立的处理器上。其次，考虑到实现数据库时可能用到关系数据库系统，因此，必须消除OOA模型中的多对多关系。在学生公寓管理系统中，原本“管理人员”与“学生”之间是多对多的关系，我们在OOA阶段增加了“管理学生”这个对象类，把多对多关系转换成了两个一对多关系；如果在OOA阶段没有增加“管理学生”对象类，这时也可以增加一个“管理任务”对象类，其属性有任务名称、起止时间、执行人员等，同样可以转换“管理人员”与“学生”之间的多对多关系为一对多关系。再次，可以增加一个有关公寓管理系统OOD对象的帮助服务操作，在运行时，它能给用户一些帮助信息，如提示怎样查询人员等。帮助功能的实现可由帮助窗口、提示说明来完成，在这种情况下，决定将这个服务功能分散到各个对象中。如果将服务的各成分由各自所属的对象来管理，那么，很容易保证服务中的各种信息都是最新的。按照以上思路即可得到如图7－26所示的PD部件。

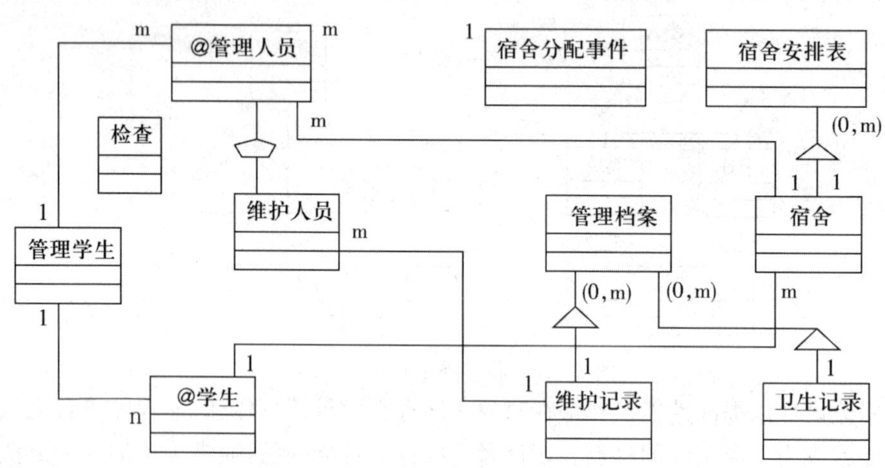

图7－26　学生公寓管理系统的问题空间部分

(二)人机交互部件的设计

人机交互(HI)的设计是决定所设计的系统应当使用哪类人机交互界面，并标识实现人机交互界面时所用到的人机交互部件的对象。HI部件是系统行为与用户界面实现技术之间架起的一座桥梁，OOD模型中的HI部件包括实际显示(如屏幕、报告)以及人机交互过程中所需要的数据。

1. HI部件的对象(类)

在许多大型信息系统中，人机交互对象(类)通常是指窗口屏幕或报告。

(1)窗口的组成。在信息系统中，窗口一般有如下三种：①安全登录窗口，这种窗口是用户访问系统的必经之路；②设置窗口，这种窗口是为了创造或初始化系统运行必需的对象，如用来创建、维护和删除持久对象的窗口；③业务功能窗口，这种窗口是用来帮助完成那些信息系统与其用户所进行的业务交互时所必要的功能，如排课表、打印符合要求的学生名单等。

(2)报告。报告是除窗口以外的另一种形式的 HI 部件，也是 HI 的一种常用形式。报告对象(类)可以包括绝大多数用户需要的信息，如学生名单等。

2. HI 部件对象(类)的标识

HI 部件的每个对象(类)就像问题空间的对象(类)一样，都需要进行扩展，以确认它们的全部责任，并进行标识。标识 HI 对象(类)包括：

(1)确定每个类必需的属性。确定属性的方法如前文所述。

(2)确定每两个类之间所有的一般—特殊、整体—部分结构或其他结构。但在对象模型的四个部件即 PD、HI、TM 和 DM 之间不应存在对象连接；若存在这样的连接，则需要在适当的地方显示出各部件之间的类的连接，部件通过使用场景来连接类。

(3)确定便于实现目标的最适合类的操作，这类操作是指那些实现问题空间需求的操作，而实现这些操作需要人机交互。当问题空间的操作连接时，人机交互的服务操作需要用场景进一步描述。

3. HI 部件对象的构建

构建 HI 部件应把握以下几个方面：

(1)分类描述。在设计 HI 部件时，首先对所有与系统有关的人进行分类，根据每类人员的工作目的、工作内容以及系统对他们所能提供的支持进行必要的描述。

(2)构建 HI 部件的对象模型。HI 中有许多窗口对象，但在用户与系统进行交互期间，只能有一个窗口呈现在用户面前，这样，通过使用整体—部分结构，将窗口对象分解为各种文本域、选择按钮、图符等细节，并将这些细节作为窗口对象的属性。描述实现系统任务所需要的窗口，这些窗口的导航细节作为窗口的详细成分，这样即可建立 HI 部件的对象模型。构建 HI 部件时，要按照人机交互设计的一些准则，即一致性(一致的术语、步骤、活动)、最少的操作步骤、及时响应用户操作、界面设计简单明了等进行，设计出良好的用户界面或人机交互系统。

(3)对 HI 部件对象模型的补充说明构建 HI 部件的对象模型，一般可以得到我们所需的信息系统的 HI 部件。但是，对于大型、复杂化的信息系统，前面所建的对象模型不能十分清楚地说明其系统的所有人机交互部件，这时还需使用辅助工具——菜单树来加以补充说明。

菜单树只表示了 HI 的基本结构，它能够让用户直观地看到操作者是如何在界面上“航行”的，有助于全局用户界面的可视化。图 7－27 为学生公寓管理系统 HI 部件的菜单树。

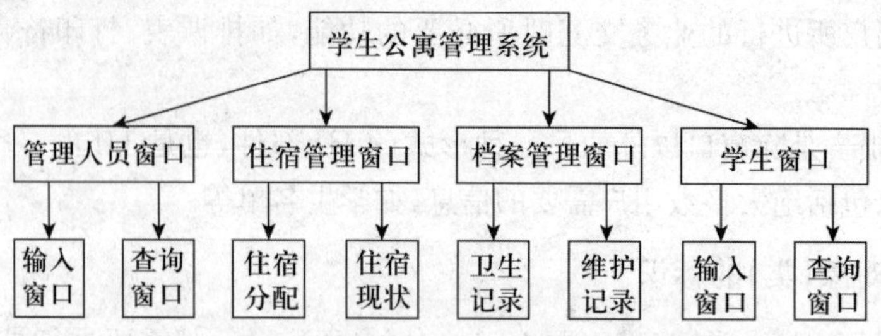

图 7-27　学生公寓管理系统 HI 部件的菜单树

4. 学生公寓管理系统的人机交互部件

根据上述理论，我们可以设计出学生公寓管理系统的人机交互部件。由于学生公寓管理系统使用人员的特点和工作方式的不同，HI 部件设计的重点应放到窗口和屏幕的设计上，以及向用户提供友好的图形用户界面。设计 HI 的过程中有许多窗口对象，但在用户与系统进行交互期间，只能有一个窗口呈现在用户面前，这里通过使用整体—部分结构，将窗口对象分解为各种文本域、选择按钮、图符等。HI 部件的设计给出系统的实现蓝图，清楚地描述窗口以及这些窗口的导航细节和窗口的详细成分，这样在系统的实施阶段，程序员就可据此来实现它们。学生公寓管理系统住宿管理窗口部分的 HI 部件如图 7-28 所示。

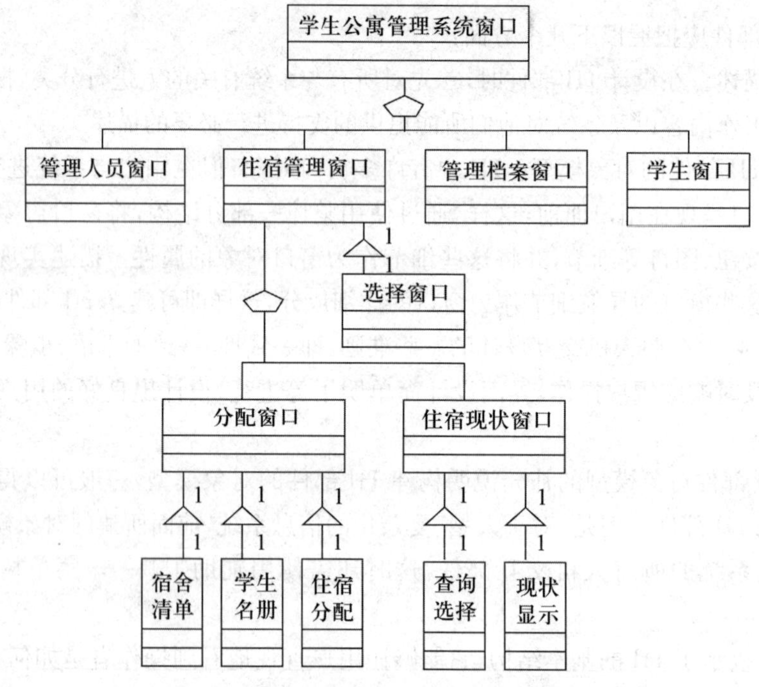

图 7-28　学生公寓管理系统住宿管理窗口部分的 HI 部件

(三)任务管理部件的设计

在 OOD 中，任务是指系统为达到某一设定目标而进行的一连串数据操作，若干任务的并发执行称为多任务。TM 的设计就是针对任务项，对一连串数据操作进行定义和封装。

对于多任务要确定任务协调部分，以达到系统在运行过程中对各项任务进行合理的组织与管理、合理有效地利用有限资源的目标。

任务管理部件的设计步骤如下：

1. 对类和对象进行细化，建立系统的 OOA/OOD 工作表格

OOA/OOD 工作表格包括：某系统可选定的对象条目，对该对象在 OOD 部件中位置的介绍，以及注释部分等。

2. 审查 OOA/OOD 工作表格

需要寻找可能被封装在 TM 中的那些与特定平台有关的部分以及任务协调部分、通信从属关系和消息/线程序列等。

3. 构建新的类

TM 部件设计的首要任务就是构建一些新的类，这些类建立的主要目的是处理并发执行、中断、调度以及与特定平台有关的一些问题。TM 部件中的类把有关特定平台的处理机制对系统的 PD、DM 和 HI 隐藏起来，这样有利于所开发系统移植后的平稳运行，因为在移植时，系统的基本行为(功能)不会发生变化。把所得到的表达出来，即可得到 TM 部件。

TM 一般在信息系统中使用得较少，但在控制系统中应用得较多。由于学生公寓管理系统没有平台接口，因此，可以不需要 TM 部件。

(四)数据管理部件的设计

数据管理部件的设计主要是为了满足信息系统对数据存储的要求。DM 提供了在数据管理系统中存储和检验对象的基本结构，说明了对所产生的永久数据(永久存储)的访问和管理，而这些数据将会在 OOD 模型的其他部件中使用。进行 DM 的设计应掌握以下几个方面：

1. 对象模型中 DM 部件应实现的主要目标

(1)存储问题空间的持久对象。对于那些在信息系统中两次调用之间需要保存的对象，DM 提供了与操作平台数据管理存储系统的接口，不论这一数据存储方式是文件的、关系的、面向对象的或其他类型的。这样做的好处是 DM 将信息系统中的数据存储、恢复和更新与其他部分相分离，提高了对象模型的可移植性和可维护性。

(2)DM 部件为问题空间中所有的持久对象封装了查找和存储机制。在确定问题空间所有的持久对象后，即可得 DM 部件的类，即每个问题空间的持久类和 DM 部件的一个类关联，且名字相似。

2. DM 部件设计的内容

(1)存储设计

①存储方式的选择。常用的数据存储方式有三种：文件方式、关系数据库方式和面向对

象数据库方式。这三种方式既可单独使用,也可综合运用。其中,面向对象的数据库管理系统是以面向对象的数据模型为数据库的数据模型,采用面向对象技术方法,再配合数据库的管理与服务,以支持信息系统的需求。

②面向对象的数据库设计。

a. 数据模型。数据模型可分为基本数据类型和特殊数据类型两种。基本数据类型就是相对于一般程序语言所用到的 INTEGER、CHAR、REAL 等的数据类型;特殊数据类型是针对本系统提供的功能所需用到的数据类型。在建立类时,所有基本数据类型都可以作为类属性的定义域。

b. 类定义依据所分析的类关系定义数据库的对象模式。但这一模式不完整,还需对其对象进行定义。

(2)相应的操作设计

在以上数据库设计的基础上,还应为每个对象或类增加一个隐含的属性和操作,这个隐含的属性和操作不放在 OOD 模型的属性层和操作层,而是在描述类及对象的描述模板中加以标注,具体做法是定义一个类及对象,名为对象服务,它带有两项服务操作:①告诉每个对象存储它自己;②检查被存储的对象,供系统模型中其他成分使用。用这样的操作设计,一个对象将知道如何存储它自己,从而形成对象数据库模式的属性和操作,建立了 PD 与 DM 之间的桥梁。DM 部件设计的结果形成了如图 7-29 所示的数据对象组成的数据对象集合。

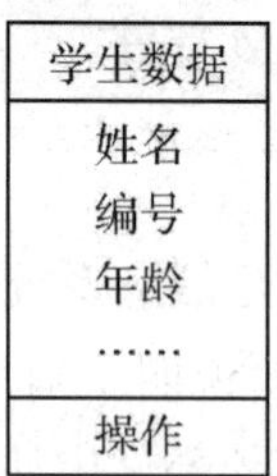

图 7-29　学生数据库模式定义

(3)对象表的规范化过程

在面向对象的设计中,我们对每创建的一个类对象(表)所表示的复杂的数据结构都要经过规范化的检查。规范化是指将复杂的数据结构简单化,使之更容易维护和满足用户的要求。范式化过程的重点是针对数据元素或数据结构中的属性对对象表进行规范化。在范式化研究中已经提出了七个层次的范式,在一般的设计中,满足前三个层次的范式即可。

3. 利用数据管理的完整事件处理过程

例如,某用户要查询学生的情况,当用户需要查询事件时,点击查询输入窗口中的查询按钮,此时查询给类查询发送消息,查询类得到消息后向学生数据表发送消息,该类接到消息后与自己的数据管理部件类建立消息连接,这样,学生数据表就开始与面向对象的数据库管理系统打交道。查到的结果通过查询显示窗口返回给用户。如图 7-30 所示。

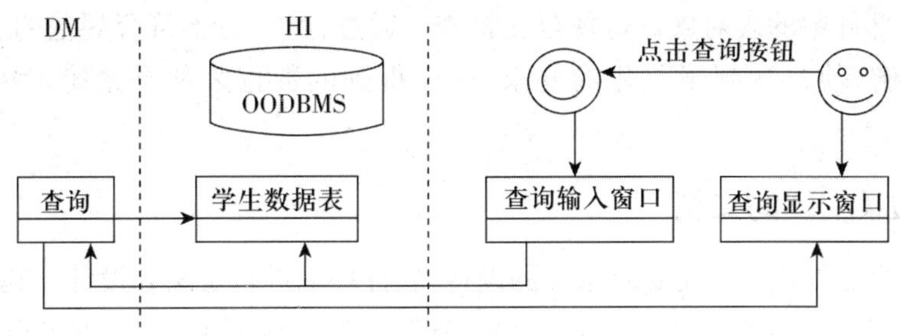

图 7－30“查询事件”的完整处理过程

4. 学生公寓管理系统部件的设计

对于 DM 部件，要考虑是为系统建立关系模型数据库还是建立面向对象的数据库管理系统，同时设计出相关的表单。

(1)数据存储方法的选择

学生公寓管理系统有明确的数据存储要求以保存公寓管理的有关信息，系统开发人员可利用软件平台及相关知识，在此选择关系数据库方式来开发 DM 部件，即面向对象的数据库管理系统的实现采用扩充关系型数据库管理系统的方法，实现时，可能还需建立一些对象来封装查询的实现。

(2)DM 部件的设计

①设计策略。DM 部件设计的基本策略就是为每个类建立一个关系表，这些关系表将在数据库管理系统中创建，且表对象中封装了数据(行)的建立、读、写、修改以及删除的操作，其他一些对象需要访问关系表对象时，则需要在这些对象之间建立消息连接，如图 7－31 所示。

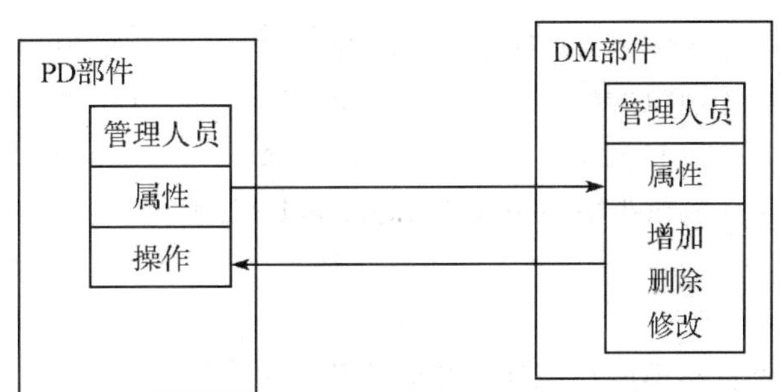

图 7－31　学生公寓管理系统 DM 部件的建立策略

②学生公寓管理系统中的 DM 部件。根据以上设计方法，我们可以得到该系统中的 DM 部件，如图 7－32 所示。

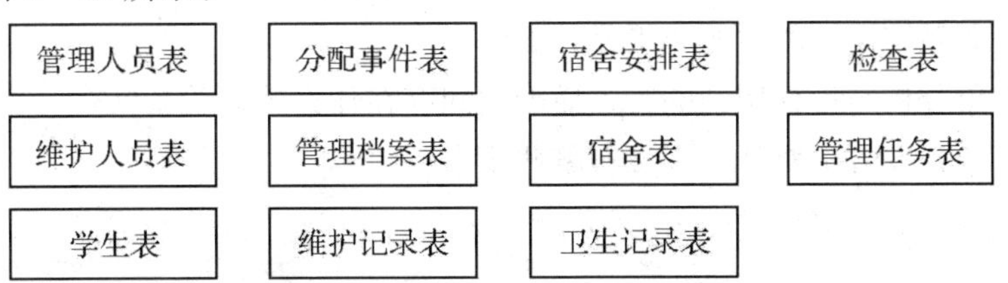

图 7－32　学生公寓管理系统的 DM 部件

③对 DM 部件中的表对象进行规范化检查。通过检查，对不符合规范的表对象类应该进行规范化分解，使之达到规范化的要求，这样得到的数据表便是系统 DM 部件的基本组成。

(五)建立 OOD 的文档

除以上内容之外，OOD 还要对系统的设备、软件环境进行定义和设计。建立好 OOD 系统模型后，还要建立 OOD 模型文档。OOD 模型文档是为设计人员和实现人员编写的。OOD 文档是 OOD 模型的说明和反映，其内容包括对 OOD 的四个部件 PD、HI、TM 和 DM 的定义和说明。

四、面向对象的系统实现

这一阶段主要是将 OOD 中得到的模型利用程序设计实现，包括选择程序设计语言编程，经过测试和转化，最终得到能被用户使用的实际软件系统。在前面各阶段得到的对象(类)及其关系最终都必须通过程序语言和数据库等技术实现。本阶段占整个开发周期的比重较小。

关键术语

消息	Message	类	Class
继承	Inheritance	实例	Instance
用例	Use Case	活动图	Activity Diagram
协作图	Collaboration Diagram	状态图	State Diagram
组件图	Component Diagram	配置图	Deploy Diagram
类图	Class Diagram	交互图	Interaction Diagram
包图	Package Diagram	顺序图	System Sequence Diagram
统一建模语言	Unified Modeling Language(UML)		

思考题

1. UML 包含几种基本模型？试列举并简述其主要作用。
2. 采用面向对象的方法进行系统分析，一般用到哪几种模型？主要步骤是什么？
3. 面向对象系统分析的主要成果是什么？
4. 采用面向对象的方法进行系统设计，一般用到哪几种模型？主要步骤是什么？
5. 面向对象系统设计的主要成果是什么？
6. 面向对象分析与设计用到的若干模型之间存在什么关联关系？
7. 面向对象开发方法对开发人员有哪些要求？

第八章　项目管理

管理信息系统的开发是一项费时费力的艰巨复杂的系统工程。由于管理工作存在许多不确定的因素，而且还具有一定的艺术成分，管理信息系统的开发难度往往要大于技术系统的开发。因此管理信息系统的开发必须对有关的人员，包括企业内各层次的管理人员做好引导宣传及有关知识的培训。对开发系统的技术人员除了要在开发规范上提出统一要求外，还应使他们对开发工作的难度做好充分的思想准备。尽管管理信息系统与其他技术系统相比有许多差别，但为了尽可能经济有效地保质按时开发好系统，应将管理信息系统的开发工作作为一个工程项目来管理。

第一节　管理信息系统项目概述

项目管理是指在一定资源如时间、资金、人力、设备、材料、能源等约束条件下，为了高效率地实现项目的既定目标（即到项目竣工时计划达到的质量、投资、进度），按照项目的内在规律和程序，对项目的全过程进行有效的计划、组织、协调、领导和控制的系统管理活动。项目是具有明确目标的一次性任务，具有明显的生命周期，阶段性强。项目管理是面向所有工程项目的管理，是运用系统科学的原理对工程项目进行计划、组织与控制的系统管理方法。项目管理要解决的基本问题就是如何按所选择的研制方法对开发项目进行有效的计划、组织、协调、领导、控制。

一、管理信息系统项目的特点

管理信息系统的开发是一项长期的任务，必须根据企业组织的改革、发展的需要和可能，分成若干项目，分步进行开发。管理信息系统的开发项目包含信息系统分析、设计和实施的整个过程。它由项目负责人（项目经理）负责，利用可获得的资源为用户组织系统的建设。项目管理实质上是保证整个系统开发项目顺利、高效地完成的一种过程管理技术，贯穿于系统开发的整个生命周期。

管理信息系统项目的目标往往是不精确的，任务的边界是模糊的，质量要求更多是由项目团队来定义的。管理信息系统项目进行过程中，客户的需求会不断被激发，被不断地进一步明确，导致项目的进度、费用等计划不断更改。管理信息系统项目是智力密集、劳动密集型的项目,受人力资源影响很大,项目成员的结构、责任心、能力和稳定性对信息化项目的质量以及是否成功有决定性的影响。

管理信息系统项目不是交钥匙工程,项目开发队伍通常要跟踪到系统的使用生命周期结束,因此要求项目开发队伍在较长时间保持稳定。

二、系统项目管理的主要内容

管理信息系统项目管理是一项系统工程,负责协调各类开发人员和各级用户之间的关系,以保证开发过程有条不紊地进行。

(一)计划管理

计划管理的主要工作内容为:制订总体计划,确定系统开发范围,估算开发所需资源,划分系统开发阶段,分步实施,同时明确系统开发重点;制订阶段计划,分解阶段任务,估算阶段工作,规划阶段工作进度;对工程计划执行情况进行检查,找出无法按计划完成的原因并且提出相应建议,以对计划做出相应调整。

(二)风险管理

风险管理的主要工作内容为:标准化管理,确定所依据的标准,确定自定义标准范围;安全管理,制订安全保密制度,排除不安全因素,进行安全保密教育。

(三)质量管理

质量管理的主要工作内容为:贯彻系统开发过程质量管理原则;确定系统质量管理指标体系;保证系统的可用性、正确性、适用性、可维护性以及文档完整性;系统开发周期内的质量管理,分阶段确认工程质量指标,实行质量责任制;对各项任务进行质量检查,分阶段质量评审,分析影响阶段质量的原因。

(四)资源管理

资源管理包括人力资源管理、软件资源管理、硬件资源管理、资金管理等,主要工作内容为:制订各类专业人员的需求计划,对人员进行合理组织和使用,进行人员培训;明确软件所需和软件来源,合理使用软件,重视软件的日常维护;熟悉系统运行环境和硬件系统配置,制订硬件安全使用制度,重视硬件维护保养,加强对辅助设备的管理;严格执行投资概算,包括硬件软件投资、系统开发费用、运行和维护费用,做到资金使用平衡,定期编制资金使用报表。

第二节　项目启动

项目启动是指组织正式开始一个项目或继续到项目的下一个阶段。这个阶段的主要工作是项目识别、项目构思和项目选择,形成项目建议书或者可行性研究报告。

一、项目的需求分析

项目需求分析是指项目投资者通过对项目产品或服务的市场需求、社会需求、公众需求以及投资者本身发展需求的综合分析，确定项目的方向以及项目投资的可行性，为项目投资决策提供依据和必要的准备工作。

需求分析一般要考虑企业竞争环境和发展战略、投资项目的瓶颈、用于项目的资金有无来源等直接影响立项的重要因素。项目投资者在资源有限的条件下往往需要做很多事情，确定哪一个项目是企业最迫切的需求，确定各种不同项目的优先发展次序，这是非常重要的。项目的需求分析，应以这些问题为目标。

二、项目选择

在一个重要项目上获得适当的甚至很小的一点成功比在一个不重要的项目上获得巨大成功更具有意义。组织的战略计划阐述了组织的经营理念、使命、目标、目的、战略，是选择项目的基础。

项目选择包括评估各种需求和机会，然后决定哪一个应该以项目的形式来实施，每个机会的收益和结果、优势和劣势、增加值和减少值都需要认定和评估。项目选择的步骤如下。

(1)制订一套评估机会的标准。这些标准可能包含定性和定量的因素。定量的收益可以利用财务指标来衡量，如销售额的增长或者成本的降低等。无形的收益如提高公司的公共形象或者员工士气等。每个机会也都应有量化的结果，如完成项目所需的成本，有些结果可能无法用具体的数值表示，如法律屏障等。

(2)列出每个机会所基于的假设。例如，如果航空公司想开发一套订票系统，一个假设可能是公司要有足够的资金来完成这个项目。

(3)收集每个机会的数据和信息，确保做出一个正确的项目选择决定。例如，必须收集一些与每一个机会有关的基本财务估计，如直接回报率、贴现的现金流、净现值、内部回报率、投资回报率，或者与每个考虑中的机会有关的生命周期成本。通常可以采用特定的基于数学的财务或经济模型分析方法，确保它们能够以一个统一的基础进行比较。

除了收集确实的数据以外，还必须获得与每个机会有关的其他信息，如这个机会可能会影响到的各种利益相关者。收集这些信息的方法包括调查问卷、专题讨论小组、访谈或者对已有报告的分析。举例来说，如果想开发一套订票系统，可以采用调查问卷来确定顾客的订票需求。

(4)对照标准评估每一个机会。一旦收集、分析和总结了针对每个机会的所有数据和信息，这些资料就应该提交给参与评估和选择的团队。为了能够得到各种观点和看法，可以增加参与评估和选择的团队的人数，每个成员都应有不同的背景和经验，并应用到决策过程中。如市场部对消费者偏好颇有了解，财务部熟知成本和公司财务状况，生产部了解对生产流程以及设备需要进行哪些改进，研发部找到要研发多少种新的技术，人力资源部知道机会对劳动力或者社区可能带来的影响。

开展评估和选择过程的一个方法就是让评估和选择委员会制定一套评估标准，也可以制定某种类型的评分体系，根据每项标准给每一个机会打分。参与评估和选择的团队都应该得到已经收集、分析和总结的所有数据和信息。在整个团队成员碰面前，每个成员都应根据评价标准独立分析每一个机会的收益和结果、优势和劣势。在多数情况下，项目选择将综合考虑定量评估的结果和每个成员基于其经验所感受的价值。尽管最终决定还是由公司的所有者、总裁或者部门主管来做，但是有一个充分考虑的评估过程和选择程序，以及一个全面的评估团队，将大大增加做出能够带来最大总体收益的最好决策的机会。

一旦做出要利用某个或某些机会的决定，并且想雇用承约商或顾问来执行该项目，下一步就要准备需求建议书。如果该项目由公司内部的团队来执行，也应该准备一份文件，列出项目需求。

三、项目的可行性研究

可行性研究是确定建设项目前具有决定性意义的工作。可行性研究是对项目的主要内容和配套条件，如市场需求、资源供应、建设规模、工艺路线、设备选型、环境影响、资金筹措、盈利能力等，从技术、经济、工程等方面进行调查研究和分析比较，并对项目建成以后可能取得的财务、经济效益及社会环境影响进行预测，从而提出该项目是否值得投资和如何进行建设的咨询意见，为项目提供依据的一种综合性的系统分析方法。可行性研究应该具有预见性、公正性、可靠性和科学性的特点。

项目可行性研究的内容及侧重点因行业特点而差异很大，一般应包括以下内容。

(1)投资必要性。主要根据市场调查及预测的结果，以及有关的产业政策，论证投资建设项目的必要性。

(2)技术可行性。主要从项目实施的技术角度，合理设计技术方案，并进行比较和评价。

(3)财务可行性。主要从项目及投资者的角度，设计合理财务方案，从企业理财的角度进行资本预算，评价项目的财务盈利能力，进行投资决策，并从融资主体的角度评价股东投资收益、现金流量计划及债务清偿能力。

(4)组织可行性。制订合理的项目实施进度计划、设计合理的组织机构、选择经验丰富的管理人员、建立良好的协作关系、制订合适的培训计划，保障项目顺利实施。

(5)经济可行性。从资源配置角度衡量项目的价值，评价项目在实现区域经济发展目标、有效配置经济资源等方面的效益。

(6)社会可行性。分析项目对社会的影响，包括政治体制、方针政策、经济结构、法律道德、宗教民族及社会稳定性等。

(7)风险因素及对策。主要对项目的市场风险、技术风险、财务风险、组织风险、法律风险、经济及社会风险等风险因素进行评价，制定规避风险的对策，为项目全过程的风险管理提供依据。

四、项目启动的步骤

项目启动过程是由项目团队和项目利益相关者共同参与的一个过程，这个阶段应该定义一个项目的所有参数，以及开始计划针对项目的目标和最终成果的各种管理行为。具体步骤为：

(1)制定项目的目标。

(2)项目的合理性说明，具体解释为什么开展本项目是解决问题或者是满足某种需求的最佳方案。

(3)项目范围的初步说明。

(4)确定项目的可交付成果。

(5)预计项目的持续时间及所需要的资源。

(6)确定高层管理者在项目中的角色和义务。

第三节　项目计划管理

项目计划是项目管理的基础，项目管理中最重要的就是项目计划的工作，凡是为实现目标而进行的活动都应该纳入到计划之中。

一、项目计划要素

一般而言，项目计划可以包含如下要素。

(一)项目范围计划

范围计划阐述进行此项目的原因或意义，形成项目的基本框架，使项目所有者或项目管理者能够系统地、逻辑地分析项目关键问题及项目形成中的相互作用要素，使项目相关人员在项目开始实施前或项目相关文档编写前，能够就项目的基本内容和结构达成一致；项目范围说明应当形成项目成果核对清单，作为项目评估的依据，在项目终止以后或项目最终报告完成以前进行评估，以此作为评价项目成败的依据；范围说明还可以作为项目整个生命周期监控和考核项目实施情况的基础及项目其他相关计划的基础。

(二)项目进度计划

进度计划是说明项目中各项工作的开展顺序、开始时间、完成时间及相互依赖衔接关系的计划。通过进度计划的编制，使项目实施形成一个有机的整体。进度计划是进度控制和管理的依据，可以分为项目进度控制计划和项目状态报告计划。

(三)项目质量计划

质量计划针对具体特定的项目，安排质量监控人员及相关资源，规定使用哪些制度、规范、程序和标准。项目质量计划应当包括与保证、控制项目质量有关的所有活动。

(四)项目资源计划

资源计划决定在项目中的每一项工作中使用什么样的资源(人、材料、设备、信息和资金等),在各个阶段使用多少资源。项目费用计划包括资源计划、费用估算和费用预算。

(五)项目沟通计划

沟通计划就是制订项目过程中项目相关人员之间信息交流的内容、人员范围、沟通方式、沟通时间或频率等沟通要求的约定。

(六)风险对策计划

风险对策计划是为了降低项目风险的损害而分析风险、制订风险应对策略方案的过程,包括识别风险、量化风险、编制风险应对策略方案等过程。

(七)项目采购计划

项目采购计划过程就是识别哪些项目需求应通过从本企业外部采购产品或设备来得到满足。如果是软件开发工作的采购(外包),应当同时制订对外包的进度监控和质量控制的计划。

(八)变更控制、配置管理计划

由于项目计划无法保证一开始就预测得非常准确,在项目进行过程中也不能保证准确有力的控制,导致项目计划与项目实际情况不符的情况经常发生,所以必须有效处理项目的变更。变更控制计划主要是规定变更的步骤、程序,配置管理计划就是确定项目的配置项和基线,控制配置项的变更,维护基线的完整性,向项目相关人员提供配置项的准确状态和当前配置数据。

二、项目计划编制过程

制订计划的过程是一个对项目逐渐了解掌握的过程,通过认真地制订计划,项目经理可以知道哪些要素是明确的,哪些要素是要逐渐明确的,通过渐近明细不断完善项目计划。制订计划的过程也是在进度、资源、范围之间寻求一种平衡的过程。制订计划的精髓不在于写出一份好看的文档,而在于对各种可能的问题和面临的风险尽可能做出前瞻性的思考。

项目计划编写一般要按照以下过程进行。

(一)成立项目团队

相关部门收到经过审批的项目立项文件和相关资料后,项目经理即可组织项目团队。团队成员随着项目的进展在不同时间加入项目团队,也可以随着分配的工作完成而退出项目团队。但团队成员最好能够参加项目启动会议,了解总体目标、计划,特别是自己的目标职责、时间安排等。

(二)项目开发准备

项目经理组织前期加入的项目团队成员准备项目工作所需要的规范、工具及环境,如开发工具、源代码管理工具、配置环境、数据库环境等。前期加入的项目团队成员主要由计划经理、系统分析员等组成,但即将制订完成的项目计划要尽可能地在所有项目团队成员和项目相关人员之间充分沟通。如果存在一些影响项目成败的技术风险,则项目经理应组织人员进行预研。预研的结果应留下书面结论以备评审。

(三)项目信息收集

项目信息收集要讲究充分的、有效率的沟通,并要达成共识。重要的内容需要开会进行讨论,确保所有重要问题都得到理解,最终达成共识。讨论会上达成共识的应当记录成文字落实在具体的文档中。

(四)编写软件项目计划书

软件项目计划书是项目策划活动核心输出文档,包括计划书主体和以附件形式存在的其他相关计划,如配置管理计划等。编制项目计划的过程分为:确定项目的应交付成果;从项目目标开始,从上到下,层层分解,确定实现项目目标必须要做的各项工作;画出完整的工作分解结构图;确定各个任务之间的相互依赖关系,获得项目各工作任务之间动态的工作流程;确定每个任务所需的时间,确定每个任务所需的人力资源要求,如需要什么技术、技能、知识、经验、熟练程度等;确定项目团队成员可以支配的时间,确定每个项目团队成员的角色构成、职责、相互关系及沟通方式;确定管理工作,如项目管理、项目会议等;编制项目总体进度计划;考虑项目的费用预算、可能的风险分析及其对策、需要公司内部或客户或其他方面协调或支持的事宜。

(五)项目计划书评审、批准

项目计划书评审、批准是为了使相关人员达成共识、减少不必要的错误,使项目计划更合理、更有效。

在开始项目运作之前,项目团队必须花足够的时间对项目进行计划。一个考虑周全的项目计划,对任何项目的成功完成都是很重要的。应当让即将参与项目的执行人员参与计划工作,不仅因为他们最知道该做哪些具体细节活动,而且通过参与工作计划,他们对按计划执行项目更具责任感。

项目计划的具体步骤包括:

(1)清晰地定义项目目标。此定义必须在客户与执行项目的组织或个人之间达成一致。

(2)把项目范围一步步分解为工作包。工作分解结构就是在项目运行期间由项目团队实现或制定的项目等级树或工作组成单元。

(3)为了实现项目目标,需要界定每一个工作包所必须执行的具体活动。

(4)以网络图的形式图解活动。它表明了为实现项目,各种活动之间的必要次序和相互依赖性。

(5)对完成每一项活动需花多长时间进行估计,确定每项活动需要使用哪些资源及每种资源的用量,确保在预计的期间内完成项目。

(6)为每一项活动做一个成本估算。成本依每项活动所需的资源类型及数量而定。

(7)计算项目进度计划及预算额,以决定项目是否能在预定时间内,在既定的资金与可利用资源条件下完成。如果无法完成,看看哪些工作范围、活动时间估算或资源配置可做哪些调整,直到建立起一个可行的、切合实际的基准计划。

第四节 项目管理的实施与控制

如果说成功的计划是成功的一半,那么按照计划实施就是成功的另外一半。项目实施的过程是执行项目计划的过程,同时也是检验项目计划的一个过程。项目实施阶段是项目真正意义上的开始,项目目标能否有效地实现,关键取决于这一阶段的工作做得如何,项目所需资源也是大量地消耗在这一阶段。

一、项目实施阶段的主要工作

项目实施阶段的工作包括实施准备、实施计划、实施中的控制。在项目计划制订完毕并得到利益相关者的认可后,接下来的工作就是项目团队共同执行计划,根据实际情况对计划进行适当的调整,保证项目成功地实施。

(一)项目实施准备

在项目计划付诸实施之前,必须花一定时间和力量对项目团队和有关人员,包括项目发起者和业主进行宣传、说服和动员。营造有利于实施项目计划的气氛和环境,即进行项目实施准备。项目团队应当对项目计划进行核实,看其是否完整、合理、现实与可行,项目所需的资源是否有保证,项目团队应当拥有的权力是否已经得到各方承认等。核实项目计划的过程实际上也是对项目团队进行动员的过程。

(二)实施计划

实施计划是指通过完成项目范围内的工作来完成项目计划。项目计划执行的主要依据就是项目计划。在项目计划执行过程当中,项目团队必须对项目各种技术和组织界面进行管理,即协调项目内外的各种关系。

(三)实施中的控制

项目控制就是监控和测量项目实际进展,捕捉、分析和报告项目的执行情况,若发现实施过程偏离了计划,就要找出原因,采取行动,使项目回到计划的轨道上来。如果项目计划中的某些东西在付诸实施之后发现无法实现，即使勉强实现，也要付出很高的代价，就必须对项目计划进行修改，或重新计划。

二、项目计划的执行

项目计划的执行包括五个子过程。

（一）计划执行

将项目计划付诸实施，开展计划中的各项工作。项目计划执行的主要依据是项目计划，包括范围管理、进度管理、风险管理、人员管理、采购管理、质量管理等具体领域的计划。

在项目计划执行过程中，项目团队必须协调项目团队内外的各种关系，建立审核制度，包括具体条文、人员和权限以及表格和其他书面文件。充分利用项目管理信息系统可以帮助项目的执行。

（二）信息沟通

建立信息传递畅通的渠道，让应该得到信息的利益相关者及时获得必要的信息。项目团队的主要任务是信息发送与编写项目进展报告。

信息发送就是把信息及时传递给有关的利益相关者，包括实施沟通管理计划和对临时请求的回复，信息一定要完整、清楚、简练。根据信息接收对象和范围的不同，可以采用书面形式或口头形式；可以采取报告、情况介绍等正式形式也可以采取备忘录等非正式形式；可以在项目实施范围内部发布信息，也可以在顾客、新闻界、公众等外部范围发布信息；可以在项目实施组织内从上到下或从下到上的垂直方向发送信息，也可以在同级之间的水平方向发送信息。

项目团队成员可以使用档案系统、计算机数据库、项目管理软件、工程图纸等技术文件信息，为了便于分享这些信息以及保证文件的安全，项目团队应当建立相应的文件管理系统和信息检索系统。在项目执行期间，交流的信息尽可能以适当的方式收集起来并加以妥善保管。

项目进展报告是为利益相关者编写的，是利益相关者之间沟通的重要资料。进展报告中要描述项目当前的状态、进度处在哪个阶段、执行情况，进展报告中还要说明将来可能遇到的问题，以便防患于未然。项目的利益相关者在读完进展报告后，通常会对项目某方面提出修改，这些修改，即变更要求应该按有关控制过程中规定的方法进行处理。

（三）询价

询价就是让可能参加投标的承担单位或供应商提出满足项目要求的报价和建议。项目团队通常具有一套标准的询价工作流程，并对承担单位和供应商建立选择标准。对于承担单位和供应商，可以通过图书馆、电话号码簿、网络等多种方式记录他们的经验、财务状况和组织结构等内容。询价之后要从承担单位处获得建议书。

(四)供应商选择

根据衡量标准确定供应商,接受某一供应商的建议书,并请他提供本项目需采购的产品或服务。选择合适的供应商时,价格通常是基本的决定因素,但是如果供应商不能及时提供合乎标准的产品和服务,即使建议的价格很低,项目成本仍会增加。

(五)项目团队建设

项目团队建立起来,一般不能马上形成项目管理能力,需要培养、改进和提高项目团队成员个人及整体的工作能力。

项目团队建设是项目经理和项目团队成员的共同职责,应当创造出一种开放和自信的气氛,使成员有认同感,大家强烈希望为实现项目目标做出贡献。

三、项目监控

在管理过程中实行有效的项目监控是实现过程目标和最终目标的前提和关键。具体包括以下 4 个方面的工作。

(一)项目跟踪

项目跟踪是指项目各级管理人员根据项目的规划和目标,在项目实施的整个过程中对项目的进度、质量、成本、风险以及影响项目的内外部因素进行及时的、连续的、系统的记录和报告的系列活动过程。项目跟踪提高了项目的透明度,降低了风险。

(二)项目控制

由于项目前期工作的不确定性和实施过程中多种因素的干扰,项目的实施进展难免偏离预期轨道。项目控制就是要在项目朝着最终目标前进的过程中,项目管理者根据项目跟踪提供的信息,对比原定计划和目标,找出偏差,分析原因,研究纠偏对策、实施纠偏措施的全过程。

(三)变更管理

研究表明,计划的不完善和不明确的用户需求是引起项目变更的重要原因:频繁的变更会引起项目的混乱,因此应该尽量完善前期的工作,减少变更的数量;但是对于正常发生的变更则应以积极的态度进行管理,使其有序。

在变更提出阶段,不仅要表述变更的原因,还要提出变更实施方案或计划,在变更影响分析中,通常需要关注对成本、进度的影响、变更的风险、影响范围、变更本身需要花费的资源等。为了有效控制变更,应该规定必要的管理人员批准各级变更。

(四)质量保证

项目质量保证就是由项目外部的角色,以独立的眼光对项目进行观察,目的在于按照计划对项目的质量加以独立的监督。质量保证人员通常被称为 QA(Quality Assurance),其职责是参与评审有关项目文件、参与评审变更、跟踪项目实施状况、审计项目过程规范的遵循情况等,并负责向项目经理的上级汇报工作。总之,QA 的职责就是发现产品和过程的问题,并向有关部门报告问题,督促跟踪问题的解决。

关键术语

项目管理	Project Management	项目启动	Project Initiation
项目需求分析	Project Requirement Analysis		
质量保证	Quality Assurance	变更管理	Change Management

思考题

1. 项目管理具有哪些特点?
2. 项目选择包括哪几个步骤?
3. 可行性研究包括哪些内容?
4. 项目监控包括哪几方面的工作?
5. 质量保证人员的职责是什么?

第九章 决策支持系统

第一节 决策支持系统的概念与组成

决策支持系统是一个集多种学科与技术于一体的集成系统，随着管理理论、行为科学、心理学等相关学科的不断发展，尤其是计算机技术和信息技术的巨大进步，决策支持系统的应用研究将不断深入，逐步向着智能化、多元化、集成化方向发展。

一、决策支持系统的产生与发展

近半个世纪以来，组织的管理思想、方法与工具随着组织环境的变迁发生了巨大的变化，管理思想、方法与工具的改进使组织的管理效率与效用有了显著的提高。组织管理的发展过程既是不断引入新技术新方法的过程，也是不断发现问题提出更高要求的过程。20 世纪 60 年代末 70 年代初出现的管理信息系统，使企业的信息获得了系统的开发与利用，将企业的管理水平提到了一个新的层次，但人们也慢慢发现，技术及方法论上固有的东西使得传统的管理信息系统不适合解决很多结构化程度不高的决策问题，同时意识到，对于复杂决策问题，不要试图用管理信息系统取代决策者去做出决策，而是设法支持决策者。在此背景下，人们寻求着能较有效地解决这些问题的新方法。而 20 世纪 70 年代起推出的用以支持决策的各种系统正呼应着这种需求。

20 世纪 70 年代中期基恩（Keen）和斯科特·莫顿（Scott Morton）首次提出了"决策支持系统"（Decision Support System，DSS）一词，标志着利用计算机与信息支持决策的研究与应用进入了一个新的阶段。

到 20 世纪 70 年代末，DSS 一词已非常流行，一般认为 DSS 是结合与利用计算机强大的信息处理能力和人的灵活判断能力，以交互方式支持决策者解决半结构化和非结构化决策问题的系统。当时的 DSS 大都由模型库、数据库及人机交互系统三个部件组成，被称为初级决策支持系统。后来，DSS 的组成部件和结构不断变化，DSS 从专用到通用，从简单到复杂，其发展还与信息技术、管理科学、人工智能及运筹学等科学技术的发展密切相关。80 年代初，DSS 增加了知识库与方法库，构成了三库系统或四库系统。知识库系统是有关规则、因果关系及经验等知识的获取、解释、表示、推理及管理与维护的系统；方法库系统是以程序方式管理和维护各种决策常用的方法和算法的系统。

DSS与人工智能(Artificial Intelligence,AI)领域的技术(如专家系统ES、人工神经网络ANN)相结合,综合运用知识推理与模型分析,形成了智能决策支持系统(Intelligent DSS,IDSS),提高了DSS支持非结构化决策问题的能力。DSS与计算机网络和通信技术结合构成了新型的能供异地决策者共同参与进行决策的群体决策支持系统(Group DSS,GDSS),克服时空限制,在多位决策者之间沟通信息,提供良好的协商与综合决策环境,以支持需要集体做出的重要决策。

在GDSS的基础上,为了支持范围更广的群体,包括个人与组织共同参与大规模复杂决策,人们又将分布式的数据库、模型库与知识库等决策资源有机地集成,构建分布式决策支持系统(Distributed DSS,DDSS)。DDSS研究内容广泛,但目前尚不成熟。

在20世纪80年代中期还出现了一种面向组织高层领导,能支持领导工作,为他们提高效率和改善有效性的经理信息系统(Executive Information System,EIS)。EIS富有系统使用者——经理的决策风格,能为经理及时提供可粗可细的多维度信息。

DSS产生以来,研究与应用一直很活跃,新概念、新系统层出不穷。1985年欧文(Owen)等人提出了由专业人员组成的,支持决策者使用DSS解决决策问题的决策支持中心(Decision Support Center,DSC)的概念,DSC容易实现,能明显改进决策环境。在新型框架方面,近年还推出了智能型、交互型与集成化的I3决策支持系统(Intelligent,Interactive and Integrated DSS,I3DSS),它以面向决策者、面向决策过程、综合各种方法与工具为特色,适用面更广泛。

二、决策支持系统的功能

DSS的目标是要在人的分析与判断能力的基础上,借助计算机与科学方法支持决策者对半结构化和非结构化问题进行有序的决策,以获得尽可能令人满意的、客观的解决方案。DSS目标要通过所提供的功能来实现,系统的功能由系统结构所决定,不同结构的DSS功能不尽相同。在总体上,DSS的功能可归纳为以下几个方面。

(一)信息的收集与管理

及时收集、整理、存储和提供本系统与决策过程有关的各种信息,包括与决策问题有关的组织内部信息,如生产数据、库存数据、财务数据和设备运行数据等;与决策有关的外部信息,如市场需求、商品价格、原材料供应和竞争对手的经营状况等;有关各项活动的反馈信息,包括系统内和与系统相关的信息,如计划完成情况、产品销售情况和用户反映信息等。

(二)模型与方法的存储与管理

能以一定的方式存储和管理与决策问题有关的各种数学模型,如定价模型、库存控制模型、生产调度模型等,以及模型所需的数学方法及算法,如回归分析方法、线性规划、最短路径算法等。

(三)数据、模型、方法的维护与调配

为用户提供查找、变更、增加和删除等操作功能，以使用户可以对系统所提供的数据、模型和方法进行有效而灵活的运用。如数据的变更、模型的修改、方法的增删等，都可以通过系统来完成。运用所提供的模型和方法对数据进行加工，并得出有效支持决策的信息，如对数据进行汇总、分析和预测等。在原有数据、模型和方法的基础上，再生成新的数据、模型和方法。

(四)数据处理和信息分析

能灵活地运用模型与方法对数据进行加工、汇总、分析、预测，得出所需的综合信息与预测信息。

(五)决策问题分析和求解支持

帮助明确决策目标，提供各种方案，并对方案进行评价和选优。能以方便的人机对话和直观的屏幕输出功能，通过“如果……则……”(What…if…)之类的问题的问答，帮助用户分析决策问题，比较可行解，并进行敏感度分析。

DSS 建立在人的分析与判断能力的基础上，借助现代信息技术和科学决策方法，因此 DSS 只是为决策者提供分析和求解决策问题的支持，而不是替代决策者决策，人机交互工作是 DSS 的主要特点。

DSS 是一类高端的管理类信息系统，其基本的工作原理是要组织与管理所有能供决策使用的数据或信息、计算模型、分析方法与判断规则，在决策者与机器的交互过程中，针对不同的问题，通过各种数据、模型与方法的综合作用来引导决策者完成一系列的判断而获得问题的解。

三、决策支持系统的特点

从决策支持系统的任务和功能，可以归纳出决策支持系统不同于其他计算机信息系统的特点。

(一)面向与辅助决策者

系统的收集、存储和输出的一切信息都是为决策者服务。由于决策过程的复杂性和决策过程中的重要作用，系统不可能取代人而做出决策。在整个决策过程中系统不可能也不应该提供答案，也不应该强加给决策者预先规定的决策顺序。

(二)支持对半结构化问题的决策

半结构化问题的复杂性致使传统的计算机信息系统，如电子数据处理系统、管理信息系统都难以解决，而决策支持系统则可以辅助决策者对决策信息过程和方案进行较系统且全面的分析。

(三)体现决策过程的动态性

用户(或用户通过模型)根据决策层次、决策环境、问题理解、知识积累等多方面变化的情况来动态地确定问题的解答,并在决策的动态运行过程中完善和调整系统。通过人机对话的方式将决策人的经验、观念和判断纳入系统,进而将人们的主观的、经验的判断与客观的信息反映相结合,最后确定决策方案。

四、决策支持系统的组成

不同的决策支持系统在应用和复杂性方面有很大差异,但它们有某些共同的特征。决策支持系统的基本结构大致有两大类:一类由语言系统、问题处理系统和知识系统为基本部件构成,称为基于知识的 DSS 结构;另一类是由各类库和库管理系统以及对话生成管理子系统为基本部件构成的多库 DSS 结构。

(一)决策支持系统的基本模式

决策支持系统的基本结构如图 9-1 所示。完整的决策支持系统模式可以表示为决策支持系统本身以及它与"真实系统"、人和外部环境的关系。决策者处于核心位置,他运用自己的知识,把他和决策支持系统的响应输出结合起来对他管理的"真实世界"进行决策。

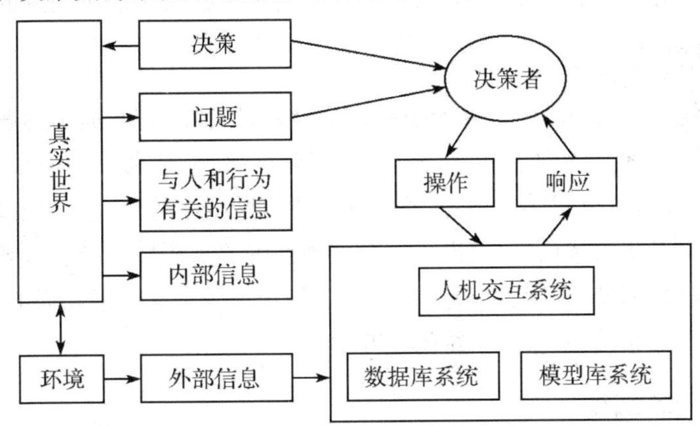

图 9-1 决策支持系统的基本模式

基本的决策支持系统是人机交互系统、数据库系统和模型库系统三个子系统的有机结合。人机交互系统是 DSS 与用户的接口,其突出特点是灵活方便。DSS 中的数据既包括企业内部的数据,也包括与企业有关的来自外部的数据,在决策过程中,特别是对高层决策者来说,外部数据极为重要。但是,数据是面向过去的,因为它反映了已经发生过的事实,利用 DSS 中的模型,就可以把面向过去的数据转变成面向现在或者将来的有意义的信息,模型体现了决策者解决问题的方法。

(二)基于知识的 DSS 结构

基于知识的 DSS 结构形式由语言系统(LS)、知识系统(KS)和问题处理系统(PPS)三个部分组成(图 9-2)。

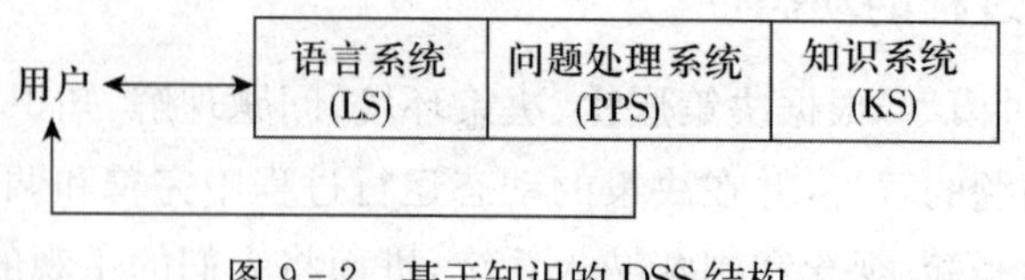

图 9-2 基于知识的 DSS 结构

1. 语言系统

提供给决策者的所有语言能力的总和称为语言系统(Language System,LS),一个语言系统既包含检索语言(可由用户或由模型来检索数据的语言),也包含计算机语言(由用户操纵模型计算的语言)。决策用户利用语言系统的语句、命令、表达式等来描述决策问题,编制程序在计算机上运行,得出辅助决策信息。

2. 知识系统

知识系统(Knowledge System,KS)包含问题领域中的大量事实和相关知识,最基本的知识系统由数据文件或数据库组成,更广泛的知识是对问题领域的规律性描述,这种描述用定量方式表示为数学模型。随着人工智能技术的发展,对问题领域的规律性知识用定性方式描述,一般表现为产生式规则。除了数理逻辑中的公式、微积分公式等这种精确知识外,一般表现为经验性知识。它们是非精确知识,这样就大大扩大了解决问题的能力。

3. 问题处理系统

问题处理系统(Problem Process System,PPS)针对实际问题,提出问题处理的方法、途径,利用语言系统对问题进行形式化描述,写出问题求解过程,利用知识系统提供的知识进行实际问题求解,最后得出问题的解答,产生辅助决策所需要的信息,以支持决策。决策支持系统的这种结构形式的特点是,突出了问题处理系统的重要性,明确了语言系统在人机交互中的作用,将数据、模型、规则看成是知识的不同表现形式,统一了知识的看法。但这种结构形式忽略了数据库系统、模型库系统的相互关系。

(三)多库 DSS 结构

多库 DSS 结构通常包括人机对话子系统和多库子系统,不同的系统所包括的库的类型可能会不完全一样,但它们的基本组成框架是类似的。系统组成的差别可能主要体现在库的类型,如二库结构,即系统包括数据库和模型库;三库结构,即系统包含数据库、模型库和方法库;加入知识库后的四库结构的系统。

1. 人机对话子系统

人机对话子系统也称为对话生成管理系统(Dialogue Generation Management System,DGMS),是决策支持系统中用户和计算机的接口,起着在操作者、模型库、数据库和方法库之间传送(包括转换)命令和数据的重要作用,其核心是人机界面。在实际工作中,由于系统经常是由那些从系统输出中得到益处,且又对系统内部了解甚少的人直接使用,所以用户接口设计的好坏对系统的成败有举足轻重的意义。

2. 数据库子系统

数据库子系统(DataBase System,DBS)是存储、管理、提供与维护用于决策支持数据的基本部件,是支撑模型库子系统及方法库子系统的基础。数据库子系统由数据库、数据析取模块、数据字典、数据库管理系统及数据查询模块等部件组成。

决策支持系统的数据库中存放的数据基本上能直接供决策所使用,而能对决策起作用的数据是真正意义上的信息,即经过加工的数据。加工前的数据量非常庞大,它们来源于具体业务信息系统的数据库,这些数据库被称为源数据库。源数据库与决策支持系统数据库的区别在于用途与层次的不同。数据析取模块负责从源数据库提取能用于决策支持的数据,析取过程也是将源数据加工成信息的过程,是选择、浓缩与转换数据的过程。

3. 模型库子系统

模型库子系统(Model Base System,MBS)是构建和管理模型的软件系统,它是决策支持系统中最复杂、最难实现的部分。模型库子系统主要由模型库与模型库管理系统组成。模型库用于存储决策模型。客观世界中的问题对象是千差万别、数不胜数的,因此模型库中主要存储的是能让各种决策问题共享或专门用于某特定决策问题的模型基本模块或单元模型以及它们之间的关系。

用单元模型构造的模型或决策支持模型按照经济内容可分为以下四类:预测类模型,如产量预测模型、消费预测模型;综合平衡模型,如生产计划模型、投入产出模型;结构优化模型,如能源结构优化模型、工业结构优化模型;经济控制类模型,如财政税收、信贷、物价、工资、汇率等对国家经济的综合控制模型等。

4. 方法库子系统

方法库子系统(Method Base System,MEBS)是存储、管理、调用及维护决策支持系统各部件要用到的通用算法、标准函数等方法的部件。方法库中的方法一般用程序方式存储。它通过描述外部接口的程序向决策支持系统提供合适的环境,使计算过程实行交互式的数据存取,从数据库中选择数据,从方法库中选择算法,然后将数据和算法结合起来进行计算,并以直观清晰的呈现方式输出结果,供决策者使用。

方法库子系统由方法库与方法库管理系统组成。方法库内存储的方法程序一般有排序算法、分类算法、最小生成树算法、最短路径算法、计划评审技术、线性规划、整数规划、动态规划、各种统计算法、各种组合算法等。

决策支持系统的这种结构形式的特点是,明确了各部件之间的关系,便于区别其他系统,但没有突出 DSS 的问题处理特性。

第二节 群体决策支持系统

随着跨区域与跨国家经济的发展,各种组织的布局由点向面,逐步走向全球化。群体决策不再仅仅是多人坐在一起分析问题、评价方案的活动,它还要求多个决策者能在一个周期内异时异地合作协商寻求解决问题的方案,依靠原有的方法进行群体决策在客观上已难以实现。因此如何才能在新的环境下,在更广泛的空间内与不固定的时刻进行群体决策成了一个迫切需要研究的课题,群体决策支持系统就是在此背景下产生的。

一、群体决策支持系统的概念

群体决策支持系统(Group Decision Support System,GDSS)是在DSS基础上利用计算机网络与通信技术,供多个决策者为了一个共同的目标,通过某种规程相互协作地探寻半结构化或非结构化决策问题解决方案的信息系统。

群体决策支持系统的主要特点是:不受时间与空间的限制,能让决策者相互之间便捷地交流信息与共享信息,减少片面性;能集思广益,激发决策者的思路,使问题的方案尽可能趋于完美:可防止小集体主义及个性对决策结果的影响;可提高决策群体成员对决策结果的满意程度和置信度;群体越大效果越显著。

群体决策支持系统的决策过程可以理解为:一个领导群体,根据已掌握的信息及自己的经验和智慧,提出解决某一问题的方案;通过一定的议程,对若干个解决方案进行评价,从中做出最后选择,确定最后方案。这一群体决策的问题多半是非结构化的问题,如企业发展战略的制订等,而且参与决策制定有不同的人,有各自的行为模式,在不同的地点,不同的时间。实现GDSS不仅涉及个人决策所涉及的有关问题,还涉及通信技术、群体决策方法、计算机协同工作技术等,它要求将通信、计算机和决策技术结合起来,使问题求解条理化、系统化。

二、群体决策支持系统的构成

目前,群体决策支持系统提供的支持方式有以下几种。

1. 决策室

决策室是一个房间设置支持群体决策的设备,如公共大屏幕,每个决策者与之交互的终端、服务器与网络,相应的支持决策的工具及数据等,决策群体可利用口头与终端交互来参与决策问题。

2. 局域决策

局域决策,即多位决策者在近距离内的不同房间(一般是自己的办公室)里定时或不定时做群体决策时，GDSS 可建立计算机局域网，网上各位决策者通过联网的计算机站点进行通信，相互交流，共享存于网络服务器或中央处理机的公共决策资源，在某种规程的控制下实现群体决策。主要优点是可克服定时决策的限制，即决策者可在决策周期内时间分散地参与决策。

3. 远程决策

远程决策，即决策者分布在广域网上，群体决策支持需要提供视频会议或虚拟会议室的功能，需要支持远程通信的计算机协同工作的环境。

4. 虚拟会议

虚拟会议，即利用计算机网络通信技术，使分散在各地的决策者在某一时间内能以不见面的方式进行集中决策。在实质上与决策室相同，它的优点是能克服空间距离的限制。

三、谈判支持系统

传统意义上的群体决策是指多个决策者为共同目标相互协作寻求问题解决方案，进一步展开此概念，可以将群体决策引申为多个冲突目标的多方决策，例如双方或多方的谈判决策。谈判决策的参与者是一个群体，但谈判各方有着不同的目标和利益，因此谈判决策是多方在利益冲突过程中寻求各方都能接受的问题解决方案的活动。由于群体中有冲突有博弈，要在协商和妥协中求得一致，谈判决策支持远难于传统的群体决策支持。

在博弈论、运筹学、行为科学、信息技术和群体决策技术等理论方法与技术的基础上，20 世纪 80 年代后期出现了谈判支持系统（Negotiation Support System，NSS）。之后国内外许多学者就此领域进行了不同角度的研究，取得了一定的进展，也开发出了一些初级的谈判支持系统。谈判支持系统的发展过程如图 9－4 所示。

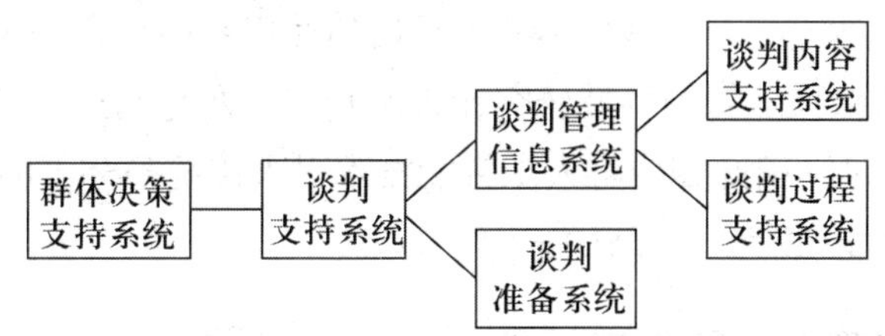

图 9－4　谈判支持系统的发展过程

多目标谈判决策既有对抗又有妥协的特性，要较理想地实现谈判决策的支持，NSS 的基本功能应该包括以下几个方面：人机交互地进行谈判分析和决策的支持；为谈判方分析和制订谈判战略；分析和评估谈判方所处状态；促进谈判各方的信息交流，引导谈判进程向达成一致的方向发展；在谈判各方的冲突和矛盾中寻找共同点，使其逐步扩大；向谈判方提出平衡的、可行的谈判问题解决方案，并尽可能地优化处理；对所形成的谈判决策方案做灵敏度分析，判断方案的稳定性。

按谈判参与者角色划分，谈判决策群体可以分为有各自目标和利益的若干谈判方和一个仲裁方，谈判决策的支持也相应地有谈判一方独用、谈判各方共用、仲裁方使用的支持系统。其中为谈判一方独用的系统相对较简单，主要目标为在谈判中争取主动和有利地位，使最终决策方案尽可能有利于自己。谈判各方共用的支持系统较为复杂，系统目标是要谈判参与方通过协商让步，在冲突中逐步逼近一致认可的决策方案。供仲裁方使用的系统的复杂程度处于前两者之间，它要在冲突各方发现和扩大共同点，排除或缩小争端，通过折中寻找稳定的妥协方案。

人们在大量研究的基础上已经开发了一些NSS，这些NSS可分为三大类，即基于完整的数学模型的NSS、基于知识的NSS、基于数学模型和知识推理的交互式NSS。基于完整的数学模型的NSS采用数学模型模拟具有良好结构的谈判问题，通过建模、计算、分析，寻求模型的“满意”解。基于知识的NSS采用符号、规则来表示谈判问题，结合专家系统和人工智能技术，使用逻辑推理方法，在谈判的某一过程或整个过程中给谈判者提供支持。基于数学模型和知识推理的交互式NSS，是基于一系列模型分析，又可以进行部分判断和逻辑推理，并能与谈判者进行交互的NSS。

NSS的研究和实践处于起步阶段，理论体系尚不完整，开发出的应用系统与预定目标存在较大距离。

第三节　智能决策支持系统

DSS借助计算机强大的运算能力与人灵活的分析判断能力交互协作，为人们解决半结构化与非结构化的决策问题提供了有力的支持。但由于DSS中机器一方的重点还在于模型的定量计算，人机对话方式与大多数不熟悉机器的使用者尚存在一定的距离，限制了DSS的应用效果。与此同时，人工智能领域研究在人的知识开发与利用上获得了不少成果，这些成果能弥补DSS的不足。因此如何将人工智能技术引入传统DSS形成智能型DSS(IDSS)，较大地改进DSS的性能，成为一个新的方向。

一、智能决策支持系统的基本概念

人工智能有多个分支领域，其中专家系统（Expert Systems，ES）和人工神经网络（Artificial Neural Network，ANN)是两个较主要的分支。

专家系统是以计算机为工具，利用专家知识及知识推理等技术来理解与求解问题的知识系统。将ES和传统DSS结合而形成的IDSS，在结构上增设了知识库、推理机与问题处理系统，人机对话部分还加入了自然语言处理功能。

人工神经网络采用物理可实现的器件或计算机来模拟生物体中神经网络的某些结构与功能，就其性质看，神经网络属于基于案例学习的模型，它模拟人的神经元结构，构造人工神经元,吸取了生物神经网络的部分优点。人工神经网络在结构上由许多很小的处理单元相互连接而成,局部或部分的神经元损坏后不影响全局的活动,其连接权值和连接结构都可以通过对样本数据的学习而得到。

IDSS 能充分利用人类已有知识,所以在用户决策问题的输入,计算机对决策问题的描述,决策过程的推理,问题解的求取与输出等方面都有了显著的改进。IDSS 的特点主要表现在具有更友好的人机接口和专门的领域知识,具有知识的推理能力和学习能力等方面。

二、智能决策支持系统的结构

人工智能技术应用于 DSS 的程度与范围不同,可以构成不同结构的 IDSS,但都以含有知识库或知识处理系统为标志,较完整和典型的 IDSS 结构是在传统三库 DSS 的基础上增设知识库与推理机,在人机对话子系统中加入自然语言处理系统形成智能人机接口,与四库之间插入问题处理系统而构成的四库系统结构,如图 9-5 所示。

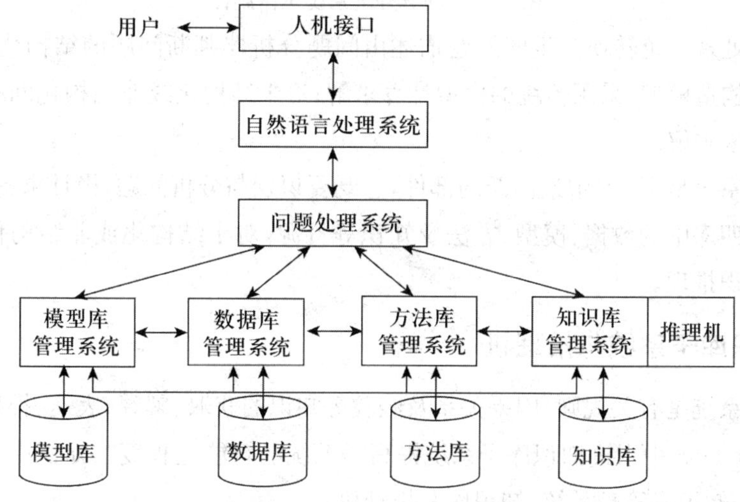

图 9-5 四库 DSS 的基本结构

(一)智能人机接口

四库系统的智能人机接口接受用自然语言或接近自然语言的方式表达的决策问题及决策目标,这较大程度地改变了人机界面的性能。决策者可以使用自然语言来提出决策问题,由自然语言处理功能通过语法、语义结构分析等方法转换成系统能理解的形式。人机交互过程中和运行后,系统则以决策者能清晰理解的或指定的方式输出求解进程与结果。

(二)问题处理系统

问题处理系统处于 IDSS 的中心位置,是联系人与机器及所存储的求解资源的桥梁,主要由问题分析器与问题求解器两部分组成。其工作流程如图 9-6 所示。

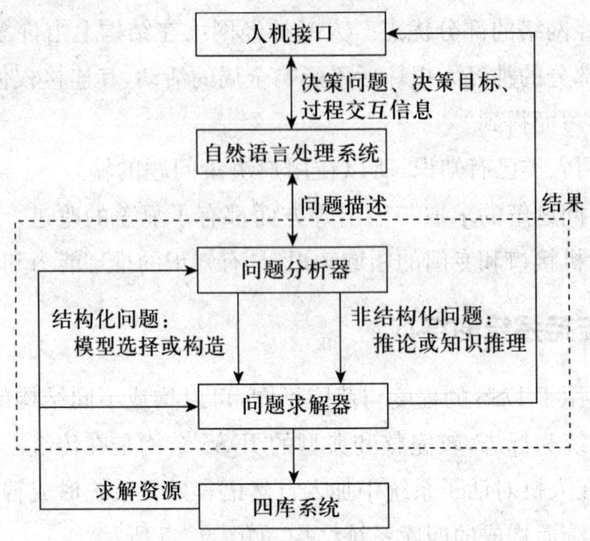

图 9－6　问题处理系统工作流程

自然语言处理系统转换产生的问题描述由问题分析器判断问题的结构化程度，对结构化问题选择或构造模型，采用传统的模型计算求解；对半结构化或非结构化问题则由规则模型与推理机制来求解。

问题处理系统是 IDSS 中最活跃的部件，它既要识别与分析问题，设计求解方案，还要为问题求解调用四库中的数据、模型、方法及知识等资源，对半结构化或非结构化问题还要触发推理机做知识推理。

(三)知识库子系统与推理机

知识库子系统是有关规则、因果关系及经验等知识的获取、解释、表示、推理以及管理与维护的系统，在 DSS 中引进知识库子系统提高了系统的智能化程度。知识库子系统的组成可分为三部分：知识库管理系统、知识库及推理机。

1. 知识库管理系统

知识库管理系统的功能主要有两个，一是回答对知识库知识增、删、改等知识维护的请求，二是回答决策过程中问题分析与判断所需知识的请求。

2. 知识库

知识库是知识库子系统的核心，知识库中存储的是那些既不能用数据表示也不能用模型方法描述的专家知识和经验，即决策专家的决策知识和经验知识，同时也包括一些特定问题领域的专门知识。

知识库包含事实库和规则库两部分。例如，事实库中存放了“任务 A 是紧急订货”“任务 B 是出口任务”那样的事实。规则库中存放着“IF 任务 I 是紧急订货，AND 任务 I 是出口任务，THEN 任务 I 按最优先安排计划”“IF 任务 I 是紧急订货，THEN 任务 I 按优先安排计划”那样的规则。

3. 推理机

推理机是指从已知事实推出新事实(结论)的过程,推理机是一组程序,它针对用户问题去处理知识库(规则和事实)。推理的基本原理是:若事实M为真,且有一规则“IF M THEN N”存在,则N为真。因此,如果事实“任务A是紧急订货”为真,且有一规则“IF任务I是紧急订货THEN任务I按优先安排计划”存在,则任务A就应优先安排计划。

三、人工智能及其应用

如前所述,IDSS的形成得益于人工智能及其更好的学习机制。对于人工智能有来自不同角度的解释,比较直观的理解认为,人工智能是机器模仿人类而获得智能。人工智能源于人类却在某些方面优于人类智能,它不仅能延伸人类的智能,而且能为人类带来可观的经济利益,引发社会和文化等领域的诸多变化。人类的决策活动是一类智能活动。人工智能已经发展成一个专门的学科,该学科陆续延展出既有关联又相对独立的多个研究与应用领域。其中最为主要的领域有专家系统、机器学习、人工神经网络、智能代理,以及比较新的数据挖掘和知识发现等。数据挖掘也是商务智能的核心内容,商务智能也可以理解为是人工智能在商务领域的延伸。

IDSS中结合应用比较多的要数专家系统和人工神经网络。专家系统是利用专家的某些领域知识求解特定问题的计算机信息系统。专家思考、表示和处理问题主要使用符号方式,专家系统也同样使用符号方式求解问题。所谓符号方式是相对于数字方式而言的,即分析和求解问题不是依靠数值的计算而是依靠符号的判断。前文例子中“任务A”“紧急任务”“出口任务”等都是符号,这些符号加上一系列的符号判断知识——规则,以及推理知识,就构成了专家系统的要素。专家系统的知识需要获取、表示和组织,并储存在知识库中以备使用。

专家系统的用途非常广泛,常见的计算机打印故障诊断帮助系统就是一个简单而实用的专家系统。该帮助系统中储存了可能的打印故障的现象、原因和解决办法等知识,通过提问—检查指示—检查结果—再提问的方式引导求助者查找问题的原因和解决问题的办法。一些比较复杂的专家系统也已进入了实际应用的阶段,例如,疾病诊断系统、购车选型咨询系统等。

专家系统有很多优点,但同样也有其不足之处。专家系统的弱点一是知识获取困难,人工地获取人类专家头脑中的领域知识并转移到知识库中,费时、低效;二是对于动态和复杂的系统,由于其推理规则是固定的,难以适应变化的情况;三是专家系统不能从过去处理过的事例中继续学习。与专家系统相比,人工神经网络具有良好的自组织、自学习和自适应能力,因而特别适用于处理复杂问题或开放系统,这正好可以弥补专家系统的不足。

人工神经元模仿自然神经元,用一个加权和处理单元表示,多个输入乘上不同的权值再求和，然后经过传递函数转换产生一个输出。将一群人工神经元的输入输出连接起来，通过一定量案例数据的学习训练即构成了人工神经网络。如前所述，人工神经网络是基于案例学习的模型，具有良好的自组织、自学习和自适应能力，因而特别适用于处理复杂问题或开放系统。尽管人工神经网络是一个黑箱，得出的结论难以做出合理的解释，但是它通过案例学习后给出同类问题答案的本领能为我们所用，尤其是那些机理模糊或处理频繁的问题，例如图像、语音和文字的识别，事物的分析、评估和预测，半结构化和非结构化问题的方案搜索和选择等。

在产品评价和选择方面，人工神经网络已有较多股票、债券等金融产品的分析与评价，信贷交易与否和交易方案的抉择等应用。由人来分析评价股票和债券需要相当丰富的金融知识和经验，由于涉及的因素多且关系复杂，不可能为个人全面掌握，我们常听到股票分析员最后说“这是个人观点，仅供参考”，就是一个很好的例证。利用已经充分学习了股票涨落走势因果对应关系的人工神经网络模型，输入一个被分析评价证券的现状和相关因素，就能得到关于该股票今后走势的评价结果输出。同样，我们也能在一批股票中，用人工神经网络做扫描式的分析和评价，发现有看好迹象和走坏征兆的股票，为证券管理和投资决策提供支持。

在客户关系管理和交易服务方面，人工神经网络能用来分析、评估客户特征和信用，据此划分、管理和服务于客户。一些客户众多的企业，如金融、电信等行业的企业，有浩瀚的客户基本信息和交易信息，加之客户分析评估问题的结构化程度较低，处理工作量非常大且颇有难度。这些企业面临的客户抱怨和信用风险成为突出的问题，仅靠人力难以解决。一个能将客户基本属性和贡献记录转换出客户优质度的人工神经网络可以用来划分客户，找出优质客户；学会根据客户特性和交易记录对应出客户产品和服务偏好的人工神经网络可为产品设计、客户个性化服务提供有力支持。又如，对风险识别和信贷服务，人工神经网络通过客户基本信息和信用记录的处理能发现风险前兆，为防范措施的确定提供依据，能得出贷款与否的结论，为减少不良贷款提供事前的支持。

人工神经网络除上述优点外，还具有开发时间短，只需案例的输入和输出就能学会处理问题等有利条件，因此，在半结构化和非结构化问题的处理中得到越来越多的应用，在 IDSS 中发挥了重要作用。同样，人工神经网络也有其弱点，如知识分布在整个系统内部，对用户而言是个黑箱；对于自己得出的结论不能做出合理的解释。因此，将人工神经网络技术与专家系统集成，取长补短，是 IDSS 发展的一个有利方向。

四、知识库

在逻辑上，知识库是人类知识的模型，在物理上，知识库是储存知识的设施。知识库的概念产生于专家系统，但现在已被广泛地应用于各类信息系统和知识系统中。知识库的主要问题是知识的内容和知识的组织与表示。

作为体现 IDSS 智能的关键构件，知识库需要储存有关决策问题和决策方法的知识。具体的知识内容依据不同的 IDSS 面向的决策问题而定，例如，生产计划和调度决策支持系统，需要产品结构及其生产工艺的知识、产品需求和原材料供应的知识、生产能力和成本核算的知识，以及计划编制和调度控制的知识。知识有多种角度的划分，就 IDSS 而言，决策问题的知识包括基本知识和领域知识（专业知识），决策方法主要是过程知识和推理知识。

知识表示是知识库系统研究的一个重要课题。知识表示是经验知识的符号化过程，对于同一知识，可有不同的知识表示形式，知识的表示形式直接影响推理方式，并在很大程度上决定着一个系统的能力和通用性。目前已有多种知识表示方法可供采用。常见的知识表示有逻辑关系、规则、框架、语义网络、神经网络，以及案例等方法。

在系统分析章节介绍的决策树和判断表就是一类知识的逻辑关系表示形式。基于规则表示中的产生式规则法是一种因果关系的表示方法，一般用一系列结构化的 IF—THEN 规则语句表达某种知识。框架表示法模仿人类通过框架结构记忆和认识事物的方式来表示知识，每种事物都可以用一组特征属性来表述，这组属性构成一个框架。例如，产品结构是有关产品构成的知识，可以由零部件及其数量、构成零部件的原材料及其数量等一组属性来表示。语义网是一种以节点表示事物单元，描述节点之间关系的图形化知识表示方法，例如，客户订单中的需求品种、数量和要货时间，计划中的生产产品、数量和时间两组节点，具有依据和派生的关系。此外，这些节点与成品库存、原材料库存中的品种和数量等节点之间具有约束与被约束的关系，等等。

知识的逻辑表示方法决定知识库如何在物理上储存知识，例如，产生式规则法表示的知识可以转化为前提、条件、结论、行动等数据项，以及规则函数的符号数据项，然后再设计若干关联的两维数据表写入这些数据项，采用关系型数据库来存储。例如，对于生产计划和调度决策支持系统，前面例子中的“任务 A”“任务 B”“紧急订货”“出口任务”等是前提和条件数据，“紧急订货”“出口任务”等是结论数据，“最优先安排”则是行动数据，等等。从这个例子中，可以看出，规则的“因”和“果”是相对的，一些作为“果”的结论也可以是另一个规则的“因”，即条件。知识库中的知识是相互关联的知识单元的集合，这些知识单元既有层次关系也有嵌套关系。

为了便于储存、管理和应用知识，知识库还要设计和存储描述知识单元及其相互关系的数据——元数据，一些复杂的知识库还包括所储存知识的来源线索、应用语境和使用记录等相关信息。

知识库不能单独产生作用，它必须与 IDSS 的其他构件相互配合一起工作。这其中主要是知识的存取、知识的维护、知识的推理等。知识的存取和维护是知识库管理系统的任务，知识推理由知识推理机实现。

第四节 智能决策支持系统的应用

决策支持系统作为信息系统研究的最新发展阶段，已经成为了系统工程与计算机应用领域中的重要研究课题。如今，DSS 在灾害预测和防灾决策、企业生产活动决策、集团经营行为决策、经济形势预测和政策决策中有了广泛的应用。

一、城市震害预测辅助决策支持系统

城市震害预测及应急对策辅助决策支持系统是集城市基础信息管理、地震信息管理、震害预测、损失评估、提供应急对策信息支持和用户及数据管理于一体的综合性的决策支持系统。系统提出一系列科学的救灾和调度方案，协助指挥人员实施各种地震救灾行为。同时实现地震应急信息快速传递和高效处理，提高应急救灾指挥与决策的技术水平，以最大限度地减少震时的混乱和人员伤亡。

1. 系统总体架构

系统采用三层 C/S 体系架构，第一层为应用层，实现用户与系统的交互；中间层为组件层，主要负责实现地震危险性分析、建筑物和生命线工程易损性分析、次生灾害分析、经济损失和人员伤亡分析、防震减灾对策制订以及辅助决策信息支持等业务逻辑，并将各种功能封装在该层，与前端和后端相对分开，便于系统的维护和升级；底层为数据服务层，负责海量多源城市震害预测与防震减灾对策制订数据的存储与检索。在三层架构基础上，采用 MVC (Model View Controller)加上服务容器的体系架构，支持各层之间的松耦合，从而做到服务到业务流程可配置和可重构，方便系统的维护和升级(图 9-7)。

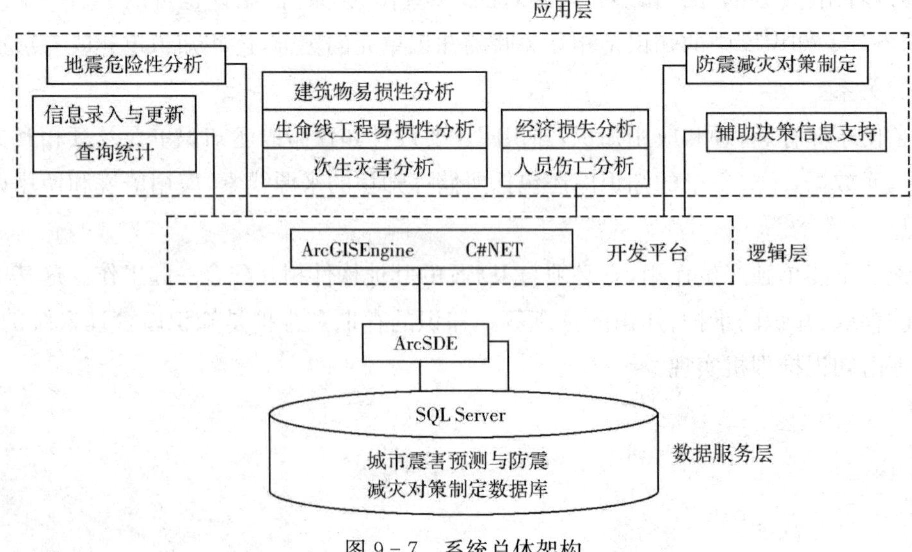

图 9-7 系统总体架构

2. 系统模块结构

围绕系统目标，将系统划分为地震危险性分析、建筑物和生命线易损性分析、经济损失和人员伤亡分析、防震减灾对策制订和辅助决策信息支持这几个功能模块。

(1)地震危险性分析模块：输入地震的时间、空间、强度等参数，进行地震危险性分析，即根据震级—烈度衰减关系模型生成等震线，并利用GIS缓冲区和叠加分析生成地震影响场。

(2)易损性分析模块：分成建筑物易损性和生命线易损性分析两部分，其中后者又分交通、供电、供水、供气、通信等生命线易损性分析子模块。该模块以地震影响场、城市基础地理数据以及建筑物和生命线易损性专题数据等为基础，采用相应的震害预测模型，进行震害预测，并将结果输出为基本完好、轻微破坏、中等破坏、严重破坏和倒塌五个等级。

(3)次生灾害分析模块：以城市基础地理数据、次生灾害专题数据及易损性分析结果为基础，运用火灾、水灾、毒气泄漏与扩散等次生灾害分析模型，进行次生灾害预测。

(4)经济损失和人员伤亡分析模块：在现有人口、房屋质量等基础上，根据地震动影响场和各类建筑物的易损性分析结构，估计在不同地震强度下工作区的直接经济损失的总值及空间分布；人员伤亡分析子模块负责估测不同地震强度和不同时间段下(白天和夜晚)工作区内的死亡、重伤及需要安置人员的总数和空间分布。

(5)防震减灾对策制订模块：利用上述震害分析结果，结合城市实际情况，进行人员救助、建筑物和生命线工程防震减灾、次生灾害防御应急、社会安定应急等对策制订。

(6)辅助决策支持模块：在以上防震减灾对策制订基础上，结合避震疏散场地、疏散道路、物资备库、医院、学校分布和人员等信息、救灾力量等专题数据，进行避震疏散和相应的应急救援活动、救灾物资调配的辅助决策分析。

3. 关键问题与解决方案

系统采用组件式GIS和空间数据库引擎技术，基于C/S三层架构进行设计开发，较好地解决了多源异构数据融合、海量数据调度和建筑物震害预测等关键问题。

系统首先解决多源数据融合问题。由于系统数据来源不同、比例尺不同、分辨率不同、格式不同，要综合管理应用这些多源异构数据，使其服务于城市防震减灾和地震应急辅助决策，就必须对其进行融合处理。多源数据融合主要有三种方式，即基于像素、基于特征(或对象)以及基于决策的融合。系统主要采用后两种方法来达到对多源异构数据进行融合。采用基于特征的数据融合方法，利用活断层解译结果以及建筑物和生命线系统分布基础地理信息等，提取建筑物和生命线系统的易损性；系统采用基于决策融合方法，综合运用假设地震等级分布信息、基础地理信息、道路生命线分布与受损信息以及救援力量分布信息，为救援路线选择提供决策支持服务等。

其次是对海量数据的调度。系统需要存储管理的矢量数据为10～20GB，影像数据为100～150GB，随着数据更新，数据库还将不断地扩容。如何高效率地调动这些海量数据，使其为城市防震减灾工作服务，成为必须解决的关键技术问题之一。系统采用ArcSDE空间数据库引擎作为访问检索空间数据的中间件，其多用户和多空间数据库管理、面向矢量数据的网格索引、面向影像数据的以空间参考为基准的空间索引、空间关系运算以及空间查询语言的解释执行等机制，使系统得以支持海量数据存储和多用户并发操作。

系统采用服务器端数据处理模式，即系统在客户端不需要提取数据时，将处理数据的任务交由服务器端完成，而只将处理结果返回客户端。这种模式可以省去较长的数据传输和读写时间，极大地加快数据的存取速度。对于数万条记录的大型数据表，基于服务器端数据处理模式的系统可以在几秒钟之内就能完成数据表的连接和查询，从而实现空间数据的高效访问。此外，系统还采用了元数据、数据字典、异步流访问等技术，进一步提高了数据访问效率。

再次，建筑物震害预测。城市建筑易损性预测是城市防灾规划和应急决策不可或缺的基础性工作之一。传统建筑物震害预测方法中的重要参数之一是建筑物的含墙率，一般需要通过查图纸并计算所有纵横墙的面积求得，计算一栋建筑物的含墙率通常要花费很长的时间，导致传统建筑物震害预测方法的效率不高。依据典型示范区建筑物震害预测报告结果，对于地区性差别不大的多层砌体房屋、多层钢筋混凝土结构和高层建筑，系统采用中国地震局工程力学研究所提供的单体震害预测方法进行建筑物震害预测。

运用实践表明，系统具有扩展性强、可伸缩性好、高效无缝集成等特点，其地震危险性分析、建筑物与生命线系统易损性分析、次生灾害分析、辅助决策支持等功能模块设计合理，能较好地服务于城市震前预测和防震减灾的辅助决策。

（二）物资分配调拨决策支持系统

物资分配调拨决策支持系统是为解决物资分配、运输及调拨的辅助决策而开发的决策支持系统。物资分配调拨决策问题需要设计多个数据库和多个模型共同求解。物资分配调拨决策支持系统总的处理流程如下。

1. 物资申请和库存的计划汇总

各单位按自己的需要提出对物资的申请，形成总申请数据库。各仓库将多物资的可供应情况汇总成某一物资可供应量，形成总库存数据库。

2. 制定物资的分配方案

利用物资分配模型来完成，确定每种物资给各接收单位的分配数量。

3. 物资调拨预处理

具体由哪个仓库调拨多少物资到哪个单位中去，由运输问题的线性规划来解决。但决定哪几个仓库、哪几个接收单位之间实现调拨供应是需要进行预处理的。

每种物资的调运中，参加调运的仓库和接收单位都不是一样的，是随机出现的。参加调运的仓库是由该仓库提供某物资的可供量是否大于零来决定的。参加调运的接收单位要看它接收某物资的分配数是否大于零来决定。

每个仓库到所有接收单位的路程存入一个距离数据库中。对每一种物资，由于参加调运的仓库和单位不同，这就要对每个距离记录进行挑选，形成实际距离矩阵。进行运输问题线性规划运算，计算出由哪个仓库调运多少物资给某个接收单位。这个物资调拨预处理是一个数据处理模型，用数据库中的投影操作来完成。

4. 制定物资运输方案

利用运输问题数学模型的具体求解方法，制定各物资的运输方案。运输问题模型的算法解决之后，还需要解决供销不平衡及其处理、退化情况等，才能使模型真正运用到实际之中。

5. 制定物资调拨方案

制定物资调拨方案是利用物资调拨数据库中调拨物资的数量，经过物资调拨模型将所有物资仓库调拨给各单位所有的数量转换成各仓库的发物数据库（即仓库发给各单位物资数量的数据库）和各单位的收物数据库（即单位接收各仓库调拨物资数量的数据库），再制成表格，打印各仓库的发物报表和各单位的收物报表。

制定物资调拨方案包括物资调拨模型和制表模型，它们都是数据处理模型。其中物资调拨模型要完成物资调拨汇总工作和修改库存和物资两个数据库。制表模型要完成发物和收物报表的打印。

物资分配调拨决策问题涉及十个数据库，分别是单位申请数据库、仓库库存数据库、物资总申请数据库，物资总库存数据库、物资分配数据库、距离数据库、物资调拨数据库、仓库发物数据库、单位收物数据库、单位物资数据库。

该决策问题涉及汇总模型、预处理模型、分配模型、运输优化模型、调拨模型、制表模型共六个模型。其中汇总模型、预处理模型、调拨模型、制表模型都是数据处理模型，属于管理业务工作；分配模型与运输优化模型都是数学模型。分配模型属于分配平衡决策，它要达到的目标是使物资分配尽量合理，使分配决策尽量科学化，该模型中的计算公式是分配决策方法之一。运输模型属于优化决策，它使运输过程达到的目标是运输的总吨公里数最少，比人做运输计划更科学化。上述六个模型以程序形式出现，它们均放入模型库中。

为了使模型部件和数据部件有机地结合起来，要建立总控程序，即控制各模型有序地运行，数据有效地存取，同时进行必要的人机对话，允许决策用户修改分配方案和调拨方案，形成决策支持系统，达到人机共同进行决策。该决策支持系统的基本方案按分析的模型和数据库进行组合运算，得出辅助决策信息。若修改方案，则进行“修改方案处理”的工作后，重新进行新方案的计算。其运行结构如图 9－8 所示。

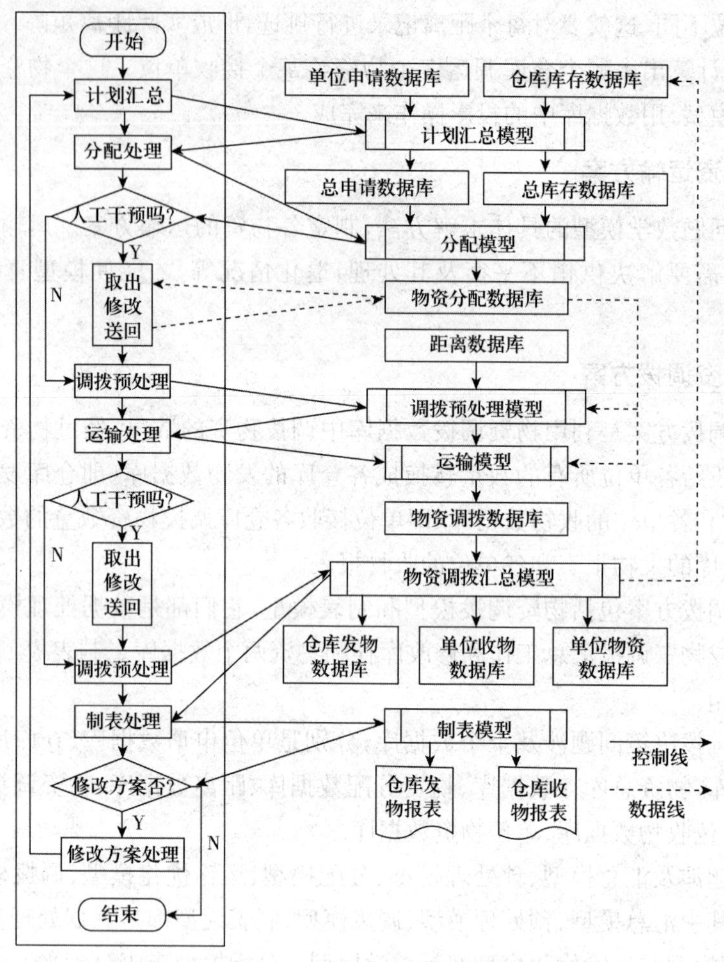

图 9-8　物资分配调拨决策支持系统运行结构图

该物资分配调拨问题需要处理 4 000 多种物资、20 多个单位、30 多个仓库的分配和调拨，工作量很大。以前由人来完成，需要两个人一个多月的紧张工作。工作人员是按个人的经验进行分配和调拨的。分配中计算公式简单，人为因素比较大。调拨时看地图粗略地调运，人工编制报表，账本多，数据量大，科学性很差。

建立决策支持系统后，系统用十几分钟就能完成这项庞大的物资分配调拨工作，然后打印出各仓库的物资发送报表和各单位的物资接收报表，充分发挥了辅助决策的效果。

关键术语

智能能决策支持系统　Intelligent Decision Support System

人工智能	Artificial Intelligence	专家系统	Expert Systems
模型库	Model Base	方法库	Method Base
知识库	Knowledge Base	通信库	Communication Base
推理机	Inference Engine	商务智能	Business Intelligence

数据挖掘	Data Mining	规则库	Procedure and Rule Base
决策支持系统	Decision Support System	人工神经网络	Artificial Neural Network
谈判支持系统	Negotiation Support System		
自然语言处理系统	Natural Language Processing System		
问题处理系统	Problem Processing System		

思考题

1. 决策支持系统的功能是什么？决策支持系统不同于其他计算机信息系统的特点是什么？

2. 决策支持系统的基本模式是什么？

3. 多库 DSS 结构由哪几部分组成？各有什么作用？

4. 什么是智能决策支持系统？在系统构成上，智能决策支持系统较一般决策支持系统多了哪些构件？

5. 什么是专家系统？它有什么特点？其工作过程是什么？

6. 决策支持系统开发的主要步骤有哪些？

第十章 电子商务系统

电子商务是利用现代先进的电子技术从事各种商业活动的一种方式。随着信息技术的发展，电子商务的内涵和外延也在不断充实和扩展，并不断被赋予新的含义，开拓出更广阔的应用空间。现在，电子商务可被看作是一种现代化的商业和行政运作方式，这种方式通过改善产品和服务质量，提高服务传递速度，满足政府组织、厂商和消费者的降低成本的需求，并通过计算机网络加快信息交流以支持决策。

第一节 电子商务的概述

一、电子商务的定义

1997 年 11 月国际商会在巴黎举行的世界电子商务会议上对电子商务所作定义为：电子商务(Electronic Commerce，E-Commerce)是指实现整个贸易活动的电子化。交易各方通过电子交易方式而不是通过当面交换或直接面谈方式进行的任何形式的商业交易活动都属于电子商务的范畴。

电子商务的概念有狭义和广义之分。狭义的电子商务主要指利用网络环境在网上进行电子交易，包括网上广告、电子订购、网上洽谈、电子支付、产品电子传送和售后的网络跟踪服务等；广义的电子商务(Electronic Business，E-Business)则除电子交易以外，还包含利用网络环境进行的其他商务活动，包括商品管理、客户管理、市场分析、商务决策和组建虚拟企业等方面。

与电子商务有关的对象涉及供应商、订货商、消费者、金融部门(如网上银行)、政府、货物运输单位(如配送中心)和交易认证机构(如认证中心)等。一个完整的电子商务交易过程包含信息流、商流、资金流和物流等四种基本的“流”。其中，信息流是商务活动中信息的流动；商流是商品在交易过程中所有权转移的活动；资金流是交易过程中资金的流动；物流是物质实体从供应者向需求者的物理流动。

从企业的角度看，电子商务是利用计算机网络等信息技术在企业之间、企业与消费者之间进行网上交易以及与此相关的企业内部事务联网处理的商业模式。

从管理的角度看，电子商务主要是解决信息流的问题，通过疏通信息流，提高合作效率，减少交易环节，缩短交易周期，降低管理成本，密切企业间和企业与客户间的关系，改善企业形象，提高企业的竞争力。

从技术的角度看，电子商务是一种工具，是以网络为主的多种信息技术在商业领域的集成应用。具体包括交换数据（如电子数据交换、电子邮件）、获得数据（如共享数据、电子公告）以及自动捕获数据（如条形码、RFID）等。信息技术使电子商务具有了崭新的交易方式：24 小时服务、个性化产品与服务组合、虚拟商店、信息产品直接在网上发送等。

从整个社会的角度看，电子商务的实施和发展是一个全球范围的系统工程：全世界的电子商务活动应遵循统一的“游戏规则”，因为协调一致会提高商务活动创造的经济效益。

电子商务是企业发展的必由之路，在我国经过一个较艰难的过程后会进入高速发展期，其前景将是十分可观的。

二、电子商务的特点

与传统商务相比，电子商务有以下四大特点。

（一）全球性

Internet 的全球信息共享特征使电子商务的交易活动突破了时间和空间的限制，表现为跨国、跨地区交易变得容易，企业联合和兼并加剧以及通过网络联合的虚拟企业的出现。

（二）直接性

电子商务的网上交易促使供需双方直接沟通，减少了中间环节，提高了商务活动的效率和便利性，降低了成本。

（三）均等性

网络提供了丰富的、共享的信息资源。中小企业有可能拥有和大企业同样的信息资源，可以及时掌握市场供求数据和金融信息，通过分析、预测和正确决策，创造无限的商机。

（四）风险性

网上交易的虚拟化增加了交易过程的不确定性，网上交易还可能受到“黑客”的侵袭和经济犯罪的威胁，因此，电子商务的信用风险增大。

三、电子商务的发展阶段

电子商务的发展经历了以下三个阶段。

（一）原始电子商务

早在 1839 年，当电报刚出现的时候，人们就开始了对运用电子手段进行商务活动的尝试。贸易信息开始以莫尔斯码的形式在电线中传输，标志着运用电子手段进行商务活动的新纪元。

(二)电子数据交换(Electronic Data Interchange,EDI)

20世纪70年代,电子数据交换(EDI)技术的开发和普及,使电子商务进入EDI阶段。到1992年底,全世界EDI用户大约有13万,市场业务约20亿美元。

(三)基于互联网的电子商务

20世纪90年代初,商务活动开始进入互联网。1993年美国总统克林顿签署“国家信息基础设施(NII)计划”,被称为“信息高速公路计划”,包括中国在内的很多国家也相继推出类似计划。此后,互联网在全球爆炸性地增长并迅速普及。在这一趋势下,基于互联网的全新商务模式——电子商务出现并发展起来。

1993年之后,大量商务活动开始出现于互联网上,亚马逊、eBay等电子商务公司纷纷成立。

1997年7月1日,美国政府发表了“全球电子商务框架”文件,提出了开展电子商务的基本原则、方法和措施。该文件第一次将互联网的影响与200年前的工业革命相提并论,极大地推动了美国和世界电子商务的发展。这一年,通过互联网形成的电子商务交易额达到26亿美元。

1998年,IBM、HP等跨国公司相继宣布该年度为“电子商务年”,得到了众多信息技术公司和商务公司的响应。在1997年至2000年之间,投资者投入1 000多亿美元创建了12 000多家互联网公司,电子商务的发展得到了迅速膨胀。

2000年,由于盲目乐观和非理性情绪的影响,电子商务投资出现大量“泡沫”。随着泡沫的破裂,电子商务遭到第一次沉重的打击。在2000年开始的低迷期中,有5 000多家互联网公司倒闭或被并购,美国纳斯达克指数暴跌,似乎电子商务已经走到崩溃的边缘。然而,网络泡沫破裂以后,电子商务并没有从此一蹶不振,而是在总结经验教训的基础上走上了一个新的发展阶段。

近年来,随着新一代互联网技术(web2.0)的广泛采用,信息产生与传播的方式发生了根本性的变化,企业与消费者间的关系更趋向平等、互动、相互影响。2004年,社交网站Facebook创建,2006年微型博客网站Tweeter创建,2009年到2010年新浪微博、腾讯微博相继创建。电子商务进入社会化网络商务的阶段,互联网用户间通过互联网的互动交流变得十分普遍而重要,对企业绩效和消费者行为产生深远的影响,成为新型电子商务最重要的特征(图10-1)。

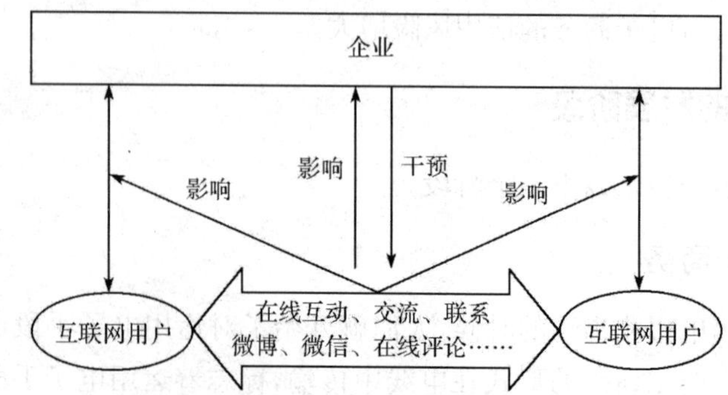

图10-1　互联网用户间的互动交流成为新一代电子商务的重要特征

四、电子商务的分类

按照交易主体的不同，可把电子商务分为以下三种形式。

（一）企业对企业（B2B）

企业对企业的电子商务形式也叫商业机构对商业机构的电子商务形式。例如：阿里巴巴网站为企业间的贸易提供的交易平台，以及沃尔玛与供应商之间的电子商务都是B2B类型的电子商务。

（二）企业对消费者（B2C）

这种电子商务形式以在线零售和服务为主。消费者可通过浏览器在网上向企业订货，在完成商家指定的支付手续后即可收到商家通过配送中心送来的商品。对一些数字化商品（如软件等）也可在网上直接发送。例如，京东商城和亚马逊网上书店。

（三）消费者对消费者（C2C）

个人消费者间或消费者与小卖家间通过C2C交易平台，进行商品的买卖交易。例如，淘宝网和eBay。

（四）企业对政府（B2G）

内容包括政府采购、税收以及政府与企业之间的各种文件的发布和报批手续等。这种电子商务形式体现了政府既是宏观管理者，又是电子商务使用者的特点。例如ca.gov可为美国加利福尼亚州政府提供政府采购功能。

第二节　电子商务系统概述

电子商务系统是保证以电子商务为基础的网上交易实现的体系。市场交易是由参与交易双方在平等、自由、互利的基础上进行的基于价值的交换。网上交易同样遵循上述原则。作为交易中的两个有机组成部分，一是交易双方信息沟通，二是双方进行等价交换。在网上交易，其信息沟通是通过数字化的信息沟通渠道实现的，一个首要条件是交易双方必须拥有相应的信息技术工具，才有可能利用基于信息技术的沟通渠道进行沟通。同时要保证能通过互联网进行交易，必须要求企业、组织和消费者连接到互联网，否则无法利用互联网进行交易。在网上进行交易，交易双方在空间上是分离的，为保证交易双方进行等价交换，必须提供相应的货物配送手段和支付结算手段。货物配送仍然依赖传统物流渠道，对于支付结算既可以利用传统手段，也可以利用先进的网上支付手段。此外，为保证企业、组织和消费者能够利用数字化沟通渠道，保证交易顺利进行的配送和支付，需要由专门提供这方面服务的中间商参与,即电子商务服务商。

一、电子商务体系结构

从总体分析,电子商务系统是一个三层体系结构,最底层是网络平台,中间是电子商务基础平台,最上层是各种各样的电子商务应用系统。

(一)网络平台

网络平台是信息传输的载体和用户接入的手段,是电子商务系统的基础,一般提供TCP/IP和网络服务、安全服务、目录服务以及文件和打印服务等。

(二)电子商务基础平台

电子商务基础平台为企业的电子商务应用提供运行环境和管理工具及内部系统的连接,是保证电子商务系统具有高扩展性、集中控制与可管理性、高可靠性的基础。一般包括CA认证中心接口、支付网关接口和客户服务中心等组成部分。

(三)电子商务应用系统

电子商务应用系统由企业内部网(Intranet)、企业外部网(Extranet)和互联网三部分组成。这三部分构成一种以企业的分布式计算为核心的信息系统的集合体(图10-2)。

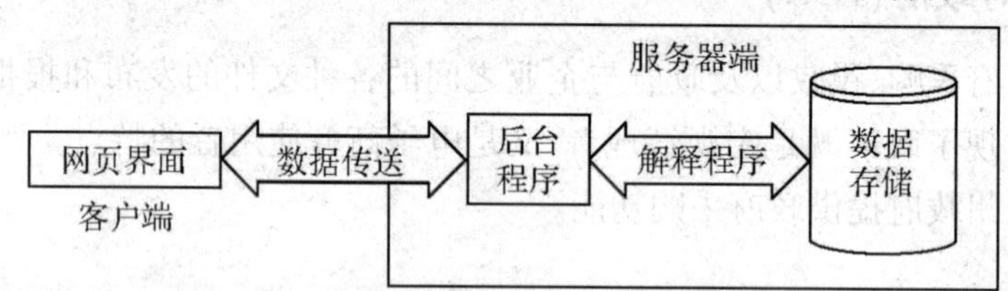

图10-2 电子两务系统的组成

企业内部网是利用互联网技术构造的面向企业内部的专用计算机网络系统。企业外部网与企业内部网相对应,它实际上已经脱离了纯网络的概念,而更侧重于企业电子商务的外部环境以及与合作伙伴或外协单位的信息交换关系。

电子商务系统以企业内部网为基础,实现企业内部工作流的电子化。建立企业内部的信息系统后,需要进一步完善企业的外部环境,将企业内部网扩展到企业外部网,完成企业与企业之间的电子信息交换,其后通过互联网向消费者提供联机服务。

在这种技术体系下,可以解决电子商务成功的关键问题:利用企业内部网解决企业内部信息资源利用问题;利用企业外部网可以解决企业和外部协作伙伴的合作问题,使企业获得更快的反应和更高的效率;利用互联网可以在网络上从事交易活动,实现电子商务。

二、电子商务系统开发技术

电子商务系统开发的技术流程如图10-3所示。电子商务系统涉及的主要技术包括客户端技术、服务器端技术和数据库技术等,分别体现在网页界面、后台程序和数据存储等方面。

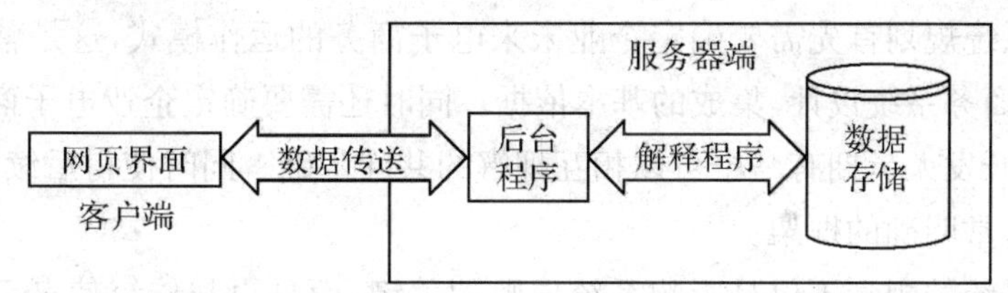

图 10-3 电子商务系统开发的技术流程

(一)网页界面

电子商务过程中客户端与服务器端的数据传送,最后反馈给客户端显示的画面是网页。客户通过这个界面向服务器端传送和接收反馈数据,所以互联网开发必须具备网页制作方面的技术。特别值得一提的是,网页其实也是由开发者制作好保存在服务器上的,根据客户发送一个协议请求,再通过客户端的浏览器下载到客户的终端机器上,从而形成客户端与服务器的交互界面。

(二)后台程序

仅具备网页制作的技能对实现电子商务的开发是远远不够的,网页是静态的,不能向服务器端传送数据,它只是从服务器端下载下来的一段 HTML 代码,由浏览器解释成网页界面。要实现用户与服务器端的交互,还必须借助后台程序这个工具来接收客户端传送的数据。所谓后台程序,就是在服务器端运行的动态语言,它在服务器软件环境支持下把从客户端接收到的数据编译成服务器端的命令,来执行相关的操作,如保存数据或反馈数据到客户端。它是电子商务开发技术的核心。程序开发的好坏直接影响整个电子商务网站的功能,简单地说,它决定了一个交互式网站的功能定位。

(三)数据储存

当从客户端接收了数据后如何处理这批数据,那就必须有个数据容器来负责储存数据。一般存储数据的容器有很多种,如网页、文本文件、数据库。采用网页、文本文件来保存数据比较方便,不需要服务器端支持数据库,可做一些简单数据存储。对于一个电子商务网站,存储的数据有很多种,如产品数据、客户数据、订购数据,就必须应用数据库来存储数据,利用数据库的好处是可以储存大量的数据,同时便于查询、处理数据。

三、电子商务系统的构建

一个完整的电子商务系统的构建过程可包括电子商务系统规划、系统分析与设计、系统开发与集成、系统实施、系统运行与维护等阶段。

(一)电子商务系统规划

电子商务系统规划的主要内容是为企业未来的商务发展规划蓝图,为企业的电子商务系统奠定基础。

电子商务系统规划首先需要确定企业未来电子商务的运作模式，这是整个系统建造的起点，也是电子商务系统设计、集成的基本依据。同时还需要确定企业电子商务系统的体系结构，使系统的开发人员拥有一个可以相互理解的共同基础。同时使得后续的系统设计、开发工作有一个非常明确的框架。

电子商务系统的规划不仅是影响系统成败的关键，而且也与传统信息系统规划有所差异，它并不简单探讨如何利用电子商务手段改善企业的价值增值过程，也不是单纯策划使用什么样的新技术手段改善企业的效率，而是将着眼点集中在如何为企业设计出一种新型的价值链，变革企业的商务流程，将企业与客户、合作伙伴紧密地连接在一起。使企业与合作伙伴能够共享知识，形成虚拟的共同市场。它的关键是如何转变与集成商务过程，以更好地为客户服务。

规划阶段的成果是给出企业未来的电子商务模型和清晰的电子商务系统体系结构。

(二)系统分析与设计

系统分析与设计是在电子商务系统规划的基础上确定整个商务系统体系结构中的各个组成部分或者说不同层次的具体内容。其重点是确定电子商务业务系统的功能、平台的基本功能和系统平台的构成。电子商务系统设计要细化系统规划中给出的电子商务系统体系结构中的各个部分，从而得出应用逻辑的结构、应用开发的基础平台、系统之间的接口关系。

系统设计需要对企业的需求进行调查，了解企业的需求，吸取相关领域电子商务实施的成功经验，明确电子商务系统需要满足的基本要求，为系统技术方案的择优提供参考依据。

电子商务系统一般有多种技术平台可以采用，而且其体系结构中所定义的各个层次也可利用不同的工具实现。这样在系统设计过程中，需要对多种候选技术及产品有针对性地进行比较。此外，由于不同的技术产品都有一定的针对性，各有特色，所以，在方案比选的过程中，可能会提出一些新的问题，也可能会从技术产品当中吸收很多有价值的内容，丰富企业的需求，使企业的需求更为清晰。经历这一阶段后，对企业需求的理解就不是简单停留在企业需要做什么的层面上，而是进一步升华到企业怎样才能将商务运转得更好、更高的层次上，这对于确定企业电子商务系统的最终技术方案是很有益的。

要确定哪种技术方案是最适合于企业的要求的，就需要确定企业未来电子商务系统需要完成的完整的功能，各种技术方案与企业所要求的功能的距离究竟有多远，是否与最终的需求相吻合。

(三)系统开发与集成

根据需求分析、系统逻辑结构设计，确定需要哪些产品或者技术来构筑电子商务系统的平台，并完成应用软件系统的编码，最终将电子商务系统的应用软件和各种平台集成在一起。

系统开发与集成阶段的任务主要包括应用软件开发、系统支持平台搭建、系统集成、系统测试及优化、系统评估五个方面。

应用软件是电子商务系统的核心，它最终实现企业的商务逻辑。电子商务系统应用软件和传统管理信息系统软件相比，在开发方式、手段和工具等方面存在一定的差异。电子商务系统是一种基于客户机/服务器结构的管理信息系统，其客户端大多采用标准的浏览器，所以大部分软件开发工作集中在服务器端，客户端的应用逻辑不仅非常少，而且用户界面也相对标准化。电子商务系统主要实现联机交易，它是一个开放系统并需要和认证机构、银行发生数据交换，而且交换的数据格式和内容都必须严格遵守规范。尽管传统的开发工具与运行环境对于电子商务系统仍然重要，但是主流的开发工具逐渐走向标准化，向可重用的组件方向发展。

电子商务系统应用软件需要运行在一定的软、硬件环境上，这些软件、硬件系统也叫作电子商务系统的支持平台。除了开发应用软件，还需要根据各类技术标准，选择满足需要的产品构筑应用软件运行的平台。

系统集成的目标是将电子商务系统应用软件和企业内部信息系统、外部信息系统等整合为一个整体，使之共享资源。系统集成不仅包括网络系统的连通、应用之间的互相操作，更重要的是完成企业商务过程和电子商务系统的整合。

系统测试及优化是为了测试系统是否满足企业电子商务运作的基本要求、测试并分析系统的主要性能指标、优化系统的性能、提高系统的效率。测试的目的是为了发现系统存在的问题，而优化则立足于提高系统的性能。

系统评估是根据系统测试的结果对系统性能进行的评价。评估过程对电子商务系统的整个生命周期是非常重要的，评估的结果可作为判断系统设计是否完整的依据、未来系统维护和升级的基础以及系统进一步优化的依据。

(四)系统实施

系统实施的主要任务是设计合理的系统实施计划，确定系统实施的组织安排，准备应用培训，完成电子商务系统的上线运行准备。在实施阶段不仅需要规划信息系统如何取代企业已有的信息系统，而且要为实现这一目标做多方面的准备，尤其是人员及组织机构、商务流程的切换、用户的培训等。

(五)系统运行与维护

运行不仅仅是指电子商务系统投入运行，更为重要的是企业商务活动在一种新的模式下运转。运行可分为系统运行和商务运行两个部分。系统运行是指从原有信息系统切换到电子商务系统，使新系统支持企业的业务日常运转。商务运行则是指企业在电子商务系统的支持下按新的模式开展商务活动。

要防止只考虑信息系统实施，不考虑配套环境的倾向。同时，如果系统运行切换过程不是一步到位，企业商务流程可能会在新、旧系统中并行，在此期间业务如何处理的问题必须考虑充分。此外，对于连续工作的实时系统，在切换过程中一定要考虑好故障恢复等应急措施。

电子商务系统的运行还必须有相关的运行队伍及维护队伍，而且需要制订相关的管理制度和条例。

第三节 电子商务的安全问题

一、电子商务安全的概念

安全问题是电子商务实施中的瓶颈之一，既是技术问题，更是管理问题，具体涉及计算机网络安全和商务交易安全两大方面。计算机网络安全指的是网络设备、网络系统和数据库等网络本身可能存在的问题。商务交易安全则是为了保证交易过程中的保密性、可鉴别性、防篡改性和不可抵赖性，消除信息被窃取、篡改和假冒等种种隐患。如黑客往往从网关或路由器上截取传送的信息，有的掌握了信息的格式后篡改信息，甚至发送假信息，以假乱真。

为了电子商务的安全，应注意：

(1)信息的保密性。信息的保密性是指信息在传输和存储中不被窃取。为此需要采用安全技术对信息进行加密。

(2)信息的不可否认性。信息的不可否认性是指发送方和接收方都不能否认自己发送或接收了信息。

(3)系统的可靠性。系统的可靠性是指系统防止硬件失灵、软件错误、自然灾害等造成的失效的性能。

(4)交易者身份的真实性。交易者身份的真实性是指网上交易双方应确认对方是真实的。

二、实施电子商务主要使用的安全技术

(一)防火墙技术

防火墙可看作是一道介于内部网与外部公共网之间的屏障，是一种装在主机或路由器等节点上的软件。它的功能是防止非法的通信和来自外部的攻击；有的防火墙通过读取外来数据的源地址、目标地址等判断是否来自安全站点，并及时拒绝来自危险站点的数据；有的防火墙通过对防火墙内部地址和外部地址转换的方法来隐藏内部 IP 地址，借以隐藏内部网络的各种信息。

(二)加密技术

加密技术通过加密算法、解密算法和密钥，可将明文变为非法获取者难以识别的密文进

行通信，从而实现信息在通信方之间的安全传递。

凯撒加密法是一种古典的加密方法，其原理是将文本中的字母进行错位替代。例如，字母 a，b，c，d…w，x，y，z 的自然顺序，与 E，F，G，Z…A，B，C，D 分别对应，用 E 代替 a，用 F 代替 b，……，每每相差 4 个字母。这个规则叫作加密算法，而 4 就是密钥。例如：若源信息为 How，则按此加密算法和密钥，加密后的密文就是 LSA.。若将密钥换成 7，则密文变成了 OVD。根据密钥的公开性加密方法可分为私钥密码加密（又称对称加密）、公钥密码加密（又称非对称加密）。

1. 私钥密码加密

私钥密码加密的工作原理如下：发送方 A 和接收方 B 共享相同的由密钥分发中心分发的密钥 K。A 用密钥 K 加密得到的密文传送到 B 处后，B 用相同的密钥解密，如图 10－4 所示。

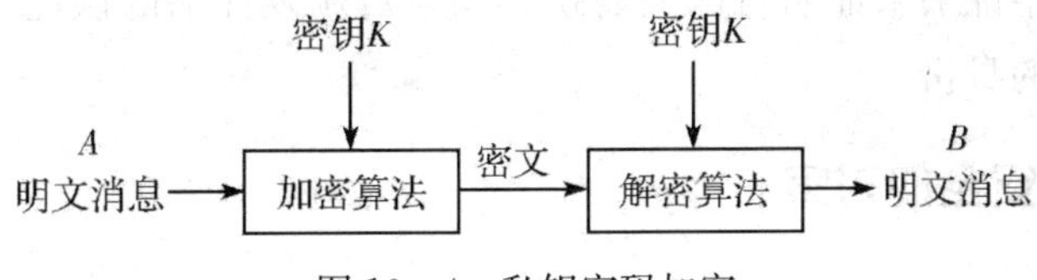

图 10－4　私钥密码加密

常用的私钥密码算法有 DES，IDES，GOST，RC-5，Blowfish，CRAB 等。

2. 公钥密码加密

公钥密码加密的工作原理如下：

用户 A 和 B 各自拥有一对密钥（K_A，K_A^{-1}）和（K_B，K_B^{-1}）。私钥 K_A^{-1}，K_R^{-1} 分别由 A 和 B 各自秘密保管，而公钥 K_A，K_B 则以证书的形式对外公布，如图 10－5 所示。

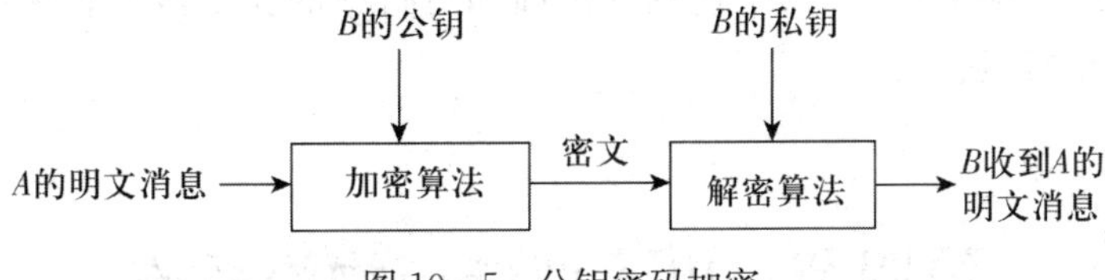

图 10－5　公钥密码加密

当 A 要将明文消息 P 安全地发送给 B，则 A 首先应用 B 的公钥 KB 加密 P 得到密文 $C=EK_B(P)$；而 B 收到密文 P 后，用私钥 K_B^{-1} 解密恢复明文，得到：

$$P=DK_B^{-1}(C)=DK_B^{-1}(EK_B(P))$$

常用的公用钥加密算法有 RSA，DSS(Digital Signature Standard)等。

通过加密算法可以实现电子商务中的数字签名和数字认证。

(1)数字签名。数字签名是对以数字形式存储的消息进行某种处理，产生一种类似于传统手书签名功效的信息处理过程。它通常将某个算法作用于需要签名的消息，生成一种带有操作者身份信息的编码。通常我们将执行数字签名的实体称为签名者，所使用的算法称为签名算法，签名操作生成的编码称为签名者对该消息的数字签名。消息连同其数字签名能够在网络上传输，可以通过一个验证算法来验证签名的真伪以及识别相应的签名者。

(2)数字认证和数字证书。数字认证是用电子方式来验证信息发送者的身份、信息接收者的身份以及判断文件(如发票)是否被人修改或照片是否有效的加密技术。数字证书上的内容包括版本号、序列号、签名算法标识符、颁发者、拥有者名、公钥及其算法标识符、有效期等字段。

数字认证工作应由作为第三方的认证中心来做。认证中心是一个权威机构,其任务是验证交易双方的身份、管理数字证书和密钥。例如,认证中心可以签发一种电子形式的、用于验证个人身份的数字证书,用来保证网络发来信息的可靠性和建立收到信息的拥有权。

认证中心分为根认证中心、品牌认证中心、商务认证中心等不同层次。根认证中心是最上层的权威机构,它向品牌认证中心和区域认证中心颁发证书,而后两者再向商务认证中心和持卡人认证中心等颁发证书,再由商务认证中心负责向商家和银行发放数字证书。商务双方可通过出示数字证书来证明自己的身份。如果对颁发证书的认证中心不信任,还可进一步验证认证中心的身份。

三、电子商务安全的对策

解决电子商务安全问题涉及的面很广,其中包括技术、管理、制度、人员和法律等许多方面。其基本策略是综合治理,不仅要注意技术上的创新,更重要的是加强管理。从管理方面加强电子商务安全的对策主要有:

(1)制定严格的法律与法规,做到有章可循,使非法分子慑于法律,不敢轻举妄动。

(2)制定安全管理措施,具体包括电子商务安全标准的建立、网络的安全管理、设备和密钥的安全管理、安全组织机构与安全责任制度的建立、安全措施的确定和检查实施等。

(3)重视安全检测和评估。其中包括入网前和运行中的安全检测和评估。这方面国际上已制定了相关的标准。

第四节　电子商务与物流系统

如前所述,电子商务中任何一笔交易,都包含信息流、商流、资金流和物流等四种基本的“流”,其中,前三种都可通过计算机和网络通信设备实现,而物流则不同。

所谓物流指的是:为满足消费者需求而进行的原材料、中间库存、最终产品及相关信息从起点到终点间有效流动和有效存储的计划、实施与控制管理过程。物流是决定有形商品的网上商务活动能否顺利进行的关键环节之一,其主要功能是储存、运输和配送,具体由一系列相互联系的物流活动来完成,其中包括运输、储存、配送、装卸、保管、物流信息管理等各种活动。物流是一个复杂的系统。物流环节被著名的管理学家彼得·德鲁克称为是“一块经济界的黑大陆”,具有极大的“利润创造空间”。

在我国,物流管理十分落后,物流成本占到商品流通成本的一半左右。许多企业将大量时间用于原材料购运、成品包装、储存和装卸等环节，严重影响了经济效益的提高。物流系统的完善将有力地推动电子商务的发展。

一、电子商务下现代物流的特征

(一)服务化

在电子商务环境下现代物流的配送中心与客户的联系最直接、最密切，所以特别强调要在提高顾客满意度上与其他企业竞争。

(二)信息化

物流信息化表现在物流信息收集的代码化、物流信息处理的电子化、物流信息传递的标准化以及物流信息存储的数字化等方面。在现代物流系统中将广泛使用条码技术、电子订货系统、地理信息系统等新技术。

(三)一体化

物流一体化指的是以物流系统为核心，实现生产企业、销售企业直至消费者的供应链管理，目标是求得整体最优。

(四)智能化

物流智能化是物流自动化、信息化的高层次应用，用来解决各种决策问题，如运输的优化、物流配送方案的选择等。

(五)国际化

物流国际化指的是物流设施的国际化和物流服务的全球化，目标是按照国际分工协作的原则和国际惯例，利用国际化物流网络、物流设施和物流技术，实现货物在国际间流动和交换。

二、第三方物流

在传统生产经营方式下，物流管理大都由企业自己承担，但在电子商务条件下，随着网络技术的发展，世界经济全球化进程的加快，企业面对远距离、跨地区、跨国界的市场，就很难再依靠自己的力量来组织物流，随之而来的是物流的社会化和物流配送服务的全球化。目前，物流社会化的程度已成为衡量电子商务发展水平和企业市场竞争力的重要标志。

物流社会化的重要方式之一是“第三方物流”。第三方物流是运用现代信息技术建立起来的新型物流组织形式，其特点是物流服务由商品供方和需方之外的第三方提供。第三方并不参与商品的买卖，但提供整个流通过程的服务。第三方物流的提供与被服务方之间通过合同形式建立起一种优势互补、合作共赢的战略联盟。

第三方物流能保证生产企业集中精力搞好核心业务，并通过规模效应降低成本，大大提高服务质量，增强企业的竞争力。据有关资料显示，在我国，第三方物流刚刚兴起，有些企业开始利用 Internet、无线通信、条形码等现代信息技术，在全国主要城市对物流系统实行统一管理。

三、物流信息化

为了商品能准确、快速、及时地到达，并满足用户的需求，作为中枢神经的信息流起着指导物流和整个电子商务活动，保证物流过程正确运行，并对市场做出积极反映的关键作用。

由高技术支持的物流信息化是物流高效运作的重要基础。目前应用于物流领域的高科技除了电子数据交换技术和条码技术以外，还有地理信息系统、全球定位系统和射频识别技术等。

地理信息系统(Geographic Information System，GIS)是在计算机和通信网络的支持下，对空间数据进行采集、处理、查询、分析，动态地提供空间地理信息为决策服务的技术系统。

地理信息系统作为一种通用技术，现已广泛应用于城市规划、土地信息管理、农作物估产、灾害监测等许多领域。运用它可以建立网络物流模型、分配集合模型、车辆路线模型和设施定位模型等，为物流优化决策服务。

用于物流方面的全球定位系统主要是利用卫星对运输工具(如汽车、铁路车辆、船舶、飞机等)进行实时跟踪，掌握移动轨迹，为调度、最优路线制订以及客户查询等提供实时的服务。

射频识别技术(Radio Frequency Identification，RFID)是利用感应、无线电波或微波能量进行非接触双向通信，实现标签存储信息的识别和数据交换的技术。它可以识别高速移动物体实现对物资的统计、监控和防盗。

第五节 电子商务网站

网站通常称为门户站点(portal)，是企业为用户提供产品与服务的信息平台，是企业开展电子商务活动的基础设施。企业建立网站的益处在于：有利于提升企业形象；使企业具有网络沟通能力；可以全面详细地介绍企业及企业产品；可以与客户保持密切联系；可以与潜在客户建立商业联系；可以降低通信费用；可以利用网站及时得到客户的反馈信息。

一、电子商务网站的特点

电子商务网站除了一般网站所共有的一些特点外，还有如下特点。

(一)商务性

商务性是电子商务网站最基本的特点。网上购物提供了一种客户所需要的方便途径：

电子商务可以扩展市场，增加客户数量；通过将万维网信息连至数据库，企业能记录下每次访问、销售、购买形式和购货动态以及客户对产品的偏爱，这样企业就可以通过统计这些数据来获知客户最想购买的产品。

（二）服务性

在电子商务环境中，客户不再像以往那样忠实地只做某家邻近商店的老主顾，他们也不再仅仅将目光集中在最低价格上，因而服务质量在某种意义上成为商务活动的关键：许多企业在互联网上都为客户提供完整的服务。电子商务提供了客户服务的方便性，使客户和企业同样受益。

（三）安全性

对于客户而言，无论网上的物品多么具有吸引力，如果他们对交易安全性缺乏把握，根本就不敢在网上进行买卖。企业和企业间的交易更是如此。在电子商务中，安全性是必须考虑的核心问题。欺骗、窃听、病毒和非法入侵都在威胁着电子商务，因此要求网络能提供一种端到端的安全解决方案，包括加密机制、签名机制、分布式安全管理、存取控制、防火墙、安全万维网服务器、防病毒保护等。为了帮助企业创建和实现这些方案。国际上多家公司联合开展了安全电子交易的技术标准和和平共处方案研究，并发表了 SET（安全电子交易）和 SSL（安全套接字）等协议标准，使企业能建立一种安全的电子商务环境。

（四）集成性

电子商务网站是电子商务的表现形式，应用了大量新技术，但并不是说新技术的出现就必然导致老设备的消亡。互联网的真实商务价值在于协调新老技术，使用户能更加行之有效地利用自己已有的资源和技术完成任务。

电子商务网站的集成性还在于事务处理的整体性和统一性，它能规范事务处理的工作流程，将人工操作和电子信息集成为一个不可分割的整体。这样不仅提高人力和物力的利用，也提高了系统运行的严密性。

（五）可扩展性

要使电子商务正常运作，必须确保其可扩展性。互联网上有数以百万计的用户，而传输过程中却经常出现高峰状况。若企业原来设计每天可受理 40 万人次访问，若系统不具有可扩展而导致系统阻塞，客户访问速度将急剧下降，甚至还会拒绝数千次可能带来丰厚利润的客户来访。对于电子商务来说，可扩展的系统才是稳定的系统。如果出现高峰状况时能及时扩展，就可使得系统阻塞的可能性大为下降。

（六）协调性

商务活动是一种协调过程，它需要雇员和客户，生产方、供货方以及商务伙伴间的协调。为了提高效率，许多组织都提供了交互式的协议，电子商务活动可以在这些协议的基础上进行。电子商务是迅捷简便的、具有友好界面的用户信息反馈工具，决策者们能够通过它获得高价值的商业情报，辨别隐藏的商业关系和把握未来的趋势。因而，他们可以做出更有创造性、更有战略性的决策。

二、网站结构实现分析

通常在逻辑上将网站结构分为三层：表示层、应用逻辑层和数据层。这种结构使得网站具有较好的可扩充性，将表示层与业务功能的实现分离开来，能够更灵活地适应业务的发展。网站不需要对业务逻辑组件做任何变动，就能够适应新出现的表示形式和不同的客户端。例如，为了使网站的用户更方便地在网站上购物，网站调整了页面格局和页面风格。由于网站的结构层次分明，因此需要改变的只是网站表示层，对于业务逻辑和数据连接层不需要变动。

(一)表示层

表示层用于为最终用户提供一个友好的用户界面，接收用户提交的事件，并将处理结果返回给用户。这一层作为应用的前端和“窗口”，决定了用户对网站的总体印象。

网站从总体上来说是“客户端独立”的、中间层业务逻辑相同的和多样化的用户接口。这些客户端包括基于浏览器的 HTML 客户端、基于 Java 的客户端、传统的 C/C＋＋应用、PowerBuilder 客户端以及 VB 客户端。

“客户端独立”允许利用阶段式的、分布的方法来构建应用系统。采用客户/服务器结构在扩充新的用户接口时，需要对整个应用系统进行全局的调整。而采用“客户端独立”结构能够快速地建立或局部地增加新的功能。因此，将表示层从业务逻辑中分离出来，对于阶段性的分布开发是必需的。

在表示层除了使用最基本的 HTML 语言外，通常还利用 JavaScript Internet 脚本语言以及 Java Internet 程序开发语言。JavaScript 程序运行在客户端，能够完成用户事件获取、数据校验、错误检查和实现动画效果等功能。利用 Java 语言开发的 JavaServlet 程序运行于服务器端，负责实现与业务逻辑层的交互，从业务逻辑层获得数据，并将用户提交的信息传给业务逻辑层。而基于 Java 语言的 JSP 程序则实现数据的动态显示，它将 JavaServlet 程序获得的数据形成相应的 HTML 页面传给客户端。

(二)商务逻辑层

商务逻辑层是电子商务系统的核心，也是系统建造过程中的难点和重点。商务逻辑层包括商务应用(程序)、支持平台(包括商务服务层、商务支持层和基础支持层)。

支持平台向上层(商务应用)提供的服务主要包括表达、商务支持、运行支持、开发和集成服务。构成支持平台的技术产品至少应当包括 Web 服务器、商务支持软件、集成与开发工具、计算机主机、网络及其他系统软件(如操作系统、管理工具软件等)。

通常，Web 服务器、商务支持软件、部分集成开发工具被集中在一个称之为“应用服务器”的软件包中，所以商务逻辑层在物理上可以简化为以下三个部分：应用软件（实现商务逻辑）、应用服务器（为应用软件提供软件支持平台）和其他支持软件、计算机主机及网络（为应用软件提供硬件支持平台）。

构造商务逻辑层的任务是选择合适的应用服务器及其他支持软件，开发实现商务逻辑的应用软件系统。

（三）数据层

构造数据层的关键是开发电子商务系统与外部系统、内部信息资源的接口，完成系统集成。

数据层的数据源主要包括：系统既有信息系统（如 ERP 系统等）的数据和企业的数据库，企业与协作伙伴（例如供应商等）之间交换的数据，企业与银行之间交换的数据，企业与认证中心之间的认证数据，企业与其他商务中介交换的电子数据。

由于企业商务逻辑的处理过程是一个从市场、销售、采购到客户服务的整体，所以必须将商务逻辑处理过程所涉及的数据集成在一起，因此构造数据层的任务是：实现电子商务系统与企业内部和外部信息系统之间的网络互联，并确保安全的网络环境；基于应用服务器平台的商务应用系统与企业内部数据的共享。

三、网站的总体设计

建设电子商务网站，首先必须进行总体设计，即在电子商务系统规划、分析与设计的基础上，进一步确定网站建设的目的、网站客户定位，确定网站内容框架和网站盈利模式。

（一）网站建设目的确定

电子商务战略的制订，为电子商务网站的建设指明了方向，但具体应用目的还需要认真考虑，因为针对不同的应用目的有不同的设计思路。

电子商务网站建设的目的一般可以分为开展 B2B 交易，开展 B2C 交易，开展拍卖业务，用于企业形象建设，拓展企业联系渠道，作为交易中间商，建立市场交易场所，开展中介服务，作为服务性网站，其他应用目的等。对于网站设计人员来说，通过与业务人员的沟通，确定网站建设目的，是一项非常重要但又易于被忽略或轻视的工作。

（二）网站客户定位

对于电子商务网站来说，确定网站的客户群体十分重要。只有清楚地确认网站的客户群体、客户的需求、客户的兴趣，才可能在网站上提供客户所需要的内容和信息，留住目标客户群体。网站对客户了解得越多，网站成功的可能性越大。

网络客户群体具有多样性，网站的设计必须与之相适应。例如，同样的 B2C 网站，对青年客户的网站和针对老年客户的网站，在设计思路上有明显的区别。如果将针对青年客户的网站设计用于针对老年客户的网站，将可能导致以后销售的困难。又如网上银行，如果目标客户是个人，那么需要多提供一些个人理财、咨询、消费类的信息；如果目标客户是企业，那么可能需要提供更多的金融咨询、投资顾问之类的信息。确定客户群体.也就是要创建一个客户兴趣圈,以便在目标客户中突出网站的价值。

大型企业网站必须进行客户需求分析,即在充分了解本企业客户的业务流程、所处环境、企业规模、行业状况的基础上,分析客户表面的、内在的、具有可塑性的各种需求。有了客户需求分析,企业就可以了解潜在客户在需求信息量、信息源、信息内容、信息表达方式、信息反馈等方面的要求;有了客户需求分析,企业网站才能够为客户提供最新、最有价值的信息。全面的客户需求分析的目的是使企业网站不只停留在浅层的信息浏览上,还应扩展网站的应用功能,使之成为宣传与实用并重的网站。

(三)网站内容框架确定

确定建站目的和客户群体后,下一步工作是目标细化,构建网站内容框架,主要包括网站核心内容、主要信息、服务项目等。在内容框架里,还应注明这些内容的信息来源,哪个部门应该提供哪方面的信息等。

在确定内容框架的基础上,可以设计网站的结构图。网站结构分为物理结构与逻辑结构。设计物理结构时,应根据需要采用扁平式结构或树形结构。画出结构图的目的主要是便于有逻辑地组织网站和链接。同时,可以根据结构图去分配工作和任务。

(四)网站盈利模式设定

没有利润的企业网站肯定是不能长期维持下去的,因此,盈利模式的设定对网站来说是十分重要的。网站的经营收入目标与企业网站自身的知名度、网站的浏览量、网站的宣传力度和广告吸引力、上网者的购买行为对本网站的依赖程度等因素有十分密切的关系。因此,企业网站应该从对上述因素的分析来设定本网站的盈利模式。

(五)主要业务流程设定

通过电子商务进行并完成网上交易是一个比较复杂的技术流程,但这一复杂的流程应当尽量做到对客户透明,使客户购物操作方便,让客户感到在网上购物与在现实世界中的购物流程没有本质的差别和困难。在很多电子商务网站中上网者都可以找到“购物车”“收银台”“会员俱乐部”这样熟悉的词汇,实际上其中每一个概念的实现背后都隐藏着复杂的技术细节。但是,一个好的电子商务网站必须做到:不论购物流程在网站的内部操作多么复杂,其面对用户的界面必须是简单方便的。

四、网站资源管理

网站资源管理是电子商务网站的重要组成部分,主要包括账号管理、网站及商品资料管理、订单资料管理、会员资料管理、留言板管理、最新消息管理等。

(一)账号管理

电子商务网站管理系统负责整个网站所有资料的管理,因此管理系统的安全性显得格外重要。系统账号管理应该限制所有使用电子商务网站管理系统的人员与相关的使用权限，给予每个管理账号专属的进入代码与确认密码，以确认各管理者的真实身份。此外，要有账号等级的设定，依据不同的管理需求设定不同的管理等级，让各管理者能分工管理自己分内的工作且不会改动其没有权限去改动的资料。其他如密码有效天数、账号有效期限的设定等，让管理账号的安全性更为提高。拥有不同管理账号等级的人员进入首页会看到不同的管理页面样式，使用不同操作界面的管理页面，让其管理工作更为方便。

（二）网站及商品资料管理

网站及商品资料管理部分的功能应该提供网站管理者对于网站各商店与商店内的商品的管理功能，让管理者可以很方便地新增、删除与修改各项资料，并可针对各商店不同的需求提供不同的商品属性与商品管理功能。除此之外，还应有对特价商品的管理功能，使得网站内特价商品能在特别明显的位置出现，让顾客在选购时更为便利。

（三）订单资料管理

订单资料管理应包含所有对于网站订单的相关管理功能。可以统计出目前网站中各项商品的销售情况，依据销售数量与销售金额等来排名，使得结果一目了然；也可查询网站中各订单目前的处理状态如何，能打印订货单，确认订单及出货，以及进行线上清款与顾客退货等相关信用卡交易行为。

（四）会员资料管理

电子商务网站对于顾客通常采用会员制度，要求顾客注册为会员，以保留顾客的基本资料，除了可借此了解顾客并与顾客取得联系外，记录下顾客的相关资料，有需要时可直接从资料库取出，不需顾客重复输入很多繁杂的资料。管理系统也应提供相关的功能让网站管理者能够简单地管理会员资料，随时根据需要查询会员资料，了解顾客所属的消费群等情况，以作为销售商品的参考。

（五）留言板管理

网站留言板是为了增加网站及顾客间良好互动关系而设立的，顾客可在此留言板上留下各种要与其他顾客或网站共同分享的意见与想法。对于留言板管理部分，系统应提供多项功能以协助管理者方便地新增、删除或修改留言板上的留言内容，以及对部分留言内容加以回应。

（六）最新消息管理

最新消息管理应提供对网站最新公告事项的相关管理功能，包含了新增、删除、修改等功能，使得电子商场管理者能很方便地发布要告知顾客的各项最新消息。

关键术语

电子商务	Electronic Commerce	E-市场	E-Marketplace
防火墙	Firewall	电子支付	Electronic Payment
电子现金	E-Cash	物流管理	E-Logistics
网络营销	Internet Marketing	协同谈判	Collaborative Negotiation
第三方物流	Third-Party Logistics	谈判支持系统	Negotiation Support System
地理信息系统	Geographic Information System		
电子数据交换	Electronic Data Interchange		

思考题

1. 为什么说电子商务系统是一个社会技术系统?
2. 请举例说明电子商务对企业业务流程重组的影响。
3. 有哪些社会因素和技术因素影响电子商务的发展?
4. 试述电子商务与管理信息系统的联系。
5. 试说明网络营销与电子商务的关系。

第十一章　电子政务系统

从管理信息系统的概念结构来看，电子政务系统是管理信息系统应用发展以来最庞大、复杂的信息系统。它是面向全社会管理与服务的涉及各级政府组织职能与活动的管理信息系统，既具有一般管理信息系统属性特点、符合一般信息系统建设的规律，又有其特殊性。它是现代信息技术与行政管理等多个学科相融合的产物，不仅是计算机和网络技术的新的应用方式，而且是一场划时代的变革，具有深远的历史意义。

为满足新环境下行政管理现代化的发展需求，世界各工业化国家都已将电子政务建设列入政府的议事日程。本章帮助学习者建立有关电子政务的基本概念，主要内容包括电子政务的定义与内涵、电子政务的基本应用模式、电子政务的产生与发展、电子政务的功能、电子政务系统的结构和电子政务系统的建设等。

第一节　电子政务的概念

一、电子政务的概念

政府是全社会最大的信息拥有者、处理者和用户，承担着社会管理和服务的职能，决定着社会管理服务的效率，将信息技术有效地融入政府行政业务，建立电子政务系统，可以增强各级政府的决策水平，提高行政效率和质量，有利于建立一个更加精简、廉洁、高效、有竞争力的政府。目前电子政务已成为世界各国社会信息化最重要的领域之一。

关于电子政务（Electronic Government），国内外有多种多样的提法，如电子政府、政府信息化、数字政府、电子网络政府等。这些提法是从不同的视角对电子政务的含义做出概括，它们有着许多相同、相近之处。目前，电子政务的概念还处在不断发展演绎的过程中。

从政府的职能和作用来看，浅层次上，电子政务就是指政府在公共管理和服务等政务工作中，全面应用现代信息技术，特别是互联网技术进行办公、管理和开展为社会提供各种公共服务的一种治理方式；深层次上，电子政务实质上是对现在工业时代政府形态的一种改造，是利用信息技术和其他相关技术来构造更适合以互联网为主要特征的信息时代的政府结构和运行方式。

电子政务建设的目的是政府机构应用现代信息和通信技术，将政府管理和服务通过网络技术进行集成,并对政府需要的和拥有的信息资源进行有效地开发和管理,同时改进、优化政府的组织结构、业务流程和工作方式,以打破时间、空间和部门分割的制约,从而加强政府业务运作的有效监管,提高政府的工作效率、决策质量、调控能力、廉洁程度,节约行政开支,全方位地向社会提供高效、优质、规范、透明的管理和服务。

电子政务强调政府业务通过电子化手段来运作及其实现过程;电子政府可理解为通过电子化手段来运作政府业务特征的政府形态的描述;而政府信息化可以理解为工业时代的政府(即传统政府)向信息时代的政府(即现代政府)演变的过程。这些概念是紧密相关的。

电子政务系统就是基于网络的符合互联网技术标准的面向政府机关内部、政府机关之间、企业以及社会公众的综合信息服务和信息管理系统。

基于电子政务概念,电子政务至少包括四个方面的内容:

(1)必须借助现代信息技术、通信与网络技术,同时离不开信息基础设施和相关的软件技术发展的支撑。

(2)其切入点是政务信息管理,处理的是与行政管理有关的公共事务。

(3)不是将传统的政府管理和运作简单地搬上互联网,而是要对现有的政府组织结构、运行方式、行政流程进行重组和再造,使其在信息技术的支持下,加强对政府业务运作的监管,使其更加有效地运行。

(4)其目标是更好地提供公共服务。

电子政务的内容包括:

(1)以改革政务流程为基础的人机结合的信息系统。

(2)以互联网为基础的运行环境。

(3)强调部门之间的通信与协调(信息共享、信息交换)。

(4)以安全支撑体系为保障。电子政务处理的是与国家权力行使相关的业务,电子政务系统的安全决定了政府机构的业务、权力能否正常开展和执行,安全是电子政务最为重要的基石。

(5)电子政务的建设依赖于政府各部门业务信息化程度,政府各部门业务信息化是电子政务的前提和基础。

(6)以政府、企业和社会公众为行为主体。政府的业务活动主要是政府机关内部、政府机关之间、政府与企业之间以及政府与社会公众之间的互动活动。

二、电子政务的产生与发展

(一)电子政务产生的技术沿革

电子政务的产生源于现代信息技术的发展和广泛的应用,是一个不断发展的概念。电子政务的概念是在20世纪90年代提出来的。它的雏形源于20世纪70年代的办公自动化(Office Automation,OA)。而今,办公自动化是电子政务系统的一个重要组成部分。

20世纪70年代中后期,由于政府系统处理的信息飞速增长,仅依靠办公自动化系统已无法从根本上解决海量信息的处理问题。在这种情况下,基于管理信息系统(MIS)技术的政务信息系统被应用于政府工作中,成为办公自动化进一步发展的产物。中国最早的政务信息系统是国家经济信息系统。

此后,新的信息技术不断地被应用于政府办公,如地理信息系统(GIS)、决策支持系统(DSS)等被应用于政府的城市规划、建设、监控、资源配置等特定部门的业务过程中,被应用于政府基于海量数据的快速、准确的决策过程中。到了20世纪90年代,当网络技术发展到成熟阶段,尤其是当互联网普及之后,电子政务概念被提出来并真正在技术上成为现实。

(二)电子政务发展的社会背景

信息技术的迅猛发展以及互联网技术的广泛应用,使信息的收集、整理、加工、分析和传播变得更为便利,政府、企业及公民个人之间的相对距离缩短了,管理主体和客体之间的信息沟通和信息反馈变得密切了,从而增强了管理主体和客体之间的相互联系和相互作用。同时,信息技术也增强了公民和社会在信息和知识方面的占有量,从而削弱了传统政府的优势地位,对传统的政府官僚管理体制提出了挑战,使政府、企业、社会组织、公民个人共同管理、民主管理、参与管理成为一种需求和可能。

另外,政府内在改革也需要发展电子政务。世界各国的政府改革主要集中在政府职能和政府组织机构的优化,公众服务质量的提高和政府管理成本的降低方面。互联网络用户的广域性,信息交换的实时性、互动性、低成本性正好符合政府的改革需要。特别是政府可以借助于互联网络实现政府在组织机构和职能上的柔性,使得互联网络能够成为政府提升效率、完善服务和实现业务流程优化的平台。同时政府将原有的政府信息数字化后,借助互联网络传输信息,以"无纸化"或"少纸化"的形式来开展业务,从而大大降低了政府管理成本,提高服务效率。

互联网络作为政府运作的一个平台,能够帮助政府实现其现代改革目标,从而导致了世界各国当前建设电子政务的浪潮。

(三)电子政务的发展阶段

从目前电子政务建设的实践来看,电子政务可划分为三个不同的发展和应用阶段。

(1)基于广域网的信息与服务发布阶段。这一阶段电子政务应用的特点是以单纯的信息和服务发布为主,信息流向比较简单。

(2)不同行业的政务信息系统在独立运行的情况下,实现它们有限的数据和信息交换阶段。这一阶段的特点是政府机构之间以及整个部门与企业和社会公众之间。在一定的安全框架下,实现数据共享、各类信息的自动交换。

(3)以重塑政府职能、实现政府再造为主要特征的政府电子化阶段。该阶段的特点是实现政府政务以信息化为主要特征的管理模式的创新,实现各部门信息和系统应用的高度集成。这一阶段的电子政务应用将业务流程重组和电子政务建设结合起来,实现政府管理和服务职能的网络化扩展。

第二节 电子政务模式类型与应用

电子政务所包含的内容极为广泛，几乎可以包括传统政务活动的各个方面。根据近年来国际电子政务的发展、中国电子政务的实践和电子政务概念的演绎，目前，电子政务模式类型划分为政府对政府的电子政务（Government to Government，G to G）、政府对企业的电子政务（Government to Business，G to B）、政府对公民的电子政务（Government to Citizen，G to C）三种模式。

政府（Government）与政府公务员（即政府雇员，Employee）之间的活动（曾被称为 G to E），是政府机构通过网络技术实现内部电子化管理的重要形式，是 G to G，G to B 和 G to C 电子政务模式的基础，目前不被看作一种独立的电子政务模式。

三种电子政务 G to G，G to B，G to C 的功能应用分析阐述如下。

一、G to G 电子政务

G to G 电子政务即政府与政府之间的电子政务，又称为 G2G，是指政府内部、政府上下级之间、不同地区和不同职能部门之间实现的电子政务活动。G to G 模式是电子政务的基本模式，目前按其不同的职能部门及应用需求可分为以下几大类应用。

（一）政府内部网络办公系统

政府内部网络办公系统是指政府部门内部利用办公自动化系统和互联网/内联网技术完成机关工作人员的许多事务性的工作，实现政府内部部门间办公的自动化和网络化，实现内部资源充分共享的集成化的管理信息系统。政府内部网络办公系统可分为领导决策服务子系统、内部网站子系统、内部财务管理子系统等。通过不同子系统的应用，使传统的政府内部管理实现向网络化管理转型。政府内部网络办公系统可极大提高政府的作业效率和业务水平，是电子政务的基础。

（二）电子法规、政策系统

颁布和实施各项政策法规是各级政府部门的一项重要工作。电子法规、政策系统是指通过电子化方式传递不同政府部门的各项法律、法规、规章、行政命令和政策规范的管理信息系统。电子法规、政策系统具有十分明显的信息传递速度和管理成本优势，既可做到政务公开，又可实现政府公务人员和老百姓之间的“信息对称”。目前，众多政府机构的网站都开设了不同形式的政策、法规的宣传窗口，起到了较好的作用。

（三）电子公文系统

公文处理是政府部门的基本职能。电子公文系统是借助网络技术，使传统的政府间的报告、请示、批复、公告、通知、通报等通过数字化方式实现瞬时传递的系统。传统公文处理方式是依靠纸张作为载体，借助盖章、签字等形式。这种方式成本高、周期长、效率低，常常会影响政府决策的效率。电子公文系统可很好地解决这些问题。

(四)电子司法档案系统

电子司法档案系统是通过电子化手段，在司法机关之间共享如公安机关的刑事犯罪记录、审判机关的审判案例、检察机关检察案例等司法信息的管理信息系统。

(五)电子财政管理系统

传统的财务管理系统因为财务信息的封闭和独立给政府的财务管理带来了一定的难度，也为滋生腐败提供了条件。电子财政管理系统是指建立在网络基础上的财务管理系统，可实现向政府主管部门、审计部门和相关机构提供分级、分部门、分时段的政府财政预算及其执行情况报告，包括从明细到汇总的财政收入、开支、拨付款数据以及相关的文字说明和图表，便于有关领导和部门及时掌握和监控财政状况，将管理水平跃上一个新台阶。

(六)垂直网络化管理系统

垂直网络化管理系统主要针对一些垂直管理的政府机构，如国家税务系统、海关、铁路等部门通过组建相应系统的内部网络，构建起垂直型的网络化管理系统，以实现统一决策，信息实时共享，有效提高系统的决策水平和反应速度。

(七)横向网络协调管理系统

横向网络协调管理系统是通过网络在政府不同部门及不同地区政府部门之间进行横向协调来实现政府的有效管理。它的目的主要是通过网络的应用，使原分散在不同部门、不同地区的决策信息做到有机集成，为不同决策者所共享，减少部门间、地区间的相互扯皮现象，提高决策准确性和作业效率。如我国已经实施的“中国电子口岸执法系统”，是由海关总署牵头，运用互联网网络技术，将涉及进出口管理和服务的海关、商检、外贸、外汇、工商、税务、银行等单位联结起来，把这些部门分别管理的进出口业务信息流、资金流、货物流等数据的电子底账集中在统一、安全、高效的公共数据中心物理平台上，建立电子底账，实行联网核查，实现数据共享和数据交换。这不仅使企业可在网上进行进出口贸易，而且还加强了政府对口岸的监管，提升了打击走私，打击骗税、骗汇活动的力度。

(八)城市网络管理系统

G to G 电子政务还包括城市网络管理系统。主要应用于以下几个方面。

(1)对城市供水、供电、供气、供暖等城市要害部门实行网络化控制与监管的管理信息系统。

(2)对城市交通、公安、消防、环保等部门实行网络统一化调度与监管的管理信息系统，可有效提高管理的效率与水平。

(3)对各种突发事件和灾难实施网络一体化管理与跟踪管理信息系统,可提高城市的应变能力。

从上面概括的应用方面来看,传统的政府与政府间的大部分政务活动都可以以网络技术的应用高速度、高效率、低成本地实现。

二、G to B 电子政务

G to B 电子政务指政府(Government)与企业(Business)之间的电子政务,又称为 G2B。企业是国民经济发展的基本经济细胞,促进企业发展,提高企业的市场适应能力和国际竞争力是各级政府机构共同的责任。对政府来说,G to B 电子政务的形式及功能主要包括下面一些种类。

(一)政府电子化采购

对政府而言,政府采购是 G to B 的电子政务,因为政府机构的采购不具有商业目的;对企业而言,政府采购是 B to G 的电子商务,是企业电子商务的重要内容。

政府电子化采购主要是通过网络面向全球范围发布政府采购商品和服务的各种信息。电子招投标系统在一些政府大型工程的建设方面已有了很多的应用,它使原来由政府代表与厂商代表的直接接触转化为政府代表与网络的互动过程,人人界面转变成了人机界面,并且所有过程都有电子记录在案,大大增强了采购工作的透明度,降低了腐败行为发生的机会;同时减少了政府和企业的招投标成本,缩短招投标的时间,提高了行政效率。

政府也能通过网络把各种社会福利,比如困难家庭补助、烈军属抚恤和社会捐助等,运用电子资料交换、磁卡、智能卡等技术,直接支付给受益人。电子社会保障体系,既可以增加社保工作的透明度,还可加快社会保障体系普及的进度。

(三)电子公共事业服务系统

该系统在网上提供电力、电信、自来水、煤气等自动化服务,提供查询、申报、交费等服务。

(四)公民信息服务与电子民主管理系统

该系统使公民方便、费用低廉地接入政府法律法规规章数据库;公民通过网络发表对政府有关部门和相关工作的看法,参与相关政策、法规的制定;通过网络提供被选举人背景资料,促进公民对被选举人的了解,公民可以直接在网上投票,既可大大提高选举工作的效率,又可有效保证选举工作的公正和公平。

(五)电子医疗服务系统

政府医疗主管部门可以通过网络向当地居民提供医疗资源的分布情况、医疗保险政策信息、医药信息,执业医生信息。公民可通过网络查询自己的医疗保险个人账户余额和当地公共医疗账户的情况;查询国家新审批的药品的成分、功效和使用方法等详细数据。

(六)电子就业服务系统

该系统开设网上人才市场或劳动力市场，提供工作职位缺口数据库和求职数据库信息等。应聘者可以通过网络发送个人资料，接收用人单位的相关信息，并可直接通过网络办妥相关手续。该系统在就业管理部门所在地或其他公共场所建立网站人口的情况下，为没有计算机的公民提供接入互联网寻找工作职位的机会；为求职者提供网上就业培训，分析就业形势，指导就业方向。

(七)教育培训服务

建立全国性的教育平台，并资助所有的学校和图书馆接入互联网和政府教育平台；政府出资购买教育资源然后对学校和学生提供；重点加强对信息技术能力的教育和培训，以适应信息时代的挑战；资助边远、贫困地区信息技术的应用，逐步消除落后地区与发达地区之间存在的“数字鸿沟”。

第三节　电子政务系统的结构

电子政务是一项覆盖各级政府部门的大型、复杂的系统工程。它的实现以信息技术作为基础，从政府信息发布、政府网上服务到政府部门间及政府部门内的信息共享和网络办公，需要不断发展的信息技术作为保障。其目标在于建设一个国家电子政务体系，将现有的和即将建设的各个政府网络和应用系统连接起来，统一相关的技术标准和规范，做到互联互通，成为一个统一的国家政务服务平台。

一、电子政务系统的体系结构

电子政务系统是为电子政务活动提供实现手段和保障支持的计算机网络软硬件平台，包括电子政务网络平台、电子政务应用服务平台及提供上下衔接的电子政务中间件平台等。

电子政务网络平台是保障中央以及地方各级政府业务系统互联互通的计算机网络通信平台。对政府内部，政务网络平台为实现同层次和上下级政府间资源共享、信息应用、信息交换提供统一的安全、保密网络平台；对政府外部，该平台实现将沟通政府和公众之间的联系，是政府向社会发布信息、提供信息服务的统一平台。

电子政务应用服务平台是指在电子政务网络平台的基础上建立的政务综合应用服务平台。该平台实现资源共享、信息应用、信息交换、应用服务等功能，为各级政府、公务员、公民和企业提供个性化服务。

在电子政务网络平台和电子政务应用服务平台之间，需要使用适于电子政务的中间件在不同的平台之间共享资源。通过中间件平台标准的程序接口和协议，电子政务应用系统可以实现不同硬件和操作系统平台上的数据共享和互操作应用。

电子政务系统体系结构如图 11－1 所示。

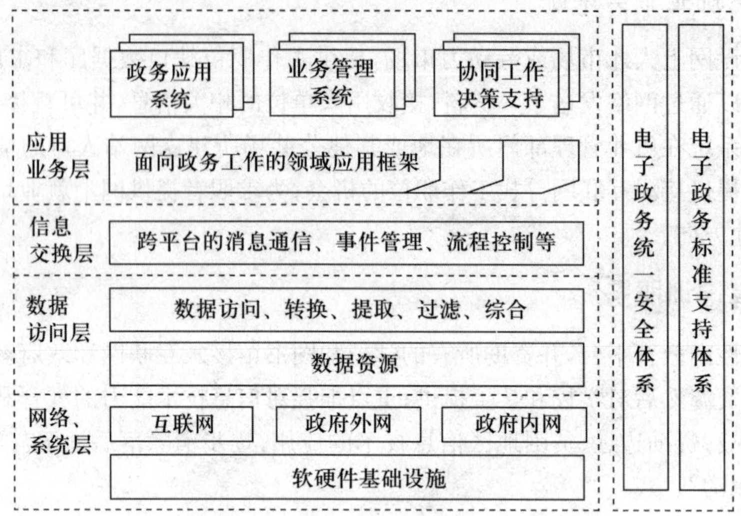

图 11－1　电子政务系统体系结构

网络、系统层即电子政务网络平台，它提供电子政务系统网络通信和系统服务。服务器、存储设备等基础硬件由网络传输介质和网络设备连接起来，形成了整个网络骨架，即网络层。硬件设施配以相应的系统软件和操作系统、网管软件等构成了网络、系统层。此层向信息资源管理层提供数据存储和管理所必需的基础设施。

信息资源管理层(数据访问层)负责管理存放在政府信息资源中心以及网络系统中的各类数据资源，向应用服务支撑层提供数据整合:数据访问、转换、提取、过滤和综合服务:通常包括数据库及其数据库管理系统。

应用服务支撑层(信息交换层)包括工作流引擎和电子政务中间件平台。中间件支持跨平台的分布式异构数据访问，从而向应用业务层提供统一的数据服务。工作流系统通过工作流引擎驱动数据在应用业务层的各应用之间流转，以便根据分工，合理、高效和完整地分配信息。通过上层的面向政务领域的应用框架(框架也可以看成是一种半成品，它可以根据需求定制)可以快速地生成各种具体的政务应用，并可以根据需要进行动态扩充。

应用业务层即电子政务应用平台，包含 G to G，G to B，G to C 等模式下的政务应用系统以及协同工作与决策支持系统。

电子政务标准和规范体系标准分为总体标准、网络基础设施标准、应用支持标准、应用标准、信息安全标准和管理标准六类。它们为电子政务实施提供了标准依据。

电子政务的安全体系包括安全法规和标准下的安全策略、安全管理、安全技术产品、安全基础设施、安全服务等信息安全保证措施，以保障整个电子政务系统安全、可靠地不间断地运行。

二、电子政务系统的网络结构

电子政务整个网络系统主要包括统一的安全电子政务平台、互联网、内联网与外网四个部分。其中统一的安全电子政务平台是电子政务网的枢纽，它通过公众接入平台与互联网相连，通过专网将各内联网连接起来构成交换平台（见图 11－2）。

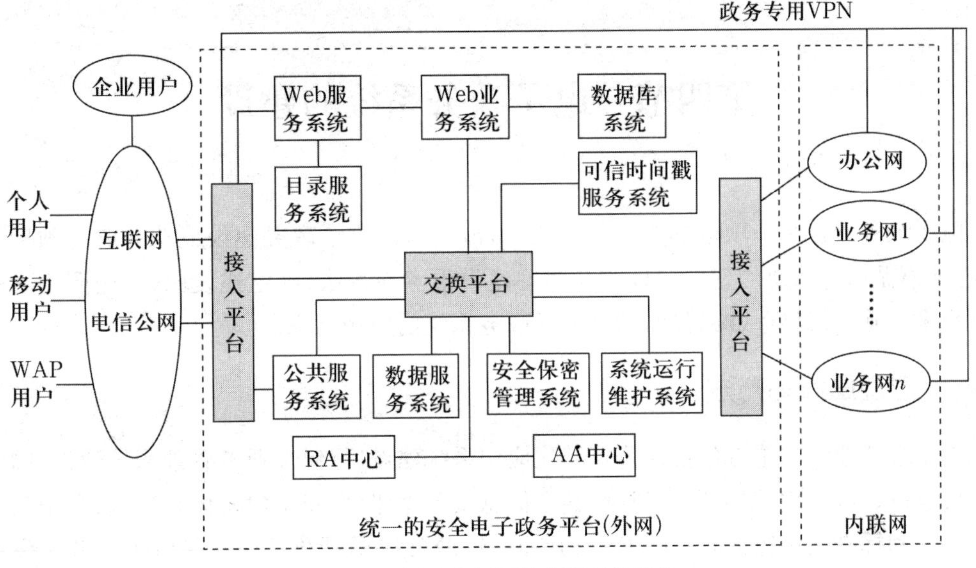

图 11－2 电子政务网的典型网络结构

（一）电子政务内网

国家行政机关内部的行政办公网，其上分别运行的是各类相对独立的政府政务管理应用系统，其服务对象是各级政府各部门领导和党务、政务工作人员；主要的内网业务系统有决策指挥系统、宏观调控系统、行政执行系统、监督检查系统、信息咨询系统等所有机关内部行政管理业务系统；内网以政府各部门的局域网为基础。

（二）电子政务外网

外网的服务对象主要是企业和社会公众。其运行的是公共管理和服务应用系统，包括基于 Web 的应用服务门户，以及客户/服务（C/S）结构的各类客户应用模块。目前各类政府网站、用于向社会提供服务的网上服务应用均属于此类。目前主要的应用系统有政务信息查询与发布系统、社会信息查询与发布系统、经济信息查询与发布系统、网上税务管理系统、网上信访系统、网上社保系统、网上工商管理系统、网上金融服务系统等。

政府内网与政府外网要物理隔离，政府外网与互联网通过逻辑隔离而连通。

（三）统一的安全电子政务平台

统一的安全电子政务平台是指在网络基础设施、智能化信任与授权基础设施以及政务应用支撑层的基础上，承载最终电子政务应用的软硬件综合平台。它是电子政务的枢纽：一方面作为电子政务系统的统一的对外门户，提供公众服务；另一方面作为电子政务的统一的对内门户，提供对内的数据共享、协作办公、决策支持、数据挖掘等服务。这些功能是通过安全电子政务平台的交换平台、互联网络接入平台和政务专网接入平台来实现的。

统一的安全电子政务平台和内部的办公业务网都需要信任和授权服务来支撑其具体的业务系统运行。

第四节　电子政务系统的建设

电子政务建设是一项极其复杂的系统工程，要保证电子政务建设成功并取得预期的效果，必须遵循信息系统的建设原理。要明确建设重点与方法，确定建设原则，按照正确的建设过程来实施，要做好战略规划，明确电子政务系统的应用需求。

一、建设重点与方法

电子政务建设的重点包括办公自动化应用系统建设、行业性业务管理系统建设、网络基础平台建设、政府公众服务网站建设、共享信息资源库建设、安全保密体系建设、电子政务的相关法规和标准建设等内容。政府中相关党务、政务应用系统的构建是电子政务建设的重要内容，其建设方法同样要遵循常用信息系统建设的生命周期法、原型法、面向对象法等方法。

二、建设原则

电子政务的建设原则包括：要合理利用现有资源，适度超前；电子政务建设中网络是基础，安全贯穿全过程，以应用为目的；电子政务应用系统建设包括信息收集、业务处理、决策支持三个层面的内容，要适应政府机构不断重组、职能不断优化的需求。

三、建设的过程

电子政务系统建设亦遵循一般信息系统建设原理。其建设过程依次为：成立建设领导小组，进行系统调研、系统规划、可行性论证、系统分析、分析方案评审、系统设计、设计方案评审、系统实施、系统运行与推广、系统评价、系统维护。

四、战略规划的内容

战略规划的内容包括：系统需求分析、系统的总体目标与原则、总体方案设计、系统的功能分析、数据规划、网络基础支持平台、技术路线与关键技术解决方案、风险与控制、培训计划、项目进度安排、经费筹措、项目建设队伍组织、项目效益分析方法等。

五、电子政务系统的应用需求

根据当前我国各级政府机构及管理部门的工作特点，电子政务系统的应用需求可分为四类，具体如下。

(一)政府部门面向社会提供的应用服务及信息发布

其内容包括基于政府互联网网站的信息发布及查询;面向全社会的各类项目计划的申报、申请;相关文件、法规的发布与查询;各类公用服务业务信息的发布和实施,如工商、税务、保险的管理等。

(二)政府部门之间的应用

其内容包括从中央到地方各级政府间的公文信息审核、传递系统;从中央到地方各级政府间的多媒体信息应用平台,主要包括:视频会议、多媒体数据交换等;同级政府之间的公文传递、信息交换。

(三)政府部门内部的各类应用系统

其内容包括政府内部的公文流转、审核、处理系统;政府内部的各类专项业务管理系统,例如:各类计划管理、项目管理、经费管理、人事管理等;政府内部的各类事物管理系统,例如:日程安排、会议管理、机关事务管理等;政府内部的面向不同管理层的统计、分析系统。

(四)涉及政府部门内部的各类核心数据的应用系统

其内容包括机要、秘密文件及相关管理系统;领导事务管理系统,如日程安排、个人信息等;涉及重大事件的决策分析、决策处理系统;涉及国家重大事务的数据分析、处理系统。

关键术语

电子政务	Electronic Government
G to G	Government to Government
G to B	Government to Business
G to C	Government to Citizen

思考题

1. 试述电子政务的定义和特点。
2. 电子政务、电子政府、政府信息化有什么区别和联系?
3. 试述电子政务建设发展阶段、阶段目标和任务。
4. 电子政务的功能模式及作用是什么?
5. G to G 电子政务应用有哪些?
6. G to B 电子政务应用有哪些?
7. G to C 电子政务应用有哪些?

第十二章 现代企业信息系统

第一节 制造资源计划

MRPⅡ是广泛应用于制造企业的一种管理思想和模式。由于 MRPⅡ正确反映了企业生产中人、财、物等要素和产、供、销等管理活动的内在逻辑联系，能够有效地组织企业的所有资源进行生产，因而获得了广泛的应用。近些年来，国外已有数万个企业建立并运行了 MRPⅡ系统，我国开发应用 MRPⅡ的单位也已有数千家，并形成了有中国特色的 MRPⅡ产品。

一、MRP Ⅱ的形成

传统生产管理的问题很多，其中突出的是库存控制问题。企业为了保证生产活动不间断地进行，往往把原材料等物料的库存量定得很高，这就使得库存投资增加，生产成本上升。

为了解决生产中库存量高的问题，提高资金利用率，人们逐渐把注意力转向企业生产的物料需求上来，希望物料能在需要时运来，而不是过早地存放在仓库中。1965 年，美国的约瑟夫·奥列基(Joseph A. Orlicky)博士与奥立弗·怀特(Olivet W. Wight)等管理专家一起在深入调查美国企业管理状况的基础上，针对制造业物料需求随机性大的特点，提出了物料需求计划(Material Requirement Planning，MRP)的新的管理思想，即根据产品的需求情况和产品结构，确定原材料和零部件的需求数量及订货时间，在满足生产需要的前提下，有效降低库存。随着计算机技术的发展，MRP 管理思想借助于计算机这一强有力的工具，发展成为一种有效的管理方法。

MRP 系统建立在两个假设的基础上，一是生产计划是可行的，即假定有足够的设备、人力和资金来保证生产计划的实现；二是假设物料采购计划是可行的，即有足够的供货能力和运输能力来保证完成物料供应。但在实际生产中，能力资源和物料资源总是有限的，因而往往会出现生产计划无法完成的情况。因而，为了保证生产计划符合实际，必须把计划与资源统一起来，以保证计划的可行性。后来的研究者在 MRP 的基础上增加了能力需求计划，使系统具有生产计划与能力的平衡过程，形成了闭环 MRP，进而又在闭环 MRP 的基础上增加了经营计划、销售、成本核算、技术管理等内容，构成了完整的企业管理系统制造资源计划

(MRPⅡ),全方位地提高了企业的管理效率。如图 12-1。

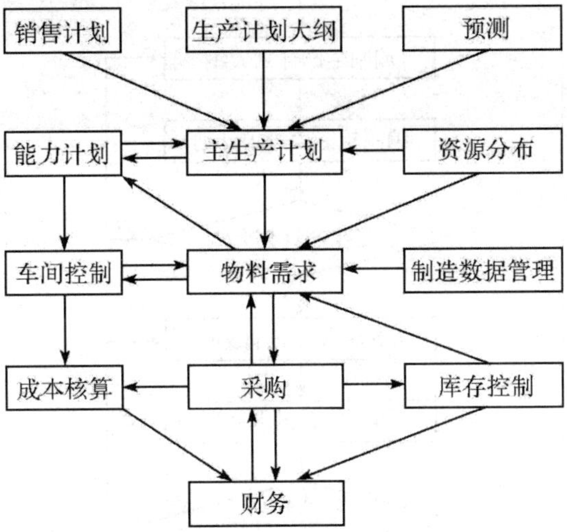

销售计划
生产计划大纲
预测
能力计划
主生产计划
资源分布
车间控制
物料需求
制造数据管理
成本核算
采购
库存控制
财务

图 12-1　MRPⅡ的构成

二、MRP II 系统的工作原理

MRPⅡ系统是站在整个企业的高度组织生产及一系列管理活动的。它通过对企业的生产经营活动做出有效的计划安排,实现统一管理。因而,MRPⅡ是将企业的生产、财务、销售、采购、技术管理等子系统综合起来的一体化系统,它使各部分相互联系,相互提供数据。成本核算要利用库存记录和生产活动记录;供应计划是建立在生产计划上的按需供应;生产计划的制订要依赖于销售计划与生产计划大纲;能力平衡过程是各工作中心的可用能力与生产计划中的能力需求的平衡过程;设计部门不再是孤立的,而是与各项生产活动相联系;产品结构构成控制计划的重要方面,财务成本核算可及时进行,而不再是事后算账。

MRPⅡ的核心在于各级计划系统。计划是为实现一定的目标而制订的行动方案;控制是为保证计划的完成而采取的措施:在 MRPⅡ中,计划从粗到细、从一般到具体可分为五个层次,如图 12-2 所示。

企业的经营计划是计划的最高层次,是企业总目标的具体体现:在这一计划中,企业的最高决策层根据市场调查和需求分析、国家政策、企业资源能力和历史状况、竞争对手情况等有关信息,制订企业的中长期发展规划,即确定在未来 2～7 年中,企业产品的品种、市场份额、产品年销售额、年利润、生产率等。经营计划的制订要考虑现有资源及未来可获得的资源,具有较大的预测成分。经营计划是以下各层计划的基础。

生产计划大纲的任务是根据经营计划,确定未来 1～3 年内,每年、每月生产多少产品,需要哪些资源。

主生产计划(Master Production Schedule,MPS)以生产计划大纲为依据,把最终产品的数量和交货期分布于每一时间段上,并在生产计划与可用能力之间做出平衡。

以上三层统称为主计划。

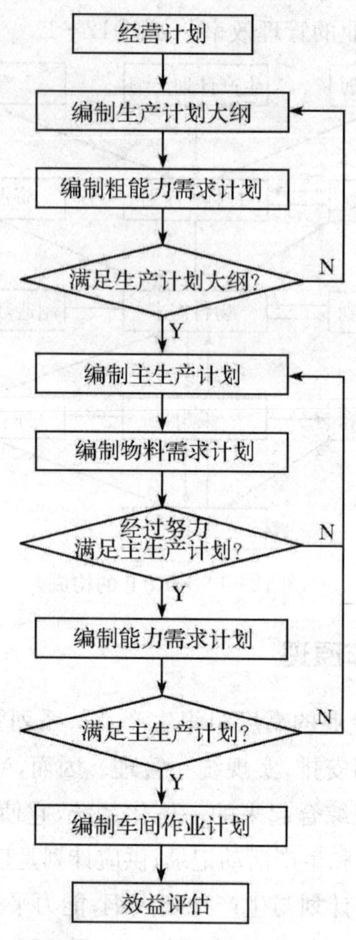

图 12-2　MRPⅡ的编制

物料需求计划是根据最终产品的数量和交货期计算零部件和材料的需求数量及时间，确定自制件的制造订单下达日期和采购订单发放日期，并对可用资源与资源需求做进一步的平衡。

车间作业计划则根据 MRP 生成的零部件生产计划编制工序排序计划。

五个层次都是从不同的角度解决生产管理中三个共同的问题：①确定生产的目标；②确定生产所需要的资源；③缩小能力需求与可用能力的差距。

三、MRPⅡ系统的结构

MRPⅡ系统作为一种企业管理信息系统，必然要包含企业管理的基本功能；而 MRPⅡ作为一种现代化的管理思想和方法、一种管理哲学，其目标在于合理安排计划，充分利用各种制造资源，提高设备和工时利用率，实现均衡生产。MRPⅡ作为一种管理思想虽具有广泛的适应性，但在应用上不可能采用千篇一律的模式，而与企业具体的生产环境和内部条件密切相关。在 MRPⅡ的应用中，不同企业有不同的做法，不同的应用阶段也各有侧重点，同时，企业的生产必须随着市场的发展而变化，因而，MRPⅡ系统结构也不是一成不变的。

MRPⅡ在离散式工业企业的管理中获得了成功的应用。对于流程式工业企业来说，其生产模型、生产计划、车间管理和成本核算等方面虽与离散式工业企业存在区别，但同样可以应用MRPⅡ这种先进的管理思想。

第二节　企业资源计划

企业资源计划(Enterprise Resource Planning，ERP)体现了当今世界上最先进的企业管理理念，并提供了企业信息集成的最佳方案。ERP除了制造、财务、销售等功能外，还增加了分销管理、人力资源管理、运输管理、仓库管理、质量管理、设备管理、决策支持等功能，支持集团化、跨地区、跨国界运行。其主要宗旨就是将企业各方面的资源充分调配和平衡，使企业在激烈的市场竞争中全方位地发挥足够的能力，从而取得更好的经济效益。

一、ERP系统概念的提出

从MRP到MRPⅡ的发展过程可以看出，MRPⅡ系统在企业中的应用有以下趋势：资源概念的内涵不断扩大，企业计划的闭环逐渐形成。MRPⅡ系统已比较完善，应用也已相当普及，但其资源的概念始终局限于企业内部，在决策支持上主要集中在结构化决策问题上。随着计算机网络技术的迅猛发展，20世纪90年代以来，统一的国际市场逐渐形成，面对国际化的市场环境，供应链管理成为企业生产经营管理的重要部分，MRPⅡ系统已难以满足企业对资源全面管理的要求。MRPⅡ逐渐发展成为新一代的企业资源计划(ERP)系统。

二、ERP系统的结构

ERP的基本构架和基本逻辑与MRPⅡ并无本质上的不同，从功能上看，它仍是以制造过程为中心，核心仍是MRP，并体现了制造业的通用模式。

ERP在MRPⅡ原有功能的基础上，向内、外两个方向延伸，向内主张以精益生产方式改造企业生产管理系统，向外则增加战略决策功能和供应链管理功能。这样，ERP管理系统除了具有MRPⅡ的计划和控制功能以外，还包括以下功能子系统：

(一)支持企业整体发展战略的战略经营系统

该系统的目标是实现基于内联网/互联网环境的战略信息系统管理，完善决策支持服务体系，为决策者提供全方位的信息支持。

(二)全面成本管理(Total Cost Management)系统

该系统的目标是建立和保持企业的成本优势，并由企业成本领先战略体系予以保障。

(三)敏捷后勤管理(Agile Logistics Management)系统

很多企业存在着供应链影响企业生产柔性的情况。ERP 的一个重要目标就是在 MRP 的基础上建立敏捷后勤管理系统,以解决如供应柔性差、生产准备周期长等制约柔性生产的瓶颈,增加与外部协作单位技术和生产信息的及时交互,缩短关键物料供应周期。

三、ERP 的管理思想

对于企业来说,ERP 首先应该是管理思想,其次是管理手段与信息系统。管理思想是 ERP 的灵魂,不能正确认识 ERP 的管理思想,就不可能很好地实施和应用 ERP 系统。ERP 的管理思想体现在以下六个方面。

1. 帮助企业实现体制创新

新的管理机制必须能迅速提高工作效率,节约劳动成本。ERP 帮助企业实现体制创新的意义在于,它能够帮助企业建立一种新的管理体制,其特点在于能实现企业内部的相互监督和相互促进,并保证每个员工都自觉发挥最大的潜能去工作,使每个员工的报酬与劳动成果紧密相连,管理层也不会出现独裁现象。ERP 作为一种先进的管理思想和手段,它所改变的不仅仅是某个人的个人行为或表层上的一个组织动作,而是从思想上剔除管理者的旧观念,注入新观念。

2. "以人为本"的竞争机制

ERP 的管理思想认为,"以人为本"的前提是,必须在企业内部建立一种竞争机制,仅靠员工的自觉性和职业道德是不够的。因此,应首先在企业内部建立一种竞争机制,在此基础上给每一个员工制订一个工作评价要求。并以此作为对员工的奖威标准,使每个员工都必须达到并不断超越这个标准。随着标准不断提高,生产效率也必然跟着提高,这样"以人为本"的管理方法就不会成为空泛的教条。

3. 把组织看作一个社会系统

在 ERP 的管理思想中,组织是一个协作的系统,应用 ERP 的现代企业管理思想,结合通信技术和网络技术,在组织内部建立起上情下达、下情上传的有效信息交流沟通系统,这一系统能保证上级及时掌握情况,获得作为决策基础的准确信息,又能保证指令的顺利下达和执行。这样一种信息交流系统的建立和维护,是一个组织存在与发展的首要条件。

4. 以"供应链管理"为核心

ERP 系统在 MRPⅡ的基础上扩展了管理范围,它把客户需求和企业内部的制造活动以及供应商的制造资源整合在一起,形成一个完整的供应链(SCM)。并对供应链上的所有环节进行有效管理,这样就形成了以供应链为核心的 ERP 管理系统,供应链跨越了部门与企业,形成了以产品或服务为核心的业务流程。以 SCM 为核心的 ERP 系统适应了企业在知识经济时代、市场竞争激烈环境中生存与发展的需要,给有关企业带来了显著的利益。SCM 从整个市场竞争与社会需求出发，实现了社会资源的重组与业务的重组，大大改善了社会经济活动中物流与信息流运转的效率和有效性，消除了中间冗余的环节，减少了浪费，避免了延误。

5. 以“客户关系管理”为前台重要支撑

在以客户为中心的市场经济时代，企业关注的焦点逐渐由过去关注产品转移到关注客户上来。由于需要将更多的注意力集中到客户身上，关系营销、服务营销等理念层出不穷。与此同时，信息科技的长足发展从技术上为企业加强客户关系管理提供了强有力的支持。ERP 系统在以供应链为核心的管理基础上，增加了客户关系管理后. 将着重解决企业业务活动的自动化和流程改进，尤其是在销售、市场营销、客户服务和支持等与客户直接打交道的前台领域。客户关系管理(CRM)能帮助企业最大限度地利用以客户为中心的资源(包括人力资源、有形和无形资产)，并将这些资源集中应用于现有客户和潜在客户身上。其目标是通过缩短销售周期和降低销售成本，通过寻求扩展业务所需的新市场和新渠道，并通过改进客户价值、客户满意度、盈利能力以及客户的忠诚度等方面来改善企业的管理。

6. 全面整合企业内外资源

随着网络技术的飞速发展和电子化企业管理思想的出现，ERP 也进行着不断的调整，以适应电子商务时代的来临。网络时代的 ERP 将使企业适应全球化竞争所引起的管理模式的变革，它采用最新的信息技术，呈现出数字化、网络化、集成化、智能化、柔性化、行业化和本地化的特点。

电子商务时代的 ERP 将围绕如何帮助企业实现管理模式的调整以及如何为企业提供电子商务解决方案来迎接数字化知识经济时代的到来。它支持敏捷化企业的组织形式(动态联盟)、企业管理方式(以团队为核心的扁平化组织结构方式)和工作方式(并行工程和协同工作)，通过计算机网络将企业、用户、供应商及其他商贸活动涉及的职能机构集成起来，完成信息流、物流和价值流的有效转移与优化，包括企业内部运营的网络化、供应链管理、渠道管理和客户关系管理的网络化。电子商务时代的 ERP 系统还将充分利用 Internet 技术及信息集成技术，将供应链管理、客户关系管理、企业办公自动化等功能全面集成优化，以支持产品协同商务等企业经营管理模式。

四、ERP 的内容在发展

有些独立软件如供应链管理(Supply Chain Management，SCM)系统、客户关系管理(Custom Relation Management，简称 CRM)系统等都是面向决策的，在电子商务环境中，为了利用 ERP 提高交易效率和改进决策制订过程，就必须改变业务运作模式，实现 ERP 与 SCM、CRM 的功能整合。如思爱普(SAP)的 ERP 软件和 Manugistics 的制造软件集成，可以实现整个供应链的优化。有的开发商也提供专门用于这类集成的软件，如日立计算机公司向美国公司提供的 Tradelink 软件包含了目录管理、批量定制、订单管理以及到数据库系统和 ERP 的链接。Tibco 公司为企业提供了连接内部和外部业务伙伴的能力。另一种功能整合的方法是在 ERP 中增加商业智能、决策支持、数据挖掘和电子商务等功能。

第三节　客户关系管理

在市场竞争中，越来越多的企业认识到，拥有稳定、忠诚的客户资源是企业竞争的制胜法宝。如何快速地响应客户的要求，提高他们的满意度？如何留住老客户，与其建立长久的、紧密的相互关系？如何吸引新客户、潜在客户，使他们转变为老客户？如何使市场营销、销售、售后服务等部门共享客户信息？如何使客户信息为企业各项经营决策提供支持？这些都是企业生存、发展中不可回避的问题，也正是客户关系管理要解决的问题。

一、客户关系管理的概念

客户关系管理（Customer Relationship Management，CRM）在20世纪90年代产生和发展起来，现已成为管理信息系统和营销理论中的重要分支。CRM通过采用信息技术，使企业市场营销、销售管理、客户服务和支持等经营流程信息化。实现客户资源的有效利用。其核心思想是“以客户为中心”，提高客户满意度，改善与客户的关系，从而提高企业竞争力。

客户作为企业最宝贵的资源，准确理解它的范畴有助于企业加深对客户关系管理的理解和提高CRM实施的效率。对于CRM而言，客户既包括消费客户（产品或服务的最终消费者），也包括中间客户（介于企业和消费客户之间，如零售客户、批发客户、经销客户），还包括企业的内部客户。

CRM的定义有多种。Gartner Group认为“所谓的客户关系管理就是为企业提供全方位的管理视角：赋予企业更完善的客户交流能力，最大化客户的收益率”，“是企业与顾客之间建立的管理双方接触活动的信息系统”。

Hurwitz Group认为：“CRM的焦点是自动化并改善与销售、市场营销、客户服务和支持等领域的客户关系有关的商业流程。CRM既是一套原则制度，也是一套软件和技术。它的目标是缩减销售周期和销售成本，增加收入，寻找扩展业务所需的新的市场和渠道，以及提高客户的价值、满意度、盈利性和忠诚度。”

国内学者对客户关系管理的定义是，“CRM是企业通过与顾客充分的交互，来了解及影响顾客的行为，以提升顾客的获取率、顾客的留住率、顾客的忠诚度以及顾客的获利率的一种经营模式”；“CRM是企业从各种不同的角度来了解及区别顾客，以开发出适应顾客个别需要的产品和服务的一种企业程序与信息科技的组合模式。其目的在于管理与老顾客的关系，以使他们达到最高的忠诚度留住率与利润贡献率，同时有效率、选择性地吸引好的新顾客”。

客户关系管理并不是全新的概念，而是在计算机、网络技术发展的今天，被赋予新的内涵。客户关系管理的核心仍是以客户为中心的管理模式。简单地说，客户关系管理系统是利用信息科学技术，实现市场营销、销售、服务等活动自动化. 使企业能更高效地为客户提供满意、周到的服务，以提高客户满意度、忠诚度为目的的一种管理经营方式。客户关系管理既是一种管理理念，又是一种软件技术。以客户为中心的管理理念是CRM实施的基础。如果企业管理者、员工没有“一切为了客户”的观念，再好的CRM系统软件也不会产生效果。而CRM软件是客户关系管理实施的必要的技术条件，没有CRM软件技术，客户关系管理在某种程度上就缺乏实现的可能。如24小时提供网络或电话服务；对海量数据进行分析；为经营决策提供数据支持等。

面对不断增加的竞争压力，企业越来越关注他们的客户，认识到忠诚、持久而稳定的客户群是企业最宝贵的资源，是企业成功和更具有竞争力的最重要的因素。而客户关系管理正是为帮助企业获取这一资源而采取的管理方式。

二、客户关系管理的作用

总的来说，客户关系管理的作用主要体现在以下几个方面。

(一)改善企业与客户的关系

客户关系管理提供了多种与客户相互交流的方式：电话、网络、传真等形式，保证及时、有效地为客户解决问题，且不受时间、空间的限制。同时，客户关系管理为客户提供更多的选择——多种购买方式、多种支付方式、多种咨询和服务方式。通过对客户数据信息的分析，识别客户的价值和偏好，为不同的客户提供不同的个性化服务。客户关系管理使得市场营销、销售、客户服务等部门拥有统一的、最新的客户信息，改变过去部门之间的信息矛盾、相互推诿、各自为政的现象，使各部门协调运作，为客户提供全方位、高效率的服务。一个有效的客户关系管理将帮助企业服务好现有的客户，挖掘潜在客户，获取最有价值的稳定的客户群体。

(二)实现营销、销售、服务活动的自动化

过去几年，企业一直致力于企业内部经营管理的自动化。很多企业采用企业资源规划(ERP)、供应链管理(SCM)，极大地提高了企业内部业务流程(如财务、制造、库存、人力资源等诸多环节)的自动化程度，使员工从日常事务中得到了解放，降低了成本. 缩短了生产周期，提高了生产效率。而最后一处尚未进行自动化管理的部分就是企业与外部市场接触的前台：营销、销售、客户服务等部门。CRM的实施将实现这些部门业务处理流程的自动化管理，实现企业范围内的信息共享，提高企业员工的工作能力，并有效减少培训需求，降低成本. 使企业内部能够更高效的运转。例如，企业网页提供最新的产品系列和产品报价，有助于降低新产品的推广、促销成本；客户服务的自动化不但提高对客户要求的响应速度，也使得所耗费的服务费用(人力、物力)更低；营销的自动化则使得客户分析、追踪调查、市场营销的成本大大降低。

(三)把握商机开拓市场

CRM 提供多种形式(电话、Web、E-mail、传真、信件、面对面接触)与客户交流的渠道,增加了企业与客户的接触机会,扩大了企业的经营活动范围,使企业获得更多的商业机会,占有更多的市场份额。CRM 促进市场营销、销售、服务等部门的业务活动自动化,使业务人员从各种烦琐的日常行政工作中解放出来。有更多时间去关怀客户,开拓市场。

(四)分析客户信息,为经营决策服务

在以客户为中心的管理思想下,客户资源除了带给企业销售利润外,还通过购买、投诉、咨询等行为告知企业市场的发展趋势。CRM 系统通过数据挖掘、商业智能等技术对收集的客户数据进行加工、处理,提供多种分析报告,为经营决策提供依据。决策的准确性依赖于数据的全面性和数据分析的正确性。这两点要求在手工方式下要花费大量人力、物力,且耗费较长时间才能实现。而基于计算机信息技术的 CRM 可以较低的成本在极短的时间内轻松实现。

三、客户关系管理系统

利用 CRM 系统,企业能收集、跟踪和分析每一个客户的信息,从而知道什么样的客户有什么需求;同时还能观察和分析客户行为对企业收益的影响,使企业与客户的关系及企业利润得到最优化。

(一)CRM 系统的功能

CRM 系统的功能可以归纳为三个方面:对销售、市场营销和客户服务三部分业务流程的信息化;与客户进行沟通所需要的手段(如电话、传真、网络、E-mail 等)的集成和自动化处理;对上面两部分功能所积累的信息进行加工处理,产生客户智能,为企业决策提供支持。

1. 销售管理

销售管理包括客户管理、联系人管理、销售业务管理等。客户管理的主要功能有客户基本信息,与此客户相关的基本活动和活动历史,联系人的选择;联系人管理的主要作用包括联系人概况的记录、存储和检索,跟踪同客户的联系。如时间、类型、简单的描述、任务等,客户的内部机构的设置概况。销售业务管理的主要功能包括:组织和浏览销售信息,产生各销售业务的阶段报告,并给出业务所处阶段、成功的可能性等信息,对地域进行维护,把销售员归人某一地域并授权,销售费用管理,销售佣金管理等。

2. 市场营销管理

市场营销管理包括:产品和价格配置器;在进行营销活动(如广告、邮件、研讨会、网站、展览会等)时,能获得预先定制的信息支持;把营销活动与业务、客户、联系人建立关联;显示任务完成进度;提供类似公告板的功能,可张贴、查找、更新营销资料,从而实现营销文件、分

析报告等的共享；跟踪特定事件；安排新事件，如研讨会、会议等，并加入合同、客户和销售代表等信息；信函书写、批量邮件，并与合同、客户、联系人、业务等建立关联；邮件合并；生成标签和信封。

3. 客户服务管理

客户服务管理的主要功能包括服务项目的录入，服务项目的安排、调度和重新分配，事件的升级，搜索和跟踪与某一业务相关的事件，问题及其解决方法的数据库。

此外，CRM系统的功能还包括呼叫中心及其他管理，如合作伙伴关系管理、电子商务、知识管理和商业智能等。

(二)CRM系统的实施

CRM系统的实施应该从管理和技术两个层面进行考虑。从管理层面来看，企业需要运用CRM系统中所体现的思想来推进管理机制、管理模式和业务流程的变革；从技术层面来看，企业部署CRM系统来实现新的管理模式和管理方法。管理的变革是CRM系统发挥作用的基础，而CRM系统则是支撑管理模式和管理方法变革的工具。

CRM系统的实施流程包括业务规划、结构分析和设计、技术选择、开发、交付及评价六个步骤。

1. 业务规划

CRM系统的业务规划包括许多活动，最关键的活动是定义CRM系统的整体目标，并描画出每一种目标需求。对于企业层次的CRM系统，业务规划包括对企业客户关系管理的战略和相应项目的定义；对于部门层次的CRM系统，业务规划只是简单地建立一个新的CRM系统应用软件的界面。

但是无论项目的大小，业务规划阶段都应当建立以一个战略文件或业务规划的形式所确定的高层次CRM系统企业目标的文档材料。这种文档材料将会影响CRM系统是否能在开发初期获取企业高层的一致同意。这对于需求导向的开发有重要意义。并且在CRM系统项目部署一个应用软件时，可以将其作为一种检验其结果的标准。

2. 结构分析和设计

分析CRM系统的结构和设计是一个满足CRM系统项目需求的过程。在这一阶段的实施过程中，往往容易让企业主管和项目经理感到难度很大，这打破了他们期望直接通过技术选择就可以获得一个奇迹的梦想。这一过程确认了CRM产品将支持的企业流程。它列举了特定的“需要执行”和“怎样执行”的功能，最终提供一个有关CRM系统在组织和不同技术上发挥作用的新思路。

3. 技术选择

CRM系统技术选择的工作，有时像选择一个不用定制的产品一样容易，而有时要对不同CRM系统集成商进行综合评估，很复杂。如果在构建和实施设计期间已经做出艰难的决策，理解了CRM系统对现有系统和它对新功能需求的影响，就应当在良好的状态下，根据现有的IT环境来对各种备选CRM系统进行优先级排序。

4. 开发

开发包括根据特定的产品特征构建和定制CRM系统产品，除程序员负责中心任务及编写代码外，还需要将选择好的客户关系管理技术集成到业务流程中；进行数据库设计、数据清理与集成，以及与公司其他系统的集成。实现流程集成，要确保认可的业务流程得到用户的测试。

不仅要让业务流程运作，还要通过技术特征来进一步"精练"业务流程。换句话说，技术能力应当充分用来改善"以客户为中心"的企业业务流程。在开发期间"精练"业务流程，通常使用反复原型法。程序员不断地向企业用户说明过渡功能，企业用户能够监管产品开发，并在CRM系统实施期间测试CRM系统的功能。最终，用户对CRM系统功能的反馈和期望的变化能够明确地提出来，并贯彻到最终的CRM系统交付中，以确保最终的功能与需求保持一致，最大程度地满足用户的期望。

5. 交付

交付是将满足用户需求的CRM系统软件系统交付给企业最终用户的过程。CRM系统交付必须首先对用户进行深入的培训；还要进行在线或基于Web帮助，或者使用用户向导、工作助手和其他文档来激励用户最大程度地利用新的CRM系统的功能。

6. 评价

评价主要是对CRM系统解决现有企业问题的程度进行评估。如果在创建CRM系统业务规划时设立了成功标准，通过将这些标准与实际的结果相对比，来确定项目成功度，并逐步补充和完善标准。

每一个CRM系统实施都应当备好一个优化的流程，这样可以提前计划好项目各阶段的具体任务、资源占用情况以及完成时间，消除项目部署中的盲目性、无序性和无标准性。

第四节　供应链管理

供应链管理是对商品、资金、信息在供应商、制造商、分销商和客户组成的网络中流动的管理，其核心是以供应为基点，将生产、流通直到消费者终端连接起来，实施高度组织化和现代化的管理。

一、供应链

所谓供应链，是指由涉及将产品或服务提供给最终消费者的整个活动过程的上游及下游企业所构成的网络。它由围绕核心企业的供应商、供应商的供应商、用户和用户的用户组成，包括从材料采购开始，历经供应商、制造商、分销商、零售商，直至最终消费者的整个运作过程。在供应链中，每个企业是一个节点，节点企业和节点企业之间是一种供给和需求的关系。

图 12－3 是最简单的供应链结构模型。其中，G 代表供应商，Z 代表制造商，X 代表销售商，Y 代表用户，箭头所指为物流方向。供应链上除了有物流外，还有资金流和信息流，这在图 12－3 中没有表示出来。现实中的供应链物流非常复杂，是多个制造商分别与多个供应商、销售商（或称分销商）发生错综复杂的联系，形成一种网状的供应链结构模型，如图 12－4 所示。

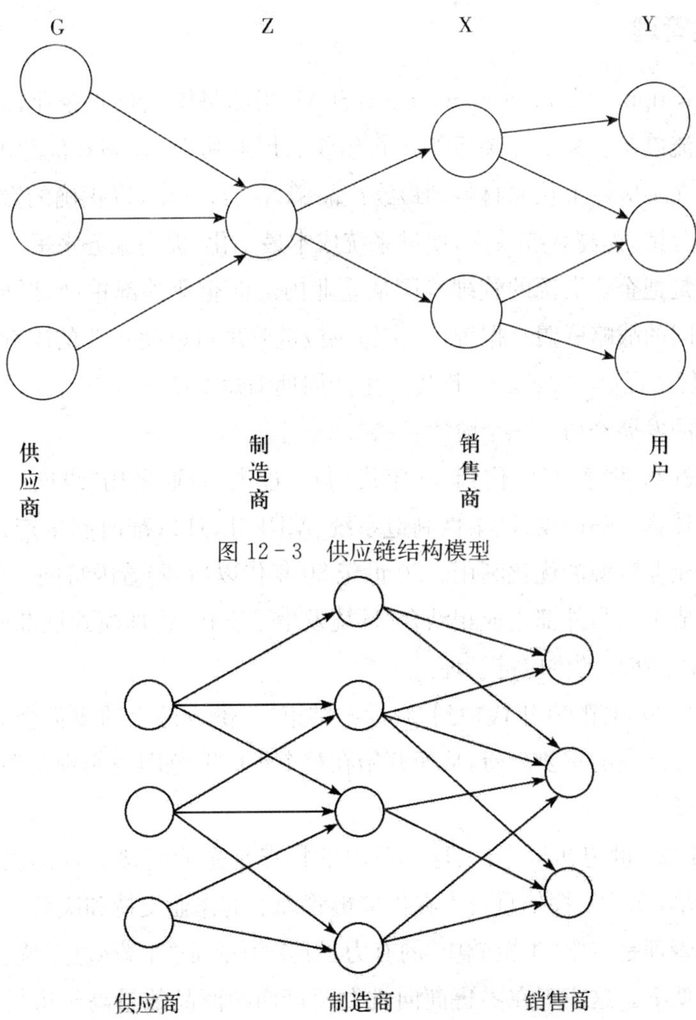

图 12－3　供应链结构模型

图 12－4　供应链的网状结构模型

供应链的主要特征是：

(1)复杂性。供应链中的某个节点企业往往同时是多个供应链的成员，而各个节点企业的类型又可能不同，而且可能分布在世界各地，所以其组织和管理十分复杂，需要依靠先进的信息技术的支持，并通过信息系统来控制其信息流、物流和资金流。

(2)动态性。虽然供应链中节点企业之间的关系是相对固定的，但它又要随着市场需求的变化和企业战略的变更而作动态的更新。

(3)面向用户需求。用户需求的变化是供应链中信息流、物流和资金流运作的源头，可以说，整个供应链的形成和重组都是由市场的需求驱动的。

应当指出，企业采购的商品并不全部通过供应链获得。一般情况下，通过固定关系的供应链采购的主要是企业所在产业特定的原材料或商品，其中包括协同设计的物料，而一些通用的商品或原材料(螺钉、计算机、办公用品等)通常在电子交易市场上采购。

二、供应链管理

供应链管理(Supply Chain Management，SCM)指的是围绕核心企业，对供应链中的物流、信息流、资金流以及贸易伙伴关系等进行组织、计划、协调、控制和优化的一系列现代化管理。其目的是在供应链上从原材料到最终产品销售的过程中，以正确的数量、正确的时间进行产品制造和分销，提高系统效率，促进系统成本最小化，提高服务水平。

供应链管理是把企业资源的管理范围从企业内部向企业外部扩展，形成为了共同利益而结成的企业之间的战略联盟。据统计，实施供应链管理可以使企业的库存明显减少，总成本下降 10％，交货率提高 15％以上，订货—生产周期缩短 25％～35％。

供应链管理的发展经历了三个阶段：

(1)萌芽阶段(20 世纪 80 年代到 90 年代初)。过去，企业采用“纵向一体化”的管理模式。其特点是从计算机辅助设计、柔性制造系统、MRPⅡ、JIT(准时制生产)一直到 ERP 都是将管理着眼于企业资源的优化利用。20 世纪 80 年代以后，随着因特网/互联网的出现，企业管理由内部集成走向与外部集成相结合，环境发生了变化，管理模式逐渐向“横向一体化”的方向发展，萌发了初步的供应链管理。

(2)形成阶段(20 世纪 90 年代初到 20 世纪结束)。供应链上的成员企业开始认识到信息不共享是竞争力提高的重要障碍，从而开始在整个供应链范围内实现资源共享，加强对信息流和物流的协调。

(3)成熟阶段(21 世纪初至今)。这一阶段的特点是企业间建立合作伙伴关系，注意对不确定信息的共享，充分发挥信息技术在供应链管理上的作业支持和决策支持作用。

实施供应链管理是克服“牛鞭效应”的有力工具。什么是“牛鞭效应”呢？传统企业管理的供应效率十分低下。这表现在零售商向批发商订购的商品数量高于市场上实际的销量，批发商集中各零售商订购数量后向制造商发出的订购数量又要加码，而制造商制订生产计划时往往误认为销售情况很好而再加码，即它向原材料供应商的订购数量又增大了。这种层层加码，愈往上游订购量愈大的现象，就像挥打鞭子那样愈挥愈高，形成了“牛鞭效应”。结果造成生产过剩，库存积压，成本升高，效益低下，后果十分严重。发展供应链管理是解决“牛鞭效应”的一个出路，即通过上下游企业共享信息，围绕核心企业建立长期合作伙伴关系，依靠供应链网络体系建立固定关系的供应链。

三、供应链管理的方法

供应链管理的方法主要有快速反应、有效客户响应和准时制生产。

快速反应(Quick Response，QR)是零售商和制造商通过建立战略伙伴关系，利用 EDI 等信息技术及时交换销售信息和订货补充信息，用多频度、小数量的配送方式连续补充商品来缩短交货期、减少库存和提高服务水平的管理方法。

有效客户响应(Efficient Customer Response，ECR)是供应链上的生产商、批发商和零售商等通过合作和协调，以更好的质量、更快的速度和更低的成本满足消费者需要的一种管理方法。具体的做法如有效引入新产品、实行有效商品管理和有效促销等。

准时制生产(Just In Time，JIT)追求的目标是零库存，要求在刚好需要该零部件时，就刚好把它生产出来并送到需要的地点。

四、供应链上信息的集成管理

供应链上信息的集成管理方法主要有基于 EDI 的和基于互联网的两种。后者具有信息共享程度高、界面友好等特点。供应链企业间的信息共享可通过直接传递模式或第三方模式来实现。直接传递模式是一方向需要其做出决策的另一方通过 EDI 等方式直接发送信息；第三方模式是由供应链成员的一方收集整个供应链的信息，在数据库中维护，供整个供应链共享。

五、供应链管理系统

尽管只有通过供应链的有机整合，企业才能显著地降低成本和提高服务水平，但是在实际操作中供应链的整合是非常困难的。供应链中的不同成员存在着不同的、相互冲突的目标；供应链顾客需求和供应商能力随时间而变化，供应链成员之间的关系也会随时间而变化。所以。供应链管理系统必须适应供应链的动态特征。

(一)供应链管理系统的功能构成

供应链管理系统主要包括客户管理、订单管理、仓储管理、运输管理、配送管理、报关货代管理、商务管理以及决策分析、协同管理等功能。

1. 客户管理

通过对客户资料的收集、分类、存档、检索和管理，全面掌握不同客户群体、客户性质、客户需求、客户信用等客户信息，以提供最佳客户服务为宗旨，为客户提供物流运作、方案、价格、市场、信息等各种服务内容，及时处理客户在合作中遇到的各类问题，妥善解决客户合作中发生的问题，培养长期的忠诚的客户群体，为企业供应链的形成和整合提供支持。同时包括对客户服务渠道和业务查询的管理，通过客户服务渠道，客户可以通过多种方式（如网上查询、电话查询、短信通知、E-mail 通知等）获知客户订单的状态及其作业情况。

2. 订单管理

订单是整个系统的内在驱动力之一，针对不同的客户，有十几种订单接收策略。订单管理主要包括订单的接收、录入、执行情况跟踪等功能。

3. 仓储管理

仓储是供应链执行过程的核心环节，仓储管理包括仓储资源的管理和业务运作流程的实现。仓储管理的特点体现在库房的多极化管理、作业动作细分与调度策略、库存状态管理以及盘点的多种策略等。仓储管理主要有收货、品检、上架、拣选、流通加工、装运、补货、库存控制、可视化监控、移库、盘点等功能。

4. 运输管理

可以对所有运输资源，包括自有车辆、协作车辆以及临时车辆实行实时调度管理。提供对货物的分析，配载的计算，以及最佳运输路线的选择。主要包括车辆管理、承运商管理、运输任务管理、运输作业调度、运输跟踪、回单管理、装卸作业等功能。

5. 配送管理

以最大限度地降低物流成本、提高运作效率为目的，按照实时配送（JIT）原则，在多个购买商并存的环境中，通过在购买商和各自的供应商之间建立实时的双向链接，构筑一条顺畅、高效的物流通道，为购买、供应双方提供高度集中的、功能完善的和不同模式的配送信息服务，支持 B2B 和 B2C 等电子商务模式。

6. 报关货代管理

支持涉外物流业务，能够与国际贸易系统实现良好集成，对报关单据、报关、报检流程等进行细致全面的管理，能够通过 EDI 与海关系统实现无缝衔接。

7. 商务管理

对客户、外部物流资源提供商、作业人员的合约和结算进行管理，支持各种计费方式，并内置各种收费策略，对内部成本进行控制。比如，依据物流公司与相应主体签订的服务合同，物流公司为相应主体提供/使用的各种物流服务系统在日结、月结时自动计算应收物流费用，这些费用经确认后，自动以凭证方式转入财务系统，从而达到财务业务一体化。商务管理主要有合约管理、应收、应付、实收、实付、费用核算等功能。

8. 决策分析

决策分析有助于管理人员，对运营收支、利润分析、KPI 指标的全面掌握。决策分析的指标主要包括及时送达率、破损率、库房使用率、车辆使用效率、基于活动的物流成本分析、重点客户指标分析(客户的业务量、创造的利润、未来的潜力、投诉率等)、投诉率、单货品库存周转率等。

9. 协同管理

协同管理的目的是从物流战略的角度分析物流运作和管理的各个环节，实现整个物流体系的业务计划/优化管理、物流网络优化等管理分析职能。其中业务计划/优化是根据客户的生产下线计划预测所服务客户的物流运作(作业)需求，结合物流企业目前的物流资源，给出二者之间的平衡关系，使得物流企业的管理者能够从运作的全局考虑未来一段时间内的客户服务水平，并有效降低物流服务总成本。物流网络优化通过作业协同、资源统一调度、库存均衡等策略的实施实现整个物流体系的最优。

(二)构建高效的供应链系统

要构建高效的供应链系统，供应链上成员应该做到：了解消费者和市场，与供应链其他成员分享交流并运用这些信息，在组织内部和供应链内部建立和发展以市场为导向的机制，为供应链建立目标。

构建一个高效的供应链系统可以从以下五个方面着手。

1. 建立以市场为导向的经营理念

供应链管理最重要的驱动力是客户的需求，整个供应链不是从生产开始，而是从客户的需求开始。首先要了解消费者的想法，了解消费者想买什么、怎样买、为什么买，然后根据这些信息去开发受欢迎的产品。因此，供应链中的产品并不一定要由制造商来开发，它可以是链上的任何环节。

2. 建立基于供应链的协作商务

基于供应链的协作商务是企业供应链管理的核心。供应链中的四个关键环节原材料供应商、生产厂家、分销商和零售商联结起来，供应链成员与上下游企业共同承担流通环节的风险，充分顾及合作伙伴的合理利润，对新产品的开发和生产计划以及分销进行严格的引导，互相参与对方的决策，各方共同努力，集中各环节的资源取得整体最优的回报。

随着采购额占销售收入比例的不断增长，采购逐渐成为决定企业成败的关键因素之一。供应商的评估和选择作为供应链正常运行的基础和前提，正成为最热门的话题。削减供应商的数量，提高剩余供应商的效率，确定战略供应商并结成紧密的合作关系，通过这一变革节省下来的费用将由整个供应链分享。

协作商务模式先从战略供应商着手，只要提高主要供应商的效率，就可产生所期望的收益。在资源允许的情况下，可延伸到较小的供应商。接下来要纳入协作商务的是从供应商到制造商，再到分销商和零售终端。很显然，协作商务模式要求供应链各环节分享关键信息，整个供应链在跨企业的信息平台上运作。如果共享这些信息，供应链成员可以同时对市场变化作出反应，而不需要自下而上逐级反馈，为竞争赢得了宝贵的时间，也减小了库存积压的风险，同时也满足了最终用户的需求。

3. 建立满足供应链的组织结构和业务流程

为了使供应链高效运转，首先要建立高效的业务流程和合理的组织结构。

业务流程重组包括在供应链范围内和在单个企业范围内。通过供应链范围内的业务流程重组，要沿着供应链转移职能，确定哪个公司最适合完成哪项任务，并明确改进工作的方法。目标是优化供应链，使产品能尽快推向市场。流程的调整使企业之间的协作关系更清晰明确，为实现真正的协作商务打下坚实的基础。另外，销售渠道的主要发展趋势之一是渠道扁平化。这涉及单个流通企业内部和外部的流程调整。

为了适应新的业务流程，供应链范围内和企业范围内的组织结构都需要做出相应调整。一般来讲，改变跨越整个供应链的业务流程，不仅需要重组供应链，而且可能需要削减各成员之间和各成员内部各部门之间的界限。

4. 建立高效的物流体系

物流管理水平已成为衡量一个流通企业的管理水平的关键标准。物流包括从供应链源头到消费终端的每一生产阶段的采购、存储、运输和交付。物流管理的目的在于成本和服务两个方面。

在整个供应链范围内，物流管理需要由传统制造、批发、仓储、零售各点间的多层次的复杂体系演变成为由制造经由配送中心至零售通路的简化作业方式，以最低的物流成本进行有效的物流配送。

5. 信息技术的运用

随着供应链涉及的资源和环节的增加，对供应链的管理就会变得十分复杂。企业分销渠道的宽度和深度在不断增加，然而作为制造者、品牌拥有者或供应商的企业总部，对产品的销售数据、市场分析以及资金回笼等情况却越来越难以掌控。信息技术成为监控所有环节的重要条件之一，信息系统的全面应用能够支持企业高速、规模化地发展，赢得竞争优势。

关键术语

数据挖掘	Data Mining
客户细分	Customer Segmentation
供应链管理	Supply Chain Management

合作计划、预测和补给	Collaborative Planning，Forecasting and Replenishment
供应商管理库存	Vendor Managed Inventory
客户关系管理	Customer Relationship Management
智能体/智能代理	Agent
谈判支持系统	Negotiation Support System
联机分析处理	On-Line Analytical Processing
商务智能	Business Intelligence
数据仓库	Data Warehouse
供应链网络结构稳定性	Stability of Supply Chain Network Structure

思考题

1. 试述订单驱动原理及其在制订供应链计划中的重要性。
2. 供应链企业在管理上采用纵横一体化的企业集成思想，指的是什么？
3. 供应商管理库存的优点是什么？如何实现？它的难点是什么？
4. 如何实现供应链企业之间的信息共享？

参考文献

[1]陈文伟. 决策支持系统教程[M]. 北京:清华大学出版社,2004.
[2]高阳. 数据库技术与应用:第 2 版[M]. 北京:电子工业出版社,2008.
[3]黄梯云. 管理信息系统:第 4 版[M]. 北京:高等教育出版社,2009.
[4]黄梯云. 智能决策支持系统[M]. 北京:电子工业出版社,2001.
[5]蒋国瑞. 项目人力资源管理[M]. 北京:中国建筑工业出版社,2009.
[6]马费成,宋思梅. 信息管理学基础:第 2 版[M]. 武汉:武汉大学出版社,2011.
[7]埃弗雷姆·特班,杰伊 E. 阿伦森,梁定澎. 决策支持系统与智能系统　原书第 7 版[M]. 杨东涛,钱峰译. 北京:机械工业出版社 2009.
[8]薛华成. 管理信息系统:第 6 版[M]. 北京:清华大学出版社,2012.
[9]严建爱. 信息时代的管理信息系统[M]. 北京:机械工业出版社,2011.
[10]李兴国. 信息管理学:第 2 版[M]. 北京:高等教育出版社,2007.